股权72变

从动态股权思维到IPO上市

杨军 韩琳◎著

中国铁道出版社有限公司
CHINA RAILWAY PUBLISHING HOUSE CO., LTD.

图书在版编目（CIP）数据

股权 72 变：从动态股权思维到 IPO 上市 / 杨军，韩琳著 . -- 北京：中国铁道出版社有限公司，2024.10.
ISBN 978-7-113-30905-3

I．F271.2

中国国家版本馆 CIP 数据核字第 2024RK3410 号

书　名：**股权 72 变——从动态股权思维到 IPO 上市**
　　　　 GUQUAN 72 BIAN：CONG DONGTAI GUQUAN SIWEI DAO IPO SHANGSHI

作　者：杨军　韩琳

责任编辑：吕　芠	编辑部电话：（010）51873035　电子邮箱：181729035@qq.com
装帧设计：宿　萌	
责任校对：安海燕	
责任印制：赵星辰	

出版发行：中国铁道出版社有限公司（100054，北京市西城区右安门西街 8 号）
网　　址：http://www.tdpress.com

印　　刷：河北宝昌佳彩印刷有限公司
版　　次：2024 年 10 月第 1 版　2024 年 10 月第 1 次印刷
开　　本：710 mm×1 000 mm　1/16　印张：15.5　字数：252 千
书　　号：ISBN 978-7-113-30905-3
定　　价：79.00 元

版权所有　侵权必究

凡购买铁道版图书，如有印制质量问题，请与本社读者服务部联系调换。电话：（010）51873174
打击盗版举报电话：（010）63549461

前言

学会股权 72 变,创业路上取"真经"

我之前出版的《股权合伙控制终极解答》一书,获得了全国各地不少读者的喜爱。那本书主要讲述了合伙创业股权控制的一些方法、如何洞察股权融资的内幕、股权激励操盘、融资协议陷阱破解等内容。在出版社编辑的鼓励与支持下,我和韩琳律师合作撰写了这本《股权 72 变——从动态股权思维到 IPO 上市》。

创业就是一场要经历九九八十一难的取经之路,掌握股权就相当于孙悟空手握金箍棒,需要有 72 变,才能成功应对取经路上的各种艰难险阻,最终取得"真经"。

从大众创业、精益创业到科学创业,股权对于创业者来说越来越重要,可惜很多创业者把股权顶层架构设计等同于股权分配比例的划分。殊不知,这种静态股权分配比例的机制早就落伍了。股权思维必须与资本同步,这就要设计一直在变的股权,无论是思维还是实践,都需要与时俱进、因时而动、因需而变。

本书以股权 72 变为总领引,共有 13 章,涵盖了股权思维、股权顶层设计、股权合伙、股权控制权、股权动态分配、股权融资、股权估值、股权激励、股权协议、股权陷阱、股权众筹、股权上市、股权税负等内容。

本书行文风格注重理论与实践相结合,配以大量的表格与架构图,案例也来自创业一线和项目咨询现场,能够让读者学到马上能用的动态股权思维与企业从创立到 IPO 上市的全部知识。

本书的读者定位为创业者、企业家、财务顾问、股权咨询师、律师、投资人、创业导师，对创业、股权融资有兴趣的读者也可以收获有价值的知识。

感谢提出问题的创业者给予了我无穷的素材与营养，愿与各位读者共勉！

杨　军

2024 年 9 月于深圳

目 录

第一章　股权72变之心变：股权思维 / 1
1变　股权基因：升级底层基因，掌握神奇魅力 / 2
2变　股权结构设计基本原理："股动"人心的动力，
　　　布局合伙的时代 / 4
3变　资本思维：创业生死劫，资本双刃剑 / 6
4变　股权实质：科学和艺术的结合，分好蛋糕的诀窍 / 9
5变　杠杆思维：借鸡生蛋，引爆财富 / 11

第二章　股权72变之道变：股权顶层设计 / 13
6变　让资本青睐的治理结构：搞定治理模式，解决分利机制 / 14
7变　主体结构：解码企业蓝图，夯实坚强基石 / 19
8变　股权进入规则设计：防止兄弟式合伙、仇人式散伙 / 24
9变　股权成熟规则设计：把握股权兵法，做好避坑设计 / 26
10变　股权退出规则设计：丑话说在前面，避免创业死局 / 29
11变　分公司、子公司、办事处、事业部：没有理想的方案，
　　　只有合适的机制 / 33
12变　预留期权池：股权加油站，一起向前冲 / 35

第三章　股权72变之盟变：股权合伙 / 37
13变　找合伙人的标准：合伙就像谈恋爱，真心成就好婚姻 / 38
14变　找合伙人的方法：找对合伙人，创业就有谱 / 41
15变　找合伙人的渠道：跟"单打独斗"说再见 / 45
16变　合伙人的分类：如何整合上下游，成为利益共同体 / 47
17变　合伙人的分红机制：舍不得分钱，留不住伙伴 / 59
18变　合伙人的权、责、利分配：提升合伙利器，
　　　规则先知先觉 / 62
19变　不同数量合伙人的股权分配：高屋建瓴，落地可期 / 66

第四章　股权72变之权变：股权控制权 / 67

20变　保持控制权的方法："三会一层"让你实权在握 / 68

21变　分股不分权的方法：掌握分股的真谛 / 73

22变　股权代持风险与对策：假戏真做，用好这把"双刃剑" / 82

23变　股权转让：洞见股权变形记 / 85

24变　公司章程和股东协议：二者之间的区别与联系 / 87

第五章　股权72变之术变：股权动态分配 / 91

25变　一个核心原则：分股合心 / 92

26变　两个基本路径：让股权"活"起来 / 93

27变　三个根本原因：读懂人，看清事，算明账 / 95

28变　资源型、技术型、顾问型股东分配股权：
以对公司有效为唯一标准 / 97

29变　动态股权分配六步：建立让合伙人都满意的制度 / 101

30变　量化贡献点：计算好每一步的量化数据标准 / 103

31变　量化贡献值：将具体的贡献点要素进行量化 / 105

第六章　股权72变之利变：股权融资 / 109

32变　融资的八大原则：把握融资原则，让股权增值 / 110

33变　尽调的方法：细节决定成败 / 112

34变　撰写商业计划书：融资敲门砖一定要擦亮 / 116

35变　打造让投资人青睐的商业计划书：学会资本逻辑，
换位思考布局 / 118

36变　找投资人的渠道：最大成本是时间与信任成本 / 120

37变　与投资人的沟通技巧：学会听懂投资人的潜台词 / 121

38变　常见的融资骗局及防骗对策：避免跳进这些火坑 / 123

39变　项目路演的技巧：学会沟通技巧，决胜关键点 / 129

第七章 股权72变之谋变：股权估值 / 132

40变 企业不同行业和阶段的估值：推算值钱的艺术 / 133
41变 常见的估值方法：估值新模式，为资本定好价 / 136
42变 提高估值的方法：让企业更值钱 / 141
43变 企业估值的误区：避开估值这些坑 / 143

第八章 股权72变之思变：股权激励 / 144

44变 股权激励的模式：与"司"俱进，总有一款适合你 / 145
45变 股权激励七定：让员工像老板一样工作，从打工仔到主人翁 / 152
46变 股权激励落地系统：构建共赢体系，掌控分股节奏 / 160
47变 股权激励的陷阱：将激励雷区变为齐发的利箭 / 163
48变 股权激励时财务公开：考验老板的格局，符合员工的期待 / 165
49变 股权激励对象的考核方法：借股权之势能，破增长之困局 / 166

第九章 股权72变之预变：股权协议 / 168

50变 投资协议常见条款：击碎错误瓶颈，避开致命陷阱 / 169
51变 股权投资协议的谈判技巧：博弈求双赢，注入新活力 / 172

第十章 股权72变之险变：股权陷阱 / 175

52变 实控人缺位：老板驾驶舱，手握方向盘 / 176
53变 合伙人离婚：悲欢离合一幕剧，"土豆条款"事先签 / 177
54变 小股东称霸：做好制衡艺术，防止股东"绑架" / 179
55变 按出资入股：人资倒挂，鸡飞蛋打 / 180
56变 单一式布局：小心致命错误，种下难解祸根 / 182
57变 股权七大风险及对策：形势逼人，不得不打通"任督二脉" / 183
58变 破产清算：好聚好散，逆袭转身 / 185
59变 风险管理：设置风险隔离墙，点开股权"死穴" / 188

第十一章 股权72变之聚变：股权众筹 / 191

60变 股权众筹的特点：用股权汇集天下资本 / 192

61变 股权众筹的模式：开启新商业时代，
谋事业大局面 / 193

62变 股权众筹的问题：相爱容易相处难，
吸金方法存缺陷 / 194

63变 股权众筹的五步骤：让天下没有难筹的资金 / 195

第十二章 股权72变之裂变：股权上市 / 197

64变 上市前的准备：放眼资本未来，圆梦上市之路 / 198

65变 上市流程：上下同心，携手共赢 / 211

66变 上市风险：注册制时代要防微杜渐 / 213

67变 IPO的红线和被否原因：关键核心问题上，
容不得半点马虎 / 214

68变 并购重组：让资本插上腾飞的翅膀 / 216

69变 市值管理：成就千亿市值的方法 / 222

第十三章 股权72变之赋变：股权税负 / 227

70变 不同主体股权投资收入的税收政策：规划推演
纳税的艺术 / 228

71变 各种股权应用的税负：正确走好每一步，
科学是抓手 / 230

72变 股权节税：合理筹划节税，不多交，不少交 / 234

参考文献 / 238

后　记 / 240

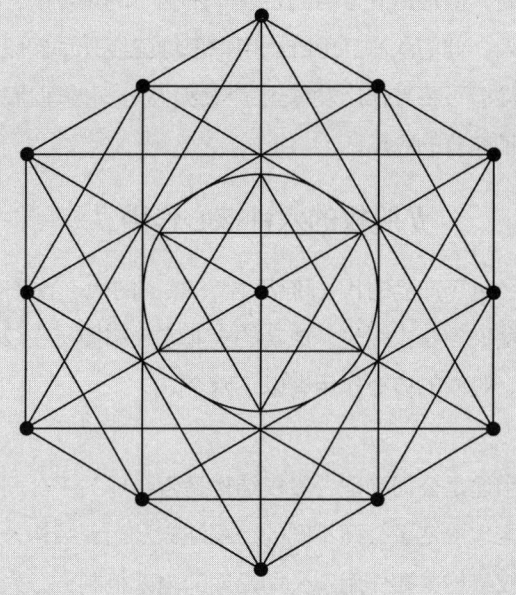

第一章 股权72变之心变：股权思维

1变 股权基因：升级底层基因，掌握神奇魅力

我们环顾四周，但凡建立了自己企业"帝国"的企业家，都是具有远大理想和股权基因的人，他们从产品思维、用户思维已经升华到股权思维，手握股权这个"如意金箍棒"，将其作用发挥到了极致，从公司治理、股权激励、投融资、上市并购都得到了充分的应用。

// 股权的六种核心作用 //

企业的发展经过了产品时代、商品时代、渠道时代、品牌时代、用户时代、资本时代，现在发展到股权时代。成功的企业家大都拥有股权基因，能够发挥股权的强大作用。股权的核心作用有以下六个。

1. 公司治理

股权的首要用途是公司治理，股权结构是否合理关乎公司治理能否顺利进行，而且股权结构也决定了公司不同的组织结构及治理结构，最终决定了公司的发展走向。股权结构主要作用于公司治理的内部机制，分为控制权可竞争的股权结构和控制权不可竞争的股权结构。

（1）在控制权可竞争的股权结构下：①股东会决定的董事会能够代表全体股东的利益；②剩余价值的控制权与索取权相匹配，股东有动力向经理层施加压力，促使其为实现公司价值最大化而努力；③相对控股股东的存在比较有利于经理层在完全竞争的条件下进行自然更换。

（2）在控制权不可竞争的股权结构下：①占绝对控股地位的股东可通过提名董事会人选的决定权来获取对董事会的决定权，中小股东的利益得不到保障；②剩余价值的控制权与索取权不相匹配，股东只会利用手中仅有的权力去谋取自己的私利，没有动力去实施监控与敦促；③经理层的任命被大股东控制，不存在竞争状态下的优胜劣汰。

2. 股权激励

无论是上市公司，还是非上市公司，大、中、小各级别企业都可以实施

股权激励，以激发员工和股东的敬业精神，留住核心人才，实现企业长远发展。总之，股权激励是一种以股权为标的，对企业员工和股东进行的长期激励机制。

股权激励可以把非股东员工的个人利益、股东的长远利益和企业的长期发展结合起来，在最大限度内防止企业管理者和实际操作者的短视心理和短期行为，杜绝企业上下的集体不作为心理，让他们成为真正的主人翁。通过股权激励，可以调动企业内部的监管机制，更好地为员工和股东的利益保驾护航。

3. 股权融资

股权融资是创业者比较熟悉的，通过释放一定股权比例的形式获得投资机构的投资，即用股权方式获得资金，将企业级别快速拉高，企业规模做大做强。主要融资方式有公开发行、定向发行、私募融资。

4. 对外投资

企业在自身经营的主要业务之外，以现金、实物、无形资产等方式，或者以购买股票、债券等有价证券的方式，向境内外的其他企业进行投资，称为"对外投资"。对外投资无论是股权投资还是债权投资，目的都是希望在未来获得投资收益。

对外投资按其形成的公司拥有权益的不同，可分为股权投资和债权投资。对外投资后，根据母公司的持股情况，可以形成三类子公司：全资子公司、控股子公司和参股子公司。

5. 兼并收购

如果对外投资是内生发展，增长速度相对较慢，那么兼并收购就是外生发展，增长速度将成倍提升。

我们常说的"并购"就是兼并收购，是两家或两家以上的企业，通过相关操作合并成为一家企业，或者是"母子关系"的企业结构。

兼并也称为"吸收合并"，是一方将另一方"消化吸收掉的过程"。在吸收合并的过程中，兼并方与被兼并方（不固定为一家企业）合并成为一家企业，合并完成之日也是被兼并方消失之时。

收购也称为"购入合并"，是一方将另一方买入后放置于旗下的过程。在购入合并的过程中,收购方通过现金、股票等有价证券收购另一家企业,以获得被收购方的全部资产或部分资产的所有权,目的是获得对被收购方的控股权,收购完成后两方都存在,被收购方与收购方形成"母子关系"。

6. IPO 上市

IPO 上市是很多创业者追求的目标,通过在资本市场上公开发行股票去募资,上市本身是对企业的品牌、实力、业务、知名度和价值等多方面的认可。

企业上市后,会给股票市值与股权价值带来以下两个方面的好处。

(1)没有限售或其他限制的股票是可以自由流通的,受国际环境、宏观经济、政策变动、市场波动及企业经营等因素的影响,企业的股票价格会随时变动,企业市值也随之时刻变动,只要企业业绩向好,能保持持续稳定增长,企业市值长期趋势一定是上涨的。

(2)当企业的股权价值得以实时体现,股票市值不仅代表了企业的实力,也是股票持有者财富的体现,福布斯富豪排行榜上一项重要的统计数据来源就是公开市场发售的企业股票市值。

企业要想在资本市场上发展壮大,创始人需要有股权基因,在骨子里产生资本思维,提前做好股权的顶层设计,运用好股权的六大核心作用,企业就会发生神奇的变化。

2变 股权结构设计基本原理:"股动"人心的动力,布局合伙的时代

据统计,我国的集团公司平均寿命只有7~8年,中小企业平均寿命2.5~3.7年。为何会如此?个人认为大多数是因为公司的股权架构设计出了问题。

// 创业要升级股权思维 //

创业者从一开始创业就要升级股权思维,合理设计公司股权架构,其意义在于以下几个方面。

(1)解决控制权之争。随着多轮融资后股权稀释很多,创始人所占股权比

例不大了，但依然可以通过投票权委托、一致行动人协议、有限合伙、AB股计划等实现对公司的控制。

（2）避免股权制度的缺陷。"资源股"和"人力股"已成为一家公司不可或缺的一部分。合伙人时代，不能只以"资金股"作为衡量股权比例多少的唯一标准，"投大钱，占小股"正逐渐成为共识。

（3）转变企业融资手段。公司股权架构是否合理是投资公司首先要考量的问题，如果股权设计不合理，投资公司可能会失去兴趣。

（4）为了适应公司家族财富代际传承、婚姻关系变动等需要，家族的二代、三代可能没兴趣或者没有能力来接班，这就需要规划好职业经理人的股权结构。对于创始人离婚等事件，要提前做好风险防控。

大部分中小民营企业在推动股权合伙时都面临着八大痛点：分别是股权虚热化，盲目跟风；股权变福利，员工工作积极性降低；公司实施股权合伙人制度，以为是分了管理者的钱；分股很容易，退出却很难；草率给股权，达不到目的；股权分配不公，股东离心离德；仓促实施股权合伙人制度，后患无穷；不敢实施股权合伙人制度，错失良机。

整个创业过程，就是要策划一个好前景、有竞争力、高收益的"局"来吸引资源方加入，在空间上以终为始规划公司股权架构，模拟各类股东的进退节奏与计划。因此，创始人的股权设计思维必须要升级。

创业者对股权合伙的认知要升维，可从以下几个方面着手。

- 从追求工具手段升维到深入追问目标；
- 从关注业务管理升维到内外环境联动；
- 从达成利己目标升维到打造共赢事业；
- 从阶段性获取资源升维到全程价值创造；
- 从一次股权比例设计升维到以终为始的股权顶层设计；
- 从关注有形商业价值的计算升维到对人性的引导与文化的塑造。

你的股权思维提升了哪些？表1-1为股权设计的八种思维方式。

表 1-1 股权设计的八种思维方式

普通人的股权设计方式	八大股权设计思维	更科学的股权设计方式
网上寻找股权设计的模板，不管企业情况就直接套用	升维思维	在宏观上理解为何使用股权合伙，从资本逻辑先谋划整个创业大局
没有重视股权的核心价值，滥用股权建立合作关系	逆向思维	选择最适合自己的商业合作方式，不一定非要用股权来谈合作
片面理解和使用股权合伙制，给公司发展埋下各种隐患	结构化思维	从时间和多维度来规划股权，坚持股权合伙就是交易的核心
为了招聘人才，降低成本给股权，结果效果不佳	具象思维	根据目标，清晰描绘出股权合伙人画像，精准找到合伙创业的人
直接套用案例，不能随时应变，股权模式无法动态设计	组合思维	根据不同股权合伙模式，采用动态组合的方式进行股权顶层设计
唯我独尊，单一保护自己个人的控制权	生态思维	从资本高度，规划整个股权的生态系统
只是零和游戏，没有追求共同的利益，导致竞争和破坏	博弈思维	在合作与博弈中构建利益命运共同体，合股同心，共同努力
陷入财务、税务、法务等陷阱中，为公司发展埋下致命隐患	规则思维	建立现代企业管理制度和规则思维

一旦创业者从普通的股权设计思维中解脱出来，学会了上面的八种股权设计思维，整个人的格局和眼界就大了，找企业合伙人的境界也提高了。在股权顶层设计上，必须是一个全盘的规划与考量，而不是局限于股权比例的多少。

3变 资本思维：创业生死劫，资本双刃剑

有的培训机构把资本的力量无限夸大，认为任何企业都可以通过包装、策划走向 IPO 市场，这其实是在误导大家。

我们常说，传统的资产思维就像走楼梯，现在的资本思维就像坐电梯，最终目的都是让企业家有所转变，也可以说是转变为"企投家""知本家"，即用资本知识武装起来的企业家，首先要做的是转变思维。

// 如何转变资本思维 //

企业家要从传统经营思维升级到资本思维,让利润奔跑的同时也让股权增值,利用资源杠杆、流动性杠杆、未来的杠杆实现股权增值,资本思维要有六大核心转变才行。

(1)告别对资本认知的误区,客观看待资本的"双刃剑"作用,主动学习资本市场的游戏规则,熟悉资本运作的方法。

(2)以终为始,创办企业时就开始从上市敲钟进行规划,塑造企业上市的梦想计划表,一步一个脚印向梦想进发。

(3)以资本为导向来改变公司,包括商业模式的优化、股权架构的设计、合伙团队的搭建、营销合伙人机制的建立等。

(4)着手对公司的业务、财务、法务"三务"进行规范化改造,提前做好投资公司到公司尽职调查的准备。

(5)找融资合伙人(有的称为"财务顾问")来辅导公司进行资本规划,开始进行融资之路,创始人要懂得 VC 和 PE 的语言与套路。

(6)学会与投资人沟通的语系,完成企业与资本的"联姻"之路,让资本助企业插上腾飞的翅膀。

企业市值要实现可持续增长,必须不断加大投资和并购,资本市场核心是不断让企业价值增长,并获得市场价值认可。

在成熟的资本市场上促使市值增长的要素很多。主要是未来增长的预期,要求企业必须设定未来 3~5 年或 5~10 年的市值增长目标。

支撑市值增长目标实现的是两股力量、两个团队。一个是内生增长(产品经营)的团队;另一个是外延增长(资本经营)的团队。

企业需要紧紧围绕企业利润可持续增长(赚钱的能力)、企业价值可持续增长(值钱的能力)、企业投融资可持续增长("印钱"的能力)三大核心来提升企业的能力。

企业家可从哪些方面来提升企业的市值呢?可以从四大变量、六大核心关系和九个模块上的布局来着手。

(1)需要围绕总股本、净利润、市盈率、股价四大变量的综合提高来提升企业的市值；

（2）需要围绕企业可持续成长的利好或利空，与政府部门、监管部门、媒体、投研团队、投资人及市场六个核心关系不断地沟通；

（3）需要校准和优化企业在战略定位、顶层架构、商业模式、兼并重组、运营效率、财税规划、股权激励、融资体系、市值维护九个模块上的布局。

如果把企业比喻成一个人，当它进入资本市场后,它会发生哪些功能的变化呢？

- 资本：人的心脏。资本是否足够强大，血液是哪种类型，完全由心脏来决定；
- 商业模式：人的血管、脉搏。商业模式也要能承载强大的资本输入；
- 团队：人的消化系统。产品和服务能否获得市场的认可，心脏和血管能不能运转良好，形成良性循环，关键看你的肠胃是否通畅，是否健康。

资本一旦进入企业后，也就是说，企业获得了投资公司的投资，就会给企业带来三大改变。

一是换血：改变基因，基因决定未来。企业的基因就开始从利润倍增转换到市值管理。

二是换脑：改变思维，思维决定行为。资本进入企业后，企业可以通过资本的力量引入各种资源、优化管理模式、加强规范机制。

三是换骨：改变机制，从雇佣制到合伙制。资本进入企业，会对组织、人力资源、行政、财务等进行规范，以符合IPO上市的要求。

现在你可以做资本"体检"，看看你的各种系统是否健康？

在资本市场上，主要参与这个资本游戏的角色有员工合伙人、管理者、投资方、承销商、路演认购方和二级市场等，他们担任什么样的角色，获得什么样的股权，回报的价值也是不一样的。

转变资本思维，就是要建立资本合伙人模式，让这些不同的角色拥有不同的股权，产生不同的价值，见表1-2。

表1-2 资本合伙人模式

序号	角色	股权	价值
1	员工合伙人	原始股	回报率最高
2	管理者	原始股	收益最大

续表

序号	角色	股权	价值
3	投资方	倍增股权	赚钱轻松，钱生钱
4	承销商	承销费	稳赚不赔，收益金额高
5	路演认购	战略配售	机会抢先，盈利稳定，盈利适中
6	二级市场	股票	可能性最大，参与度最广，风险与利益共存

4变　股权实质：科学和艺术的结合，分好蛋糕的诀窍

从一哄而上的大众创业，到精益创业 1.0、2.0，现在进入了科学创业时代。企业家要提前预知投融资的规则，找准战略方向，找到志同道合的合伙人，科学进行股权设计。企业家只有不断提升认知带宽和心力，才能少走弯路。创业成功率也自然会提高很多。

// 如何设计好股权的系统工程 //

股权设计是一项系统工程，需要针对不同的问题配套不同的法律文件，以实现规则与其表现文本的统一。但是，在实践中，绝大多数的企业并未建立这样的配套文件体系，对于股东的权利与义务、公司的治理，通常只有一份工商部门提供的公司章程格式文本。

公司股权设计的本质是通过一连串的合同实现公司控制权和利益的平衡，是科学与艺术的结合，是合伙人分好蛋糕的诀窍。在公司经营过程中会出现很多的突发状况，我们要采取什么样的措施来预防和处理这些突发状况？

公司运作规则的落实需要相应的法律文件作为载体，应对股东、股东权利的范围及行使规则、公司的机构及其职责与运行规则、违约责任与纠纷解决等问题都进行详细的约定。如果一家公司想要长治久安，当然更需要通过一系列的法律文本来实现，而不仅仅是一份只有千余字的工商登记公司章程。

表1-3为股权设计中常见的法律文本。

表1-3 股权设计中常见的法律文本

法律文本	解决问题
《股权设计方案》（或其他名称的股东协议）	用于解决股东之间的权利义务关系，对股东之间关于出资、权利行使、表决、分红、退出、股权回购等问题进行约定
《公司章程》	用于解决公司内部组织机构设置，内部关系处理，股东权利行使、责任承担和部分高管的权利义务的基本规则和依据
《股东会关于通过股权设计方案的决议》	用于解决股权设计方案或其他股东协议的合法性的问题
《股东会通过公司章程的决议》	用于解决章程修正案合法性的问题
《股权转让协议》	用于解决股权转让的相关问题
《增资协议》	用于解决公司增资的相关问题
《股权代持协议》	用于解决股权代持的相关问题
《解除股权代持协议》	用于解决股权代持关系解除的相关问题
《持股平台合伙协议》	用于解决有限合伙持股平台合伙人之间的权利义务关系
《合伙人入伙协议》	用于解决有限合伙持股平台合伙人的入伙问题
《合伙财产份额转让协议》	用于解决有限合伙持股平台合伙人调整的问题
《合伙人退伙协议》	用于解决有限合伙持股平台合伙人退伙的问题
《合伙人决议》	用于有限合伙持股平台的日常决策
《股东会会议通知》	股东会召开的必备文件
《股东会决议》	用于股东会的日常决策
《股东会会议记录》	用于记录股东会会议召开的过程
《董事会会议通知》	董事会召开的必备文件
《董事会决议》	用于董事会的日常决策
《董事会会议记录》	用于记录董事会会议召开的过程
《监事会会议通知》	监事会召开的必备文件
《监事会决议》	用于监事会的日常决策
《监事会会议记录》	用于记录监事会会议召开的过程

以上法律文本的撰写与应用，不是打印出来放在文件柜里置之不理，而是要所有资本合伙人都共同来遵守，把它们当作股权设计的"尚方宝剑"，当创业合伙过程中出现问题时，按照这些法律文本来进行处置，做到公开、公正、公平，只有这样，合伙创业才会在合法创业、科学创业的路上越走越远。

5变　杠杆思维：借鸡生蛋，引爆财富

设计好股权的系统工程，尤其要懂得利用股权的杠杆思维。阿基米德说："给我一个支点，我就能撬起整个地球！"这就是杠杆原理的生动描述，企业可以通过借股权这个支点，撬动百亿元、千亿元的资本，更可以借股权这只鸡生蛋，让股权倍增，引爆财富。

// 股权倍增，是传统企业转型的必经之路 //

京东 2021 年净亏损 36 亿元人民币，但京东的市值还是价值千亿，资本还是很看好它的发展。这就是股权倍增的典型案例。虽然它有亏损，但是京东活跃购买用户数约为 5.7 亿，一年净增近 1 亿，新增用户中的 70% 来自下沉市场，最终资本还是认可了它的千亿市值。

经营杠杆系数是指息税前利润的变动率相对于产销量变动率的比。重资产公司的经营杠杆倍数大于轻资产公司的经营杠杆倍数。经营杠杆是销售收入与利润之间的杠杆。经营杠杆放大了利润，经营杠杆倍数越高，放大的倍数越高。

我国很多企业是重资产，它们的基本逻辑就是原料、采购加上制造的人工成本，再加上利润就是产品售价，一年赚取的利润，马上购置新的设备，招更多的人来增加产量，赚取更多的利润，这种就是典型的实业经营思维。企业规模是一步步发展了，因为每一分钱都是自己辛辛苦苦赚回来后又重复投入生产中，没有一点杠杆思维。这就是走楼梯的方式，每年赚的钱只是多了一些而已，不会有真正线性的指数性增长，得不到资本的加持，企业的发展速度也一直很缓慢。

重资产公司的劣势：主要成本为固定成本，在销售收入下降时，成本刚性有余、灵活性不足，抗风险能力差。因为所有盈利的钱都拿去买设备了，而设备是年年会有损耗的，这样的商业模式是不会受资本市场青睐的，因为没有任何想象空间。

高经营杠杆（更多固定成本）可以倍增公司的利润，但是也会加剧风险；低经营杠杆（更多变动成本）抗风险能力强，却不能倍增利润。

股权的杠杆思维就是要将财务杠杆与经营杠杆叠加，不仅使收益倍增，也会造成风险的倍增。财务杠杆与经营杠杆应该高低搭配。通过杠杆放大后，企业的股权价值就倍增了，股权倍增的模式主要有以下三种。

- 闪电式股权倍增就是宋江模式，自己跟107个好汉在梁山泊创业，做大后把股份卖给了大宋集团的董事长赵佶，获得增值。
- 进攻式股权倍增就是曹操模式，上市后通过并购，消灭北方的众多割据势力，不断做大市值。
- 绝杀式股权倍增就是刘备模式，依附皇室正统大公司成为一环，构成自己的价值链，建立蜀汉，独立上市。

上市能让股东、员工和公司价值最大化，一家企业的价值有两个维度：一是它自身的价值；二是资本市场对它的定价。

很多业务重组的战略目标是以市值为导向的，包括人才、业务、管理和资本目标，提高市场预期，做好投资者关系管理，还有股权激励的实施。

各位创业的企业家们，你们运用股权的杠杆思维了吗？

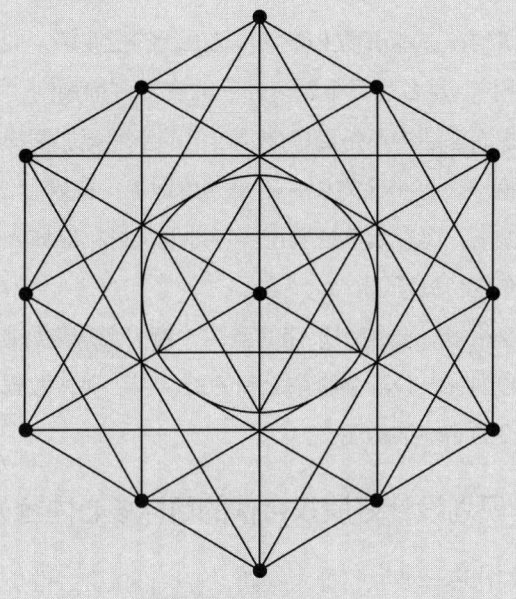

第二章 股权72变之
道变：股权顶层设计

6变 让资本青睐的治理结构：搞定治理模式，解决分利机制

我们可以观察到在资本市场上取得非凡成就的企业家，他们要么团队有很得力的资本"军师"，要么花重金聘请外面的资本咨询顾问，为自己的企业设置治理结构，这些治理结构不是简单地让自己的管理更加便捷、高效，而是要受到资本市场的青睐。打个比方说，不是简单地盖一栋别墅让自己住得舒服，而是要建造一个机场，可以起飞通向世界各地的飞机，这样人流、物流、信息流都全部汇聚到你这个机场了。

当然搭建这座机场，要绘制宏伟的蓝图，首先要规划好股权合伙的目标，了解它有哪些核心内容，分清楚股东之间的责、权、利，做到安全控股，最终搭建成多层次持股的治理结构图。

// 规划设计好股权合伙的目标核心内容 //

首先，股权架构设计要以目标为导向，解决谁投资、谁负责、谁执行、谁获益的问题。企业与投资人之间要建立稳定、默契的股权合作模式，企业才能获得更高价值的回报。

其次，要维护创始人和团队的控制权，防止各类夺权的情况发生，把潜在的危险提前进行规避。只有企业稳定了，个人和团队才会共同受益。企业的价值越高，高管受益越大，高管就会努力提升企业价值，让自己受益更多，这样才能保障整个工作的高效率。

高管有了正能量，会带领团队把企业发展成某行业的独角兽，持股的人就可能实现梦寐以求的财务自由。当企业给予员工这样的实际利益时，员工一定会努力工作，共同创造属于自己的财富。

有人问：股权合伙就是拿自己的股权比例去换对方的钱吗？怎么用好这个钱？除了这些，还要把预期收益、持股方式、收益权和表决权设计好。股权合伙其实就是要建立一个结构化的目标体系。

企业家要有资本思维，高瞻远瞩地提前做好股权设计，本质目标就是为了实现商业目标和获取资源，根据资本价值创造可以循环使用的商业闭环。

怎样规划好股权合伙的目标，它有哪些核心内容？我们可以从表2-1学会去做一个系统的规划。

表2-1　股权合伙目标核心内容清单

确定事项	具体内容
股权合伙目标	本次引入股权合伙人要得到的有形或无形资源
资源数量	对有形或无形资源的量化描述，比如2 000万元资金、1 000个超市渠道、500万目标客户的推送、转移获得某专利的知识产权。 有时一个股权合伙人会同时贡献多种资源，要分别列明
资源用途	如何使用这些获得的资源，比如融资用来招募优秀的人才，目标客户用来转化初阶收费用户，专利技术用于某新产品的研发
预期直接收益	某产品的收入增加金额，收费客户转化数量，新产品预计收入等
预期公司收益	公司总体收入、利润、估值、行业影响力会发生怎样的变化
股权比例	资源投入公司后，股权合伙人会占公司股权的比例是多少
持股方式安排	采用直接持股、持股平台、个人代持等不同方式
收益权特殊安排	是否设计收益权与出资比例不一致的机制
表决权特殊安排	是否就表决权做出与出资比例不一致的安排，如投票权委托、一致行动人协议、AB股、优先股、公司章程特别约定等，董事、监事席位的约定机制

只有把上面这些核心内容都确认好，才能明确股权合伙的目标，确认好自己掌握资源的数量和用途，通过了解预期收益来划分好股权比例和持股方式，最终得出收益权和表决权的特殊安排，这样的目标清单完成后，绘制股权设计的蓝图就找到了根本的方向。

// 创始人如何做到安全控股 //

很多人来咨询，想到的常常是股权分配的比例问题，这是静态股权设计的观念。现在其实逐渐开始实行动态股权分配了，也就是对于股权的权力分配问题，不同的企业有不同的操作模式，企业可以根据自身的需求和实际情况来制定适合自己的股权架构。怎样做到安全控股？下面的操作规则是值得遵守的。

1. 股权架构规划要清晰明了

股权架构一定要清晰明了，不允许模棱两可，更不允许有互相矛盾的条款或分配。在初次实施股权分配时，分配比例应尽量简单，通常都是老板绝对控股，再拿出一小部分股权分配出去。

2. 大股东之间要形成优势互补

企业在发展过程中，会授予一些核心骨干成员较多的股份。授予时不仅考核业绩或者过往的贡献，还要考虑大股东之间优势是否互补，比如大股东中已经有了一个营销高手，那么其他的大股东最好选择财务管理或技术等方面的人才。现在是科学创业时代，任何一块短板都有可能导致企业未来发展受阻。因此，股东之间最好能够实现优势互补。

3. 处理好直接持股和间接持股的关系

尽量避免激励对象在公司层面直接持股，直接持股的合伙人除收取股息、参与公司分红外，还享有一些相应的权利，包括参加股东会议、行使表决权、参与公司重大事件的决策等。因此，这些直接持股的合伙人，一旦在未来与创始人在企业发展的重大问题上产生分歧时，将有可能对创始人掌控公司产生威胁。

因此，建议企业在实施股权激励时，除极少数企业元老和核心成员可以直接持股外，其他员工最好是通过持股平台或者老板代持等方式间接持股。这种比例和分寸要把握好。

4. 采取同股不同权的模式

熟悉阿里巴巴、京东股权结构的读者都知道，它们采用"AB股结构"。B类股一般由管理层持有，而管理层普遍为创始股东及其团队；A类股为外围股东持有，此类股东看好公司发展前景，因此甘愿牺牲一定的表决权作为入股筹码。

这种结构有利于成长型企业直接利用股权融资，保障此类成长型企业能够稳定发展。同时又能够避免股权过度稀释，造成创始团队丧失对公司的控制权。

这种"同股不同权"的模式，创始人可在授予股权时，与员工签订"同股不同权"协议，约定授予员工A类股权，只享有分红权，不享有表决权。换句话说，在实际操作过程中，可以实施责、权、利分离的股权。

股权涉及权力和利益两大方面：责、权、利一致，主要是针对股权分配的利益而言的，员工享受了股权带来的经济利益，就要承担相应的责任。责、权、利可分，主要是针对股权的权力而言的，例如，对于大多数激励对象而言，在分配股权时，只授予经济方面的利益，不授予控制权和决策权，这是安全持股的重要原则，表2-2为实股股东的责、权、利。

表2-2 实股股东的责、权、利

类型	责任/风险	权利	利益
实股股东	责任： 遵守公司章程 对公司债务承担有限责任 不得擅自抽逃出资 遵守证监会对上市公司关联交易、同业竞争的相关规定 风险： 出资部分损失的风险 得不到收益的风险 法律风险	所有权 表决权 选举权 经营权 转让权 查阅权 质询权 知情权 建议权 诉讼权 优先认购权	短期分红 中期增值 长期资本市场扩大 剩余资产分配权

可以看到，企业在进行股权激励时，等于把"利"和"权"分了一部分出去，因此，对于被授予股权激励的员工，也一定有相应的"责"的要求。"责"，不仅包括业绩上的要求，还包括风险共担等内容；风险，包括出资部分损失的风险、得不到收益的风险，还可能包括法律风险。这一点企业一定要和员工达成共识，避免后期产生不必要的纠纷。

在企业的发展过程中，常常会有这四类人，见表2-3。

表2-3 企业发展过程中的四类人

类型	特点
看好行业的人	一般是指刚毕业的大学生，对于这个行业充满期待
看好自己的人	个人有着很强的工作能力，也很自信
看好平台的人	认为公司有较好的发展前景，愿意一直追随公司
看好管理者的人	欣赏管理者，相信管理者，把管理者视为行业引领者

在企业发展过程中，共有三类业务：起家业务、战略性业务和机会性业务。这三类业务又分别对应三种形式的公司：控股公司、主体公司和分（子）公司。控股公司则是通过层层控股实现对企业的管控。

要想安全控股，股权布局就是对企业的三类业务做布局，不是简单地找几个人分一下股权比例就行了，企业需要布局多层次持股的平台架构。

怎样进行多层次控股架构设计？

就是要把企业发展过程中的四类人、三类业务，通过控股公司、主体公司和分（子）公司这三种形式进行了完美布局，让看好行业、看好自己、看好平台、看好管理者的人都分别放在不同的持股主体里，发挥他们最大的作用（见图2-1）。

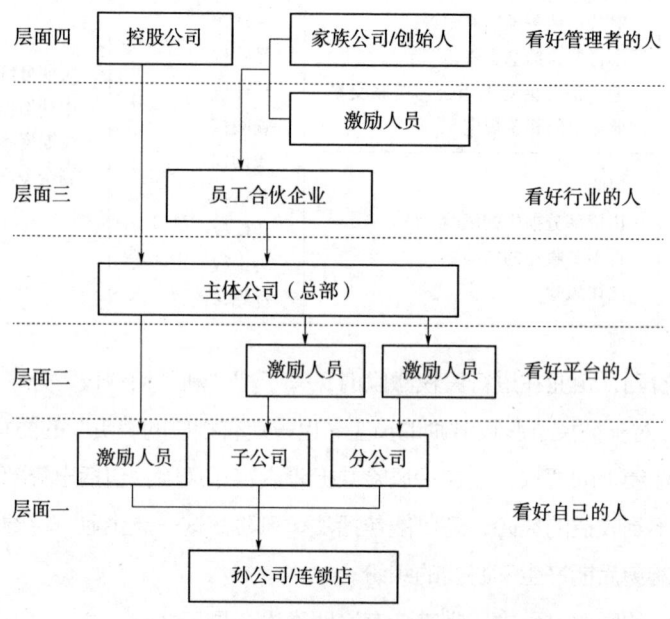

图 2-1　企业多层次持股的平台架构

所以，安全控股是要分清楚不同股东的责、权、利，对他们的利益与需求进行合理匹配，当企业对治理结构图布局完成后，走向资本市场就相对安全、信心满满了。

当企业设立多层次持股的平台架构后，就相当于一栋房子建好了，有阳台、客厅、卧室、花园、地下室，每个人都分布在不同的空间，使用自己的空间，发挥不同的功能与作用。

第二章　股权72变之道变：股权顶层设计

7变　主体结构：解码企业蓝图，夯实坚强基石

多层次股权架构的设计图，一定会受到资本的青睐，具体到每一家公司的股权架构设计，是要根据自身的实际情况来设计，就像盖房子一样，有的是平房，有的是复式、跃式，有的是别墅还带地下室。公司的股权架构多种多样，适合自己发展的模式就是好模式，这种股权架构也是在不断发展过程中动态调整的，而不是一成不变的。

// 公司股权架构的六种形式 //

股权时代，多少人在股权架构上吃过亏，不但多交税，而且IPO上市受阻，有的损失上千万元不说，自己一手创办的企业自己被净身出局，留下很多遗憾。下面介绍六种股权架构的优缺点与适用情形。

1. 自然人直接股权架构

自然人直接股权架构很简单（见图2-2），就是几个人直接持有核心公司股权。优点是套现个税可预期、套现免征增值税、上市后套现可选择税负低的点。但缺点是不利于控制权集中，缺乏利用股权杠杆的空间，对于长期持股股东的税负较高。

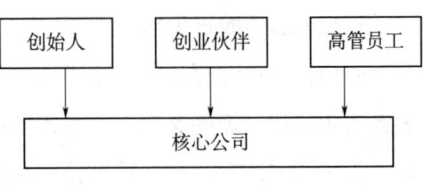

图2-2　自然人直接股权架构

自然人直接股权架构一般适用于以下情形：

（1）上市后想在股市套现的；

（2）创业初期商业模式不清晰的。

2. 有限合伙股权架构

搭建办法是创始人设立一人有限公司，一人有限公司作为GP、高管员工一起作为LP共同设立有限合伙企业，有限合伙企业股权架构如图2-3所示。

股权72变——从动态股权思维到IPO上市

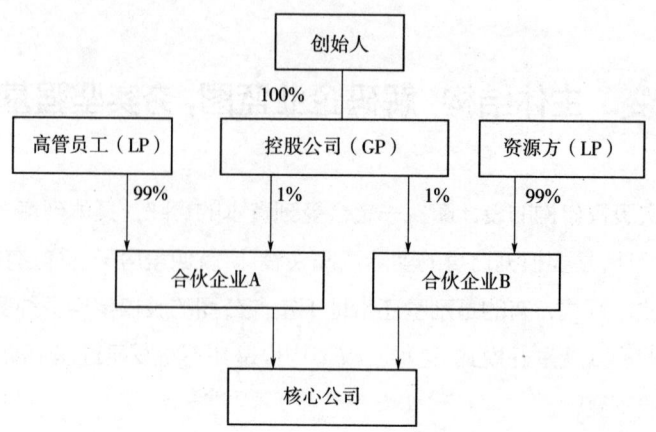

图2-3 有限合伙企业股权架构

有限合伙股权架构一般适用于以下情形：
（1）钱权分离度极高的创始人股东，多轮融资后股份被稀释得非常低的。
（2）投资人投资后想短期套现的。
（3）股权激励对象较多时，以合伙企业作为持股平台的。

3. 控股公司股权架构

创始人设立控股公司，旗下有多个业务板块管理公司，管理公司旗下投资多家实体公司（见图2-4），比如红星美凯龙因A股上市不能有地产，所以成立了家居管理公司、地产管理公司来分别管理家居、地产业务，家居业务就可以上市了。缺点是股东退出税负太高，缺乏灵活性。

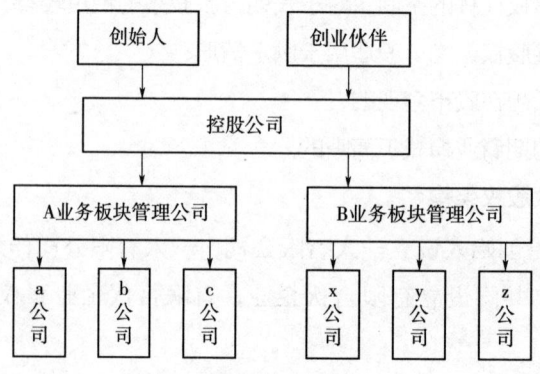

图2-4 控股公司股权架构

第二章 股权72变之道变：股权顶层设计

控股公司股权架构一般适用于以下情形：

（1）想长期持股的实业家；

（2）多元化的企业集团；

（3）大股东的家族持股平台；

（4）已到成熟期，没有上市规划，想家族传承的实业家。

4. 契约型股权架构

基本以资管计划、信托计划、契约型私募基金等组织来间接持有实业公司的股权结构。

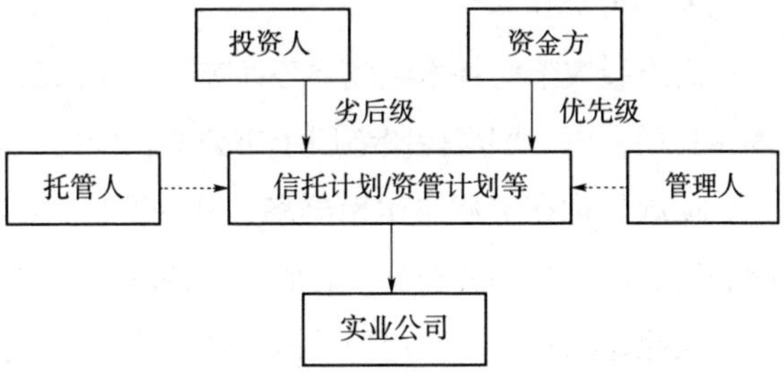

契约型股权架构（见图2-5）的优点是有利于员工激励，获得杠杆收益，有利于市值管理；缺点是适用范围较窄，熊市股价下跌有风险。

图 2-5　契约型股权架构

5. 混合股权架构

混合股权架构（见图2-6）就是把控股公司架构和有限合伙混合在一起的结构，根据股东不同的持股目的，组合成不同的持股架构。

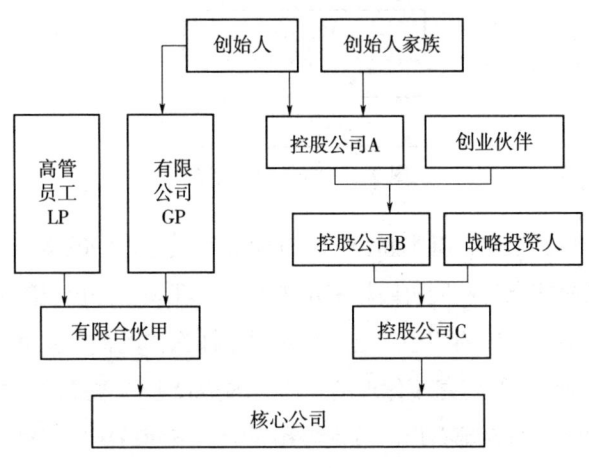

图 2-6　混合股权架构

混合股权架构一般适用以下情形：

（1）创始人为大股东，上市后想长期持股，可以设立控股公司作为上市主体；

（2）高管员工以有限合伙作为持股平台，创始人如果厌恶风险，可设立有限公司作为普通合伙人。

（3）适用于境内上市的公司。

6. 海外股权架构

海外股权架构基本以离岸公司英属维尔京群岛、开曼群岛等为主，先控股离岸公司，再一层层控股港股上市公司，到控股内地公司的形式。

顶层架构在英属维尔京群岛、开曼群岛，中间架构可以在荷兰、卢森堡、比利时、瑞士等国注册公司。底层架构基本是内地公司（见图 2-7）。

实操方法有利用壳资源、换国籍、分步走等多种形式。

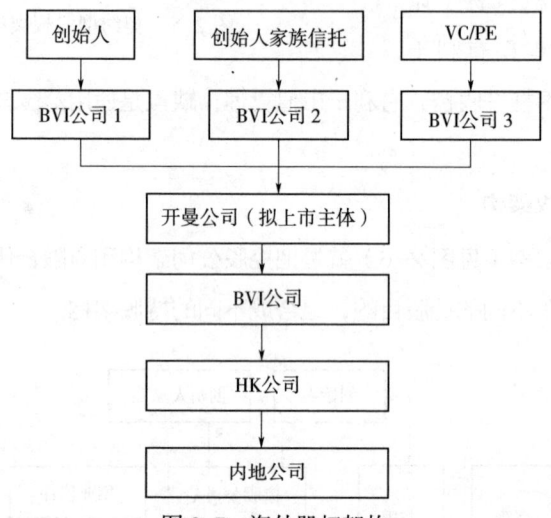

图 2-7 海外股权架构

以上六种股权架构，基本涵盖了目前企业发展过程中的实际状况，每个企业创始人可以根据自身发展阶段和资本需要，合理规划好自己的模式。

作为股权架构设计的核心问题，就是采用什么样的持股主体，有的在工商注册中是有体现的，有的是不体现的。不同的持股主体方式，在税收、控制权、融资、股权激励等方面都有自己的优点和风险。下面总结出五种不同持股主体方式的不同特点，方便企业创始人在规划股权架构时参考，见表2-4。

表 2-4　五种持股主体方式的对比

持股方式	工商注册是否体现	税收	优点	风险
直接持股	是	个人所得税	·激励对象相应地享有股权对应的股东权利 ·给予激励对象充分的持股保障	·受《中华人民共和国公司法》（以下简称《公司法》）股东人数的限制 ·股权分散，影响决策效率和控制权 ·员工进退影响公司股权结构的稳定性
代持股权	否	个人所得税	·若由实际控制人代持，股权集中，从程序上和实体上都保障了实际控制人的控制权 ·退出容易，仅需凭协议向员工发出通知即可	·员工认同感低 ·法律风险较多 ·上市前须清理股权代持关系
通过有限责任公司间接持股	否（须穿透）	有限责任公司企业所得税+个人所得税	·控制权集中 ·避免过多员工持股导致难以形成决策的情况出现，避免员工进退影响公司股权结构的稳定 ·相比直接持股，可容纳更多员工 ·可作为股权纠纷的防火墙	·双重纳税，税负高 ·管理决策成本高
通过有限合伙间接持股	否（须穿透）	个人所得税	·控制权更加集中，实际控制人少量出资即可有控制权 ·主体公司股权结构稳定，不受员工进退的影响 ·可以进行税务筹划 ·相比直接持股，可容纳更多员工 ·可作为股权纠纷的防火墙	·合伙企业税收优惠政策的走向不明朗，此后各地是否会给予合伙企业税收优惠尚不明确

续表

持股方式	工商注册是否体现	税　收	优　点	风　险
通过资管计划或信托基金间接持股	否	个人所得税	·员工人数安排更加灵活 ·员工股权管理可通过产品协议，更加专业和规范 ·退出容易 ·可使用杠杆融资	·管理成本（管理费/托管费）相对高 ·员工认同感低

掌握了六种股权架构的设计和五种持股主体的优缺点，我们就彻底解码了企业走向资本市场的规划蓝图。

现在就出发，寻找合伙人，开始你的创业之路吧！

8变　股权进入规则设计：防止兄弟式合伙、仇人式散伙

兄弟式合伙人就喜欢在酒桌上意气风发，豪情冲天，随口一说就把公司100%的股权比例分配出去了。等过了一段时间，发现存在一堆的问题，无论是出资的合规性还是撤资的合理性，都有很大的瑕疵。动态股权设计机制要求股权进入、成熟、退出都必须有一整套规则，让所有合伙创业的人共同遵守。

// 股东如何出资和撤资 //

股东出资形式有现金出资、实物出资、无形资产出资、换股出资，《公司法》第五十三条规定："公司成立后，股东不得抽逃出资。"也就是说，任何人都没有随意撤资与同意他人撤资的权利。《公司法》这样规定是对公司合法经营和债权人权利的一种保护。如果允许公司股东随意撤资，公司经营将无法稳定。因此，任何人随意撤资或允许他人撤资都将涉嫌抽逃出资，不仅公司将面临巨额罚款，股东个人也要承担法律责任。

1. 股东在出资时要注意规避哪些风险

有的企业为了减少管理成本不愿多次做变更，未在约定日期出资到位。部分股东使用知识产权、土地使用权、专利许可等出资，但评估价格虚高。

有些股东实际出资了，但资金未进入公司账户，工商上没有变更，依然是认缴状态。股东规避出资风险可以从以下三个方面着手预防。

（1）合伙前，要对股东的出资能力做一定的调查，若是无形资产，更要做好评估，避免股权已经完成变更但出资并未到位的情况发生。

（2）该进入公司账户的资金必须进入，该完成状态变更的必须变更，尽量避免管理瑕疵，做到不"埋雷"。

（3）重视出资协议，协议中要明确约定出资的期限、与出资有关的各种违约行为及违约方应承担的赔偿责任等，协议条款越具体、明确，越有利于双方遵守及获得法律的支持。

2. 合伙人出资要注意哪些问题

新合伙人出资时必须经全体合伙人协商同意，必须签署合伙协议，新合伙人与原合伙人权利同等，承担同等的责任。

新合伙人对出资之前合伙企业的债务承担连带责任。如果某合伙人在公司经营亏损中有过错，应当根据其过错的程度承担更多相应的责任。

认缴的出资最好是实际出资，实际出资可从家里拿钱，也可以用公司利润转增。注册资本虚高，没有什么好处。一些特殊行业有准入门槛，那是不得已而为之，但要注意风险。

注册资本的认缴年限适可而止，一般不要超过五年。注册资本不到位，对后续融资会有影响。参股股东不要随便参与发起自己不了解、无法掌控的公司。要留意注册资本的缴纳情况，认缴就要小心，要么以非发起人的身份参与，等公司成立之后再加入。

如果以非货币财产出资有限公司，虚报价额的，由交付该出资的股东补足其差额，发起人股东承担连带责任。如果出资股份公司，只要发起人未按公司章程规定缴足出资，发起人之间都要承担连带责任。

受让股权，应在合同中写明出让人要保证之前的出资没有瑕疵，如果有，责任由出让人承担。

3. 四种方式可以实现合法撤资

只有把股东出资和撤资、股东合伙的一些基本规则提前协商好，白纸黑字确定好机制，大家都按规则来合伙创业，才能避免出现兄弟式合伙、仇人式散伙的局面。

（1）通过股权转让的方式将自己的股权转让给其他股东或股东以外的第三人。

（2）通过减资的行为完成撤资，但因涉及减少公司注册资本，必须履行议事程序和表决程序，还要进行公告、通知债权人等，流程相对复杂。

（3）在达到一定条件的情况下（企业要求和个人要求），股东可以要求公司回购其股份。

（4）在公司破产后，通过清算将公司财产进行回收，但这种方法的启用就意味着公司濒临"死亡"。

9变 股权成熟规则设计：把握股权兵法，做好避坑设计

除了股权进入机制的设计外，动态股权分配中包含很重要的一环就是股权分期成熟兑现，将股东与公司发展利益绑定，防止创始人股东因中途退出而引发不必要的股权纠纷。这也是股权兵法中很高的一招，不是固静态股权比例，而是采取分期成熟兑现股权。

// 创业公司如何设定股权分期成熟兑现机制 //

股权分期成熟兑现机制，是指创始人在股权架构设计之初，无法获得全部股权，需要分期成熟兑现，即在一定时期按照一定比例分配股权。如果某一股东在约定之前退出公司，其他股东可以按照事先的约定机制来回购退出股东的股权。

一般来说，当前较为常见的股权分期成熟兑现机制主要有以下几种：

（1）最短年限兑现：规定一个最短年限，只有达到了这个最短年限后，才能兑现股份。

比如，一些初创公司要求股东在任职两年后，才可以兑现 1/2 的股份，而剩下的 1/2 的股权在此后数月内分期兑现。股东如果工作未满两年便离开公司，那他将无法获得任何股份。如果他在工作两年后离开公司，则至少可以拿

到 1/2 的股份，但在他退出后是否可以继续持有剩余股份，需要视创始人团队最初的约定情况而定。

这种方式的优点是简单易操作，缺点是没有持续约束力，有的股东可能就是想在两年后套现，不能持续为公司发展出力。

（2）按照年限平均兑现股权。大多数公司会约定四年为股权成熟兑现年限，在这四年中，股东每一年可以兑现 1/4 的股份，四年之后兑现完毕，获得全部股份。与第一种方法一样，如果股东在第二年退出公司，那他只能兑现 1/2 股份，剩下的 1/2 是无法兑现的。

这种方式的优点是易操作，可约束股东，缺点是后续激励不足。

（3）逐年增加兑现量，按照约定，股东工作第一年只能兑现 10% 的股份，第二年可以兑现 20% 的股份，到了第三年可再兑现 30% 的股份，以此类推，直到兑现完成全部股份。

这种方法的优势是，股东任职的时间越长，可以兑现的股份也就越多。这也可以看作是对长期任职股东的一种奖励。缺点是兑现期较长，有的股东可能等不了那么久。

（4）业绩考核兑现的方法，比如，一家共享出行公司可能会选择用户数量作为股权兑现标准，当达到 100 万用户时，股东可以兑现一部分股份；达到 200 万用户时，又可以兑现一部分股份。以此类推，当用户达到一定数量级后，股东便可以兑现全部股份。

上面四种股权分期成熟兑现方法，在具体应用时，需要联合创始人与投资人相互协商，约定好相应规则，然后再去施行。

现实创业中，很多创业者缺钱想找技术人员开发，但是又不想出钱，出股份也不知道给多少，何时兑现等。以下四种成熟条件可供参考。

（1）按工作时间设定成熟条件：比如约定成熟期为四年，每年成熟 25% 的股权；也可在约定四年内，第一年成熟 10% 的股权，第二年成熟 20% 的股权，第三年成熟 30% 的股权，第四年成熟 40% 的股权。

（2）按项目进度设定成熟条件：完成产品设计可成熟 10% 的股权，完成产品研发并制作出样品可成熟 20% 的股权，当产品上市后可成熟 30% 的股权，产品质保期内无召回或验证缺陷问题的可成熟最后 40% 的股权。

（3）按融资进度设定成熟条件：完成 A 轮融资可成熟 40% 的股权，完成 B 轮可成熟 30% 的股权，完成 C 轮可成熟 30% 的股权；还可以按融资额度来设计，比如融资 1 000 万元可成熟 40% 的股权，融资 3 000 万元可成熟 30% 的股权，融资 5 000 万元可成熟 30% 的股权。

（4）按项目业绩设定成熟条件：确定持股人的业绩目标，当根据考核规则达成此目标时，股权就一次性或分期兑现。

一般来说，为公司服务的时间越长，获得的股权收益也就越多。利用这种股权分期兑现的方式，将创业合伙人和企业的发展牢牢地绑定在一起。

中国的创业公司很少运用股份绑定，这样也就埋下了很多隐患，甚至最终导致创业失败。那么，股份绑定的成熟规则有什么优点呢？

第一，避免有些人提前离职，带走股权。有些人加入公司两周后就离开，然后还认为仍然拥有公司的股份。假如公司实施股份绑定，那么根据约定，这些股份还没有真正属于他，他无权带走。

第二，股份绑定可以有效规避合伙人之间出现股份分配不公平的情况。比如，甲、乙、丙几个人创业，在酒桌上就分配了股权比例，但项目进行一段时间之后，发现之前股权分配较少的乙对项目的贡献比股权分配较多的甲要大，董事会可与甲、乙商量后做出协议，对还没有授予双方的股份进行重新分配，甲、乙都会比较容易接受。

因为已经授予的股份不变，而且如果一方不接受离开公司，也有明确公平的已经授予的股份。股份绑定可以称得上一种比较公平的方法，因为合伙人都明白：创业公司是大家通过付出努力和心血一点一点地堆砌起来的，付出最多的人就应该得到相应的回报，避免有些投机取巧的人在离开公司后还拥有公司的股权。

没有遇到过股权纠纷的创业者认为，股份绑定可能会影响自己对公司股权的拥有，担心自己在项目中如果不能发挥价值就会失去自己的股份；而那些有过股权纠纷的人会在项目开始时就和合伙人协商股份绑定的方式，以此避免股权纷争的发生。

早期的创业者应该明白这样一个道理：如果创业项目能够获得成功，那么即使 1% 的股份也要比在失败的创业项目中拥有 100% 的股份值钱得多。

10 变 股权退出规则设计：丑话说在前面，避免创业死局

创业过程中没有不散的筵席，动态股权思维除对股权进入和成熟机制设计之外，还要对股权退出的机制提前规划好，不要等到合伙人说要退出，你却不知道怎样来面对、处理。亲兄弟明算账，中国人虽然有讲感情、爱面子的传统，但合伙创业一定要把丑话说在前面，这样才能避免陷入创业死局。

// 创业公司如何设定股权退出机制 //

创业公司人员变动频繁很正常，如果没有提前规划好股权退出机制，可能会引发股权纠纷，导致控制权不稳定，错失良好的发展机遇与融资进度。

1. 设定限制性股权

限制性股权是指合伙人拿到的股权是有限制条件的，比如分期成熟限制、兑现条件限制等，但是如果公司章程无特殊规定，持有限制性股权的股东，其分红权、表决权和知情权等股东权利与持有非限制性股权的股东是一样的。

2. 约定退出时间

例如，可以这样进行约定：在公司成立一年内不允许退出；公司成立满一年未满三年，退出需分期进行，每期间隔三个月到六个月不等；公司成立满三年，股东可正常退出。可以约定股东在初创期内（如三年内）不能退股，实在要退，第一年只能退还 50% 的股权，第二年只能退还 70% 的股权，第三年后才可以全部退出。

3. 设置限制条件

为避免合伙人中途退出影响企业的现金流，可以约定合伙人在企业发展面临困难和挑战时不能退股；或者是在企业关键节点时（如区域扩张、融资考核阶段等）不能退股，以免对企业正常经营或融资带来不利影响。

4. 约定退出情境

退出主要分为过错退出和无过错退出。

过错退出，比如严重违反保密或竞业禁止协议的约定、严重违反劳动合同、触犯法律等事项。无过错退出又分为当然退出和期满退出。

当然退出，如丧失劳动能力、死亡、被宣告死亡或被宣告失踪、到了退休年龄等。

期满退出是持股超过一定期限后退出或退休。比如因个人出国、孩子去外地上学、个人去外地工作等无法完成合伙的事项约定为退出，还有将死亡或丧失劳动能力作为退出事件。因违反公司规章制度而退出的人，股份应当全部退出。如因年龄、疾病等情况不能工作的人，本着人道主义精神，可以先拟定规则。

5. 匹配回购价格

强制回购适用于过错退出，常为折价回购，也可采用零对价或者 1 元人民币。一般回购价格以溢价回购和平价回购为主。

常见的回购价格有四种：①原来购买价格；②净资产溢价回购，比如溢价 10%；③参照公司最近一轮融资估值的折扣价，比如估值的 10%~20% 来设定；④无过错退出的未成熟部分股权，按照获售时对应股权的出资额返还，或对应出资额按照银行利率的倍数进行补偿（可考虑控制在三倍以内）。

约定不能退出期间离开的，可以按照 0 元或 1 元的价格退出。为了防止被退股股东不签字，约定符合退出条件的，收到款项即为完成退出等。

对于其他按照不同退出形式退出的，其价格可以约定为原投入资金与其股权所占账面净资产低者为准。

对于正常退出的人员，可以约定按照公司净资产退出，也可以按照上次融资时对公司的估价退出。

如果公司出现亏损，退出者需承担亏损后再退出。

6. 设置违约条款

防止合伙人退出却不同意公司回购股权，可以在股东协议中设定高额的违约金条款，提高违约成本。

7. 做好预期管理

在创业理念上达成共识，即创业是基于创业团队的长期贡献风险共担与共创，而最终实现成功后的利益共享，要做好长期奋斗的准备，而非着眼于短期收益。

8. 约定股东不得向股东以外的第三人转让股份

约定股东退股需提前多少天告知其他股东。比如，必须提前两个月或三个月告知其他股东，以便其他股东有充足的准备时间。约定在公司亏损期，即公司经营状况不好的时期不允许退股，或者在公司经营的旺季不允许退股。

股权合伙人要退出，大股东可以回购，二次分配新的合伙人。创业者没财力回购，退出的股权可转让给其他内部股东。

不建议允许因股权激励获得股权的内部员工随意转让股权，至少要设定经过若干年的锁定期后才可内部转让。

公司价值不断提升，如借壳或独立上市则按交易所规则在公开市场出售。如某合伙人要退出，无人愿意接受转让，可采用公司减资的方式实现退出。

提高退出成本的两种方式如下：

一是规定如果未完成约定贡献的，按照约定的工作年数、引入的资源、需达到的市场目标等计算实际可拥有的股权数量，剩余股权予以退回。

二是即使公司价值提升了，退出估值也参照其进入时的成本来确定。

所有合伙人要使用同一套标准，游戏规则值得所有人尊重。表2-5为创业合伙人在退出时设计的统一机制，可以对照具体情形来执行。

表2-5　退出机制

内　　容	退出说明
终止股权激励	如果持股人员行为严重违反其雇用条款，或持股计划及管理办法中的相关规定，处于禁售期内的股份都要予以取消，并退回认购资金。如果给公司造成了一定的损失，要依法追究其法律责任，依法做出赔偿
离职	持股人员退休（包括病退）或聘期结束未获续聘的，还处于禁售期的股份，依然有效，按照原计划，在禁售期满后进行实际转让
辞职	持股人员在聘期内主动辞职并与公司办理完毕辞职手续的，还处于禁售期的股份，由公司负责薪酬的部门对离职者做出离职评估。如果不存在规定的禁止行为，该股份依然有效；如果存在该类禁止行为，就要将该股份取消，并退回认购资金。如果给公司造成了一定的损失，要依法追究其法律责任，依法对公司做出赔偿；持股人员自动离职不与公司办理辞职手续的，处于禁售期内的股份，视为自动放弃，直接取消，并退回认购资金。如果给公司造成了损失，就要依法追究其法律责任，对公司做出赔偿

续表

内容	退出说明
辞退或解聘	如果持股人员被公司辞退或解聘，由公司负责薪酬的部门对离职者做出相应的离职评估，如果没有条款规定的禁止行为，尚在禁售期的认股权利，依然有效。如果存在该类禁止行为，就要取消处于禁售期内的股份，并退回认购资金。如果给公司造成了损失，就要依法追究其法律责任，对公司做出赔偿
身故或丧失行为能力	持股人员任职期间部分或全部丧失行为能力的，其尚在禁售期的股份依然有效，就要根据具体的在职情况，进行保留和存续，由其监护人代为行使该权利；持股人员如果在任职期限内死亡，其尚在禁售期的股份依然有效，给予保留和存续，由其指定继承人代为行使该权利
正常退出	需要股份转让时，参与全员或其指定代理人必须持有《股份认购协议书》《股份权利确认书》《股权转让通知书》和身份证、代理人加持代理委托书、代理人身份证，然后到董事会办公室进行股份转让确认，公司主要股东有优先回购权，优先权依据持股额度顺序降低，回购价格应不低于全员的认购价格

由于合伙人入股企业采用的资源不同，有的出资金，有的出知识产权，所以创业企业根据股权进入的情况，对其进行有针对性地退出设计，具体见表2-6。

表2-6 针对进入的退出条款设计

进入情况	退出情况
资金进入	如果投资的资金在约定时间内无法到账，视为协议自动解除，已经实缴的资金作为违约金进行赔偿，并配合公司在30个工作日内完成股权变更
知识产权进入	聘请第三方对知识产权价值进行评估，若实际机制和谈判价格差距巨大，以实际价值为准，或公司方有权单方解除协议。 若该知识产权在后期出现涉嫌抄袭或纠纷等问题，公司有权单方面收回全部股权
某种使用权进入	能够确保该使用权在约定时间内持续为公司提供服务。若无法提供，需进行赔偿，公司有权单方面解除协议或要求赔偿。 若使用权出现纠纷，给公司带来不便或损失，需对公司进行赔偿
人力股/技术股/资源股/劳务股进入等	退出一：需为公司服务一定的年限，未到期的年限内从公司离职，股权需转让给公司。 退出二：需按照承诺，完成一定的业绩、资源承诺等，若没有完成，公司有权按照约定价格进行股权回购
综合性情况	同一个股东或同一家公司有多种进入方式，应当根据每种进入的情况单独设计退出机制

11变 分公司、子公司、办事处、事业部：没有理想的方案，只有合适的机制

创业发展到一定阶段，扩大规模后就可以成立分公司、子公司，还有办事处、事业部。到底该成立怎样形式的独立机构才合适？

// 公司扩大后到底该成立怎样的独立机构 //

创业公司获得投资，投资人肯定希望公司的业绩成倍增长，这时创始人想开设独立机构，是选择成立子公司还是分公司呢？可从以下几个方面来考虑。

1. 从分公司、子公司的盈亏情况来看

当总公司盈利而新设立的机构可能出现亏损时，应当选择注册分公司的模式，这样可以抵减总公司的利润，降低税负。如果新设立的机构，会有盈利，则选择注册为子公司，财务独立核算，自主经营，自负盈亏，还可以享有小规模纳税人的税收优惠。根据税法相关规定，分公司是非独立纳税人，其亏损可以由总公司的利润进行弥补。如果设立子公司，子公司是独立纳税人，其亏损只能由以后年度实现的利润弥补，且母公司不能弥补子公司的亏损。如果当地有税收优惠政策，可根据实际情况进行分公司、子公司的注册。

比如，一家公司总部在深圳，在武汉和西安都设有分公司，一家公司亏损100万元，另一家公司盈利100万元，如果武汉和西安都是分公司，总部就不用多纳税，如果都是子公司，那么盈利的公司就要纳税，总部还是会有亏损的。

2. 从公司资质方面来看

如果新开展的相关业务需要资质，成立分公司会比较合适，这样分公司与总公司是绑定在一起的，不需要额外再去申请资质。如果新公司业务不需要资质，则可以考虑成立子公司，这样方便运营。

3. 从风险承担方面来看

分公司因为不具有独立法人资格，如果经营中出现风险及相关责任，可能会牵连到总公司。子公司是独立法人，是能独立承担法律责任的，母公司是以

认缴的出资额为限承担有限责任。所以，从风险承担的角度来看，成立子公司更合适。

4. 从股权概念来看

分公司没有股权概念，可以独立核算，有财产份额，股东无法注册。子公司可以有股东，有股权比例，可以进行工商注册，总公司通过控股关系来管理子公司。

5. 从股权激励角度来看

分公司、子公司都可以独立核算，只要做好利润分配就可以。但分公司无法进行注册股的设计，一般只能通过虚拟股或者合伙协议做激励，子公司可以做虚拟股或实股的设计，可以进行子公司核心团队（合伙人）的升降进退机制的设计。

除分公司、子公司的区别外，企业在发展过程中，还存在事业部、办事处这两个常见的机构，它们在主体类型、经营范围、税收政策、人事管理、自主权限等方面都有比较大的区别，创业企业要根据公司发展的需要，以及战略规划的考虑，提前布局好采用哪一种或者多种结构（见表2-7）。

表2-7 分公司、子公司、事业部、办事处的区别

类别	分公司	子公司	事业部	办事处
主体类型	不具有企业法人资格，不承担法律责任	具有独立法人资格，承担法律责任	不具有企业法人资格，不承担法律责任	不具有企业法人资格，不承担法律责任
注册资本	无须注册资本	要注册资本	无须注册资本	无须注册资本
经营活动	能与客户签合同、开发票	能与客户签合同、开发票	从事公司经营活动的一段或几段	只能从事总公司营业范围内的业务
经营范围	不能超过总公司范围	非限制项目可从事	无	无
增值税	缴纳	缴纳	无须缴纳	无须缴纳
所得税	单独或汇总缴	独自缴纳	无须缴纳	无须缴纳
关系	总公司的派出机构，具有从属的特性	母公司控股或参股	总公司中一个相对独立的单元	总公司的办事机构，具有从属的特性

续表

类别	分公司	子公司	事业部	办事处
名称	总公司名称+某某公司	行政区+字号+行业+（股份）有限公司	某某事业部	总公司名称+某某办事处
人事管理	员工工资由分公司直接发放，也可在总公司进行	单独发放工资，缴纳社保，也可在总公司进行	公司统一发放工资	人员的工资等事宜全部由总公司来操作
自主权限	具有一定的自主权	具有较大的自主权	基本在公司要求下经营	自主权较小

根据表2-7的规定，创业公司如果母公司采取的是开放型集团架构，那就由母公司和一系列子公司组成，上市以母公司作为主体。如果采取的是母公司封闭型集团架构，控股公司股权相对封闭，下面公司各自发展，适用于家族式企业。

如果没有控股公司，管理者个人作为自然人投资多家公司或参股，那么就各自保持独立和发展。在这个过程中，如何解决关联交易问题，涉及股东利益冲突的，关联交易尽量做到透明、公允。如果关联交易影响公司独立性的，要么不设独立公司，要么把承担职能的模块还原成部门，比如销售部地区跨度大的，尽量设置为分公司，如果设置成子公司也要做成全资子公司。

12变　预留期权池：股权加油站，一起向前冲

合伙创业把股权进入、成熟和退出机制全部设计好后，一起合伙创业的小伙伴需要有一些激励的机制，后续步入多轮融资的阶段，投资人也要求创始人必须要提前做好一件事，那就是预留期权池，相当于为创业的团队开了一个股权的加油站，带领大家一起向前冲！

// 如何设计期权池 //

在股权架构设计中，期权池的设计作为股权激励的一项重要举措，对公司的发展具有重要意义。它能留住核心员工、吸引未来员工、降低股权稀释风险，

还能简化股权变更流程，对将要经过多轮融资的创业公司也是很有必要的。

可以说，建好了期权池，股权激励就成功了一半。初创公司在分配股权时，分得太彻底可能并不是一件好事。有时候留有余地的股权分配，才能设计出完美的股权架构。

如果公司在股权分配时，100%的股权全部被分配到每个股东手中，激励员工若是选择购买公司股权，这部分股权该由哪个股东出呢？

这确实是个不好解决的问题，如果只有一个员工有权购买股票，可能还好解决，如果这项激励措施被授予更多员工，解决起来就比较困难。

初创公司在进行股权分配时，联合创始人和投资人在分配股权后，会预留出一部分股权，比如10%~20%，这部分股权放在一起便构成了一个期权池，用于未来的股票期权激励。

那么，如何设计一个期权池呢？预留的股权怎样存放？对应的注册资本从哪里来？对应的权与利该如何分？

（1）可以由大股东代持，这样便于股权掌控和将来做股权转让，代持者享有预留股的收益。当初新东方拿出10%的股权放进期权池，也是由大股东俞敏洪代持的。

（2）可以成立有限合伙企业来持有预留的股权，有新人或投资机构加入进来时，只要不超过50个人，都可以签订书面合伙协议，把股权直接放到有限合伙企业中。这样做很简便，但成本相对偏高。

（3）由几个股东平均代持，但将来要多次股权转让，流程相对烦琐。

对于出资，按"谁代持，由谁出这部分资金"的原则进行，也可按股东各自持股比例划分代持比例，按比例认缴出资。新人进来，将一定比例的股权有偿转让到其名下。

期权池的设立时间一般是在第一轮融资之前，太早的话用不上，太晚的话影响融资。不过在实践中，也有公司在设置股权架构时，不考虑成本，一步到位，直接预留期权池，毕竟设置得越早，需要的手续越少，后期会比较省事。

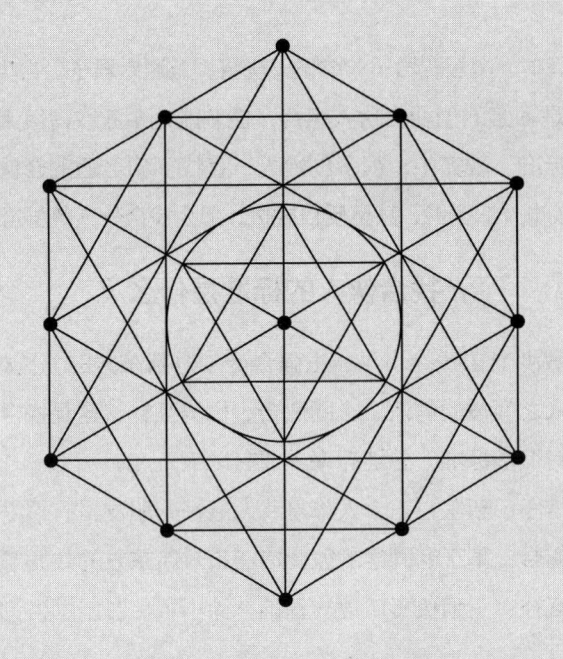

第三章 股权72变之
盟变：股权合伙

13变 找合伙人的标准：合伙就像谈恋爱，真心成就好婚姻

新东方三马车、携程四君子、腾讯五虎将、万通六君子、百度七剑客、阿里十八罗汉，都是著名的创业合伙人组合，他们能让企业取得巨大成功，一定是有成功合伙的标准。现实中，很多创始人一直找不到合适的合伙人，即使找到了，过不了多久也分道扬镳，甚至反目成仇，那么找合伙人的标准到底有哪些？

// 找合伙人的标准是什么 //

新东方俞敏洪当初找徐小平、王强合伙创办新东方时，选择就相当正确。因为他们三个人之间彼此信任、志同道合、优势互补，这是找合伙人的最好标准。找合伙人有很多标准，总结起来主要有以下五点。

（1）彼此信任：新东方三个人都是北大最好的朋友，有很好的信任基础。

（2）志同道合：基于老同学的彼此信任和对新东方的共同愿景与梦想。

（3）优势互补：王强负责口语与基础，徐小平负责出国咨询服务，俞敏洪负责托福考试。

（4）能力标配：王强和徐小平都出过国，英语不错，俞敏洪当时是北大班长，有领导能力。

（5）真实出资：这是很重要的。

总之，合伙人要具备坚守诺言，信誉良好，有脚踏实地，不断进取的精神品质。他们的合作意识必须要强，要尽职尽责。不能斤斤计较，要有宽容大度的品质。还要具备意志力，勇往直前的特质。

但是，以下十种类型的合伙人最好不要选择一起创业。

（1）拥有强大背景的空降兵，留学生、上过 MBA、名企做过、30 岁以下的，他们可能只会讲理论，实际上却做不出结果来。

（2）小富即安的人，只谈买房买车、结婚小孩的，从不谈上市、竞争对手、商业模式和管理的。

（3）经常拖延的人，日常生活就经常在小事情上不能按时完成的，比如做份商业计划书也不能按时完成的。

（4）沉不住气的人，遇到事情就慌，六神无主，一天一个兴趣，今天下棋，明天书法，后天钓鱼。

（5）没有抗压能力的人，一个人的失业空窗期越久，抗压能力越差，还经常抱怨老板和同事。

（6）犹豫不决的人，当有很多备选方案时，他会觉得每一种方案都可以，完全没有主见。

（7）受不了委屈的人，习惯性认为错误都与自己无关，喜欢意气用事，给团队造成负面影响。

（8）以家庭为重的人，满脑子都是爱人、孩子、父母、房和车，没有干事业的冲劲儿。

（9）没有创业意识的人，不想上班了，或者被别人劝来创业的。

（10）不懂商业模式的人，技术人员可以不懂商业模式，但是经营管理、营销、商业模式等，合伙人必须要懂。

总之，具备舍得能力、逆商能力、财务能力、掌控能力、应变能力、分析能力、切入能力、整合能力、自省能力、持续能力等综合能力的人，才适合做合伙人，当然也不是要求全部具备这些能力，尽量满足就行。

有的创业者说，从上市公司、海归人员、世界500强、BAT（百度、阿里巴巴、腾讯）里去找合伙人，那就一定是"王者"吗？说不定也可能是个"青铜"！我们怎样来判断潜在的合伙人是否适合你的项目呢？

- 对他近期的动态、履历、性格特质，通过前同事、邻居、朋友来全盘进行了解，有个初步的印象。

- 可先让他以全职顾问身份进入公司，负责一块独立业务，让他快速体现能力与价值，如果实际成果被团队接受，再让他正式加入公司。

- 让其他所有合伙人都全票通过，根据团队内部的信任基础、能力基础来综合考虑。

找合伙人的标准要提前设定好，就像谈恋爱要结婚一样，不能勉强、凑合着合伙。即使勉强凑合在一起，也会因为各种各样的原因而散伙。

// 伪合伙制的六大特征 //

书店里有关中国式合伙人、事业合伙制的书籍特别多，如阿里巴巴、万科、碧桂园、百果园等合伙人制，有的书籍只是想蹭热点，有的把合伙制说成包治百病的灵丹妙药，还有的对合伙制一知半解，却大谈特谈如何设计合伙制。合伙制虽然是个好模式，但不少创业者知其然，不知其所以然。有些名义上是合伙制，但它却是一个假东西，伪合伙制具有以下六大特征。

1. 跟你只谈合伙，避而不谈收益

这类合伙将合伙制上升到道德层面。其核心思想是给他人打鸡血，只谈奋斗，不谈收益。比如有的创始人想引进一个技术型的合伙人，给不起高工资，又不想分股权，所以空口承诺只要公司融到资，就会弥补之前的工资，还会兑现多少比例的股权，结果都是空头支票。

2. 只是口头上画了个饼

这类合伙其实就是过去的提成制、奖金制的变种，把合伙制局限在划分收益的层面，但不分配股份，说白了就是想请一个不拿工资的兼职员工。

3. 附加严格条件的合伙

这类合伙附加各种严苛的考核，入伙有考核，分红有考核，转股有考核，考核指标还特别高。名义上的合伙人，实际上还是老板的员工，稍有懈怠，随时就会"净身出户"。

4. 毫无话语权的合伙

这类合伙可以给员工分钱，但是不允许员工就公司发展提意见，只能听命于管理者。管理者一言堂，怎么可能合伙创业好？

5. 有共享，无共担

这类合伙的管理者比较厚道，跟员工合伙主要是想和员工交朋友。员工有钱分，不会亏，万一企业经营不善，管理者还兜底。这样对管理者而言承担巨大风险，不是真正意义上的共担、共享、共创。

6. 无共享，有共担

这类合伙中的员工虽然叫合伙人，但是很难得到收益。而且管理者一定会让员工投资，还会让代理商和客户投资，自己却不投资，这是典型的精致利己主义者。

以上就是伪合伙制的六个"临床诊断"标准，希望大家结合自己平时的实际情况，做一个自我诊断，看看自己推行或接触的合伙制是不是伪合伙制。

伪合伙制可能会使企业获得短期利益，但从长期角度来看就会出现问题，为防患于未然，大家需要牢记伪合伙制的特征。

14变　找合伙人的方法：找对合伙人，创业就有谱

由于工作的原因，经常跟一些创业的企业家交流，说现在找合伙人太难了，专业、能力、价值观甚至性格要匹配，找合伙人有没有很好的方法？我们要先研究合伙人的标签，从五个维度去分析合伙人。

// 找合伙人，这五个标签很重要 //

创业要找合伙人，要从如何做事与怎样合作去找内在素质，合伙人的创新与执着、契约精神与影响力是相当重要的。可以从以下五个标签着手，判断合伙人是不是适合自己。

- 资源标签：创新与执着是体现变与不变的辩证关系，要坚守自己不变的东西，使别人发生改变。
- 身份标签：可以清晰识别的行业、岗位与经历。包括企业规模和性质、下游客户类型、岗位产出成果，更加有匹配度。
- 触点标签：重视但不依赖朋友圈，重视并提前投入时间精力，不要急于求成。
- 使命标签：人生使命与价值观，这是很难识别的，唯有日久见人心。
- 需求标签：一查，查简历与职业发展路径。二谈，通过不同场景和主题去交流。三访，对同事、客户、朋友去了解。四试，遇到具体问题看候选人的反应和与团队的融合度。

找合伙人除以上五个重要标签外，还要评估他们的这些需求，以便有针对性地通过有效的方法和渠道与他们建立沟通关系。

（1）合伙人要为公司提供什么样的有形资源或能力，比如创新能力和影响力。对于多种资源，要按重要程度排序。

（2）针对的客户、所在的区域、要完成的事项、在公司内的职位，尽可能描述一个清晰的场景，客观评估自己给对方带来多大的回报，包括有形价值和无形价值。

（3）通过私人关系、专业中介机构、社交媒体去找，提升找合伙人的效率和质量，获得候选人的信任从而建立关系。

（4）对个人，要确认他的长期使命和个人追求；对机构，要了解企业文化和战略规划。听其言不如观其行。

（5）弄清他在物质收益、社会名誉、管理权力及工作方式方面的需求，也就是利、权、名。

找合伙人的方法总结起来就是：要什么？他是谁？去哪找？

选择股权合伙人，要走入对方的生活情境和内心，才能真正读懂人。

人性的内在原动力是"想得到"和"怕失去"，所以，通过项目路演让新进的股权合伙人理解和认同公司商业模式是有竞争力的，未来发展的规划是经过缜密筹划的。

要让别人看到这幅蓝图，并不是信口开河地表情怀、讲故事，而是要以真实、全面、准确的数据为支撑，用客观严密的逻辑进行推演。拿出的证据越多，逻辑越严密，最后推演出来的股权价值数据可信度越高，才能激发出人性底层"想得到"的欲望。

当你与潜在的合伙人在这五个标签与需求方面能达成一致，那么合作成功的概率就会高很多。

// 如何测试要加入的合伙人 //

创业要找合伙人，不能凭自己的第一感觉、拍脑袋来定，还是要采用一些科学的方法来测试。以下三个方法就能测试对方是否合适。

方法一：能力测试法

这主要是考核要加入合伙人的核心技能。如果创业者要找一个技术合伙人，那么根据业内相关的标准，对要加入的合伙人的能力进行综合评价，或者深入了解他之前的技术成就和技术创新能力。如果创业者要找一名运营合伙人，那么就要对他的从业历史及成功经验有深刻的了解。

例如，深圳有一家房地产公司在找事业合伙人时出现了明显的失误，最终导致其销售业绩一路下滑。该地产公司创始人曾在房产销售不好的情况下，决定进行合伙人制度改革。这样的思路本来没有问题，但是他在具体执行层面却出现了严重的错误。

刚开始，该地产公司的董事会邀请了公司内部的多名中层管理人员入股，成为公司的事业合伙人，此举虽然能够激发他们的工作积极性，但有些管理人员的眼界不够开阔，格局较小，能力较差，因而在很多重大事情的决策上，都是盲从于董事会的决策，缺乏主见。最终并没有提高公司的销售业绩。

后来，董事会决定从外部引入更优秀的职业经理人作为公司的合伙人。他们仍然采用合伙制的方法引入一名业务娴熟的房地产总经理。这种优秀人才的引入，为公司提供了新鲜的观点和新鲜的血液，其销售业绩也逐渐上升。

方法二：性格测试法

创始团队在招人时，必须深入了解合伙人的性格特征，例如，他是否能与团队内的其他合伙人形成互补，是否具备感召力，能否带领团队完成目标。只有具备这样性格特征的合伙人，才可以使公司的发展少走弯路。

方法三：细节测试法

这种方法重点考察合伙人业务管理的细致力。如果创业团队要找一名专业的财务合伙人或人事管理合伙人，都可以利用这一方法。例如，在选择人事管理合伙人时，要注重他的外在形象，以及他日常的行为习惯及做事方法。通过对其耐心细致地观察，最终决定是否与其开展深度的合作。

如果创业团队成员能够拥有良好的沟通能力和协作技巧，则必然可以将许多问题扼杀于摇篮之中。在选定潜在联合创始人时，创业团队要根据岗位的要求和实际状况，用最合适的方法，找到最合适的人选，把合伙人制度的优势发挥到最大。

// 如何说服优秀合伙人加盟公司 //

找到志同道合的合伙人后，就要想方设法地说服他加入团队，如何说服他加入呢？可以从以下四个方面着手。

1. 展示创业前期可见的成果，体现自己的实力

创业者与合伙人的选择是双向的，当我们以自己的标准去审视对方时，对方同样在打量我们作为合伙人是否合格。想要说服有能力的人合伙，创业者要敢于并善于推销自己，用实力赢得机会。无论创业者的能力有多强大，产品概念有多先进，项目设计有多优秀，如果不能表达出来让对方听到、听懂，那么你所做的努力就没有意义。

在推销自己的过程中，创业者态度要真诚，如实表达自己的工作能力、公司的项目前景，不要过分夸张也不要过于谦虚，自我评价要恰如其分、不卑不亢。全面、客观地介绍自己过去的经历与未来的打算，诚恳地表明对合伙人的期望。讲述过去经历时不一定要对失败方面避重就轻，坦然介绍失败经历及自己从中获得的经验与教训，也能让合伙人对自己有更多了解，从而逐渐产生真正的信任。

2. 通过讲解商业计划书来吸引对方

在写商业计划书时，创业者不要太在意自身的利益。在分配利益板块不要含糊、模糊核心重点。如果创业者想要招揽合伙人，需要明确说明项目能为合伙人带来多少利益。商业计划书不能太空洞。不能把一堆空泛的数据拿出来，这样只会让合伙人觉得受到了糊弄。商业计划书要求计划详尽，可行性强，回报率高，退出合理。

3. 规划出盈利方案，让对方觉得有利可图

创始人要站在对方的立场思考，给予对方能力范围内最大的利益。合伙创业的本质是集结创业者与合伙人的优势来谋取更大的发展空间，共同抵御风险，分担责任，可以说是有福同享、有难同当。而在创业之初，合伙人可能看不到实际的利益，承担的风险却很明确。因此，只有在利益得到保障的前提下，合伙人才能全身心地投入工作中。

在选定了合伙人后，创业者就要综合考虑合伙人的个人因素，站在对方的角度思考其对风险的承担能力，把握合作的规律，为其制定公正的利益分配机制。创业者能够在一定程度上保障合伙人的权益，聚焦互惠互利的双赢策略，才能让合伙人无后顾之忧，愿意很快入伙。

4. 双方平等合作，不勉强对方

创业者想要寻觅一个各方面都契合的合伙人是很难的，所以，很多创业者一旦遇到合适的合伙人便会想尽一切办法争取过来，更多的创业者则是就近在亲朋好友中选择合伙人。但无论合伙人来源于哪里，创业者都要注意，如果再三争取后，对方仍对合伙创业的请求犹豫不决，那就不要再勉强了。

一个优秀的合伙人需要与公司有一致的目标，做事时有担当、能扛事、敢拼搏，对内能带动员工的热情，而这些素质在那些犹豫不决的合伙人身上是无法体现的。

合伙创业需要的是大家一起努力拼搏，但如果合伙人一开始就犹豫不决，心中放不下对未来的担忧，那么即使参与进来也只会束手束脚、遇事举棋不定。如果公司能够获得良好的发展，或许能暂时稳住合伙人的心；但一旦公司发展出现问题，合伙人就会想到当初自己的犹豫，思考退路，这样的心态十分不利于公司的发展。在充满不确定的时期，合伙人面对融资不顺利、公司经营受阻、团队管理撕裂时，拥有反资本、反内耗、反撕裂的心理，这样的合伙人是十分难能可贵的。

15变 找合伙人的渠道：跟"单打独斗"说再见

合伙人一定要目标一致、信念坚定、合作互补，共同的价值观是合伙人的必备条件，很多成功的企业家一般先是从自己的关系网去找合伙人，除了这些常见的之外，找合伙人还有哪些其他渠道呢？

// 通过哪些渠道去找合伙人 //

科学创业时代，各种短视频十分火热，自媒体推广也层出不穷，轻资产、低成本创业大有人在，创业者想找合伙人，可从以下几个渠道着手。

（1）留意身边的人：老同学、老同事、老朋友，他们有哪些能力、有什么想法，你都是最清楚的，这样的合伙人比较知根知底，有信任基础，但缺点是创业搭伙的过程中极易从兄弟进入走向反目。同时要提醒你要选择优势互补的

合伙人，不能是之前公司同一个部门的。

（2）通过熟人推荐也是不错的。曾李青当年也是通过熟人认识马化腾的。建立在熟人基础上的创业合伙人是比较能够迅速组建团队的，但是一定要建立在充分尊重的基础上，因为友谊基础比较薄弱，容易产生一些误会。在相处的过程中要本着尊重的态度互相磨合。此途径的缺点是这个中间人可能无法知道所有朋友是否有创业的意愿，寻找起来还是比较麻烦的。

（3）通过奇绩创坛创业营、混沌大学的创新训练营、阿尔法公社创始人俱乐部、郭奎章的青创团等平台寻找意向合伙人。如果你想好了要在哪个领域创业，那么多参与一些这个领域的活动或者峰会，你就有可能找到同类人。目前以团队搭建为目的的活动还比较少，此途径的优点是能够直接面对面交流，有助于沟通理解。缺点是此类活动仍处于起步阶段，模式仍需探讨，很多热门创业行业的技术人员还是比较抢手的，往往"供不应求"。

（4）之前就彼此认识、志趣相投，有突出的个人成就，合伙人海选面试表现优秀。这是基本的选人标准。

（5）弱关系也是创业后期寻找合伙人的渠道，真正意义上把不同社交圈子连接起来，从圈外给自己提供有用的信息。

（6）留意自媒体渠道：比如微博、领英、微信群，你都会发现一些合适的人，现在还有一些网站是帮助创业者寻找合伙人的，可以让初创者建立与目标合伙人的联系。

（7）可以先雇佣后合伙。此种途径在找合伙人时十分普遍。要想让人家跟着你干，很多时候光用价值观去灌输很难奏效，这时应该适当地变通一些，先雇佣后合伙，也许是不错的选择。缺点是必须有一定的经济基础做支撑，也就是要开得起前期的薪酬。

（8）通过专业找合伙人的社区寻找。这种途径针对性较强，目的性也较强，合伙成功的概率较大，如果该社区足够强大的话还是比较靠谱的。缺点是如果该社区不够正规，没有解决最基本的信任问题，就会使真正想创业的人才被埋没。

据统计，两个合伙人中如果有一个是名校毕业的，获得投资的可能性会提高9%，两个都是名校毕业，则提高11%。如果是之前公司的同事搭档，可能性则降低 18%。选校友则降低 22%，选亲戚则降低 25%。这些合伙人成功概率的大数据，供大家在找合伙人时参考。

16 变 合伙人的分类：如何整合上下游，成为利益共同体

传统做一个项目或者经营一家公司，是先找准一个产品，再采购材料、招聘人才、核算成本、标明售价，然后自建渠道或者找代理商，通过批发或零售价卖出去。看到市场上有同类产品做促销，为了提高销量就打价格促销战。这些观念已经越来越落伍了，现在你要成功经营一个项目，要把消费者、经销商、城市渠道商、生态链等都发展成你的合伙人，整合上下游，结成一个利益共同体。当所有人都是你的合伙人时，你的力量就无比强大，当然这些合伙机制要提前规划好。

// 合伙人如何分类 //

如今是合伙人时代，随便拿出一张名片，职位可能就是 CEO、创始人、联合创始人，但合伙人也分很多种，比如其是企业层面还是业务层面的，要首先分清楚。

企业层面的合伙人一般有以下三类。

- 资本合伙人：帮助企业进行融资、战略规划和资本落地的合伙人。
- 创业合伙人：出钱、出力、出资源、出技术的，这是我们平常见得最多的合伙人类型，收到名片最多的也是这类合伙人。
- 事业合伙人：合伙人计划、事业跟投计划中所称的合伙人。

业务方面的合伙人一般有以下四类。

- 城市合伙人：当地城市有一定资源的通过合伙实现创业的，通过资源加入总公司项目成为当地合伙人。
- 项目合伙人：万科、碧桂园的跟投就是案例，一般以项目作为标的，出资成为合伙人。

- 门店合伙人：比如永辉超市的激励店长和员工制度，让员工逐渐成为店长，最终成为合伙人。
- 流量合伙人：主要是指通过私域导流、连接、推广等方式，以流量投入来计算入伙的投入费用。

如果进一步按照股权、项目、上下游来划分合伙人的类型，可以有以下几种分类，见表3-1。

表3-1 合伙人分类

标　准	类　别	包含类型
按股权分	股东合伙人	创始合伙人 联合创始人 股东合伙人
按项目分	事业合伙人	内、外部事业合伙人 项目合伙人 独立合伙人 城市合伙人 一、二、三级合伙人
按上下游分	生态链合伙人	工厂合伙人 渠道合伙人 资源合伙人 智力合伙人 资本合伙人

只有先把合伙人类型确认清楚了，在不同阶段需要找什么类型的合伙人进行合作，才能更好地根据企业发展目标和需求，确认按怎样的合作方式进行。

// 如何找产业合伙人 //

随着股权思维的深入传播，超过四成的创业者认为股权是灵丹妙药，动不动就滥用股权。跟产业链上的合作，一说到深入合作，就说要相互持股，这样真的就很好吗？

比如，势均力敌的两个巨头如果成立合资公司就会很麻烦，不如采用事业部的形式。把有一定专业能力和业务规模的职能部门公司化，再将内部职能外包给专业公司,通过数字化转型完成内部创业。所以,股权的使用,要运用在不同的模式上,才能起到应有的效果。

产业链上有很多类型的合作,不仅仅只是买卖采购关系这么单一。表3-2中有三类六种合作模式,可以根据实际情况选择最合适的模式去合作,当然同时也可以建立多种模式,比如现在以某种模式为主,到一定时机转换成另一种模式。

表3-2 三类六种合作模式对比

合作类型	合作交易方式	经营主体	适用场景	核心合作文件
采购型合作	常规采购模式	主体各自独立,约定利益分配关系	一般性产品采购	购销合同等
	供应链整合模式		战略性产品采购	供应链合作协议等
职能型合作	职能外包模式		非核心职能外部合作	外包协议等
	代理加盟模式		核心职能外部合作	产品代理协议等
股权型合作	项目型股权合作模式	同一主体,分别拥有股权	阶段型项目合作	出资协议、公司章程等
	永续型股权合作模式		永续型项目合作	出资协议、公司章程等

产业链上的合作,找产业合伙人、渠道合伙人、技术合伙人,我们要考虑商业模式和战略规划,包括上游原材料、技术研发、生产制造、下游市场渠道等具体所需。

比如资源的种类、数量规模、交付方式、时间等具体要求,找到最合适的产业合伙人。

在洽谈过程中对方还会有讨价还价,有的成果需要分期交付,他们的目标是得到产业资源,并不是财务收益。

有些个人型产业合伙人可利用其在行业协会中的影响力介绍客户,我们要从资源成本、交易成本、信誉一票否决、法律红线等来综合考量。而他们考虑个人转化收益率、可靠性和保质期。

企业创始人如果想找产业合伙人，可在产业链横向、纵向上去寻找资源，大多数机构型产业合伙人是想提升自己的主业收益，业务协同完善自身的产业链。

// 公司不同阶段需要不同类型的合伙人 //

很多人说开公司，就是找个合伙人凑点儿钱或免费以技术入股，其实合伙人不是这么简单。公司在发展的不同阶段，需要引进的股权合伙人有很多类型，作用也不同。

（1）组建初始核心团队，往往还需要引入资金合伙人获取资金；引入产业合伙人获得技术、市场等产业资源。

（2）公司需要利用不同区域的资源，则还要引入各区域的城市合伙人。

（3）对于核心员工，也要拿出一些股权分阶段、分层、分类的激励。

（4）公司上市时，还会增加社会公众股东，包括战略性的机构投资者和散户。

你的企业处于什么阶段，是什么类型的，需要找到什么类型的合伙人？

合伙人制已经越来越受到创业者的欢迎，但并不是所有的企业都适合采用合伙人制。以下这几种类型的企业就适合采用合伙人制，而且效果相当明显。

（1）知识型企业，比如律师事务所、会计师事务所、咨询公司、轻经纪公司，这些企业基本以人力资源的智慧为核心。

（2）初创期和战略转型期的企业，初创期对资金、人才、资源需求大，能用钱激励的可先不用股权。

（3）轻资产型企业，如新型互联网公司、品牌型轻资产企业、类金融企业、知识产权为主导型企业、增值型基础网络公司。

（4）控制权稳定的企业。

公司股权合伙人有很多类型，对照图 3-1，你拥有哪类合伙人？

只有把股权合伙人的顶层架构设计好，针对社会公众、产业合伙人、资金合伙人、员工持股平台都设计好，通过"三会一层"的管理，公司各业务板块和子公司的发展才会更加顺利，在资本之路上走得更加稳健。

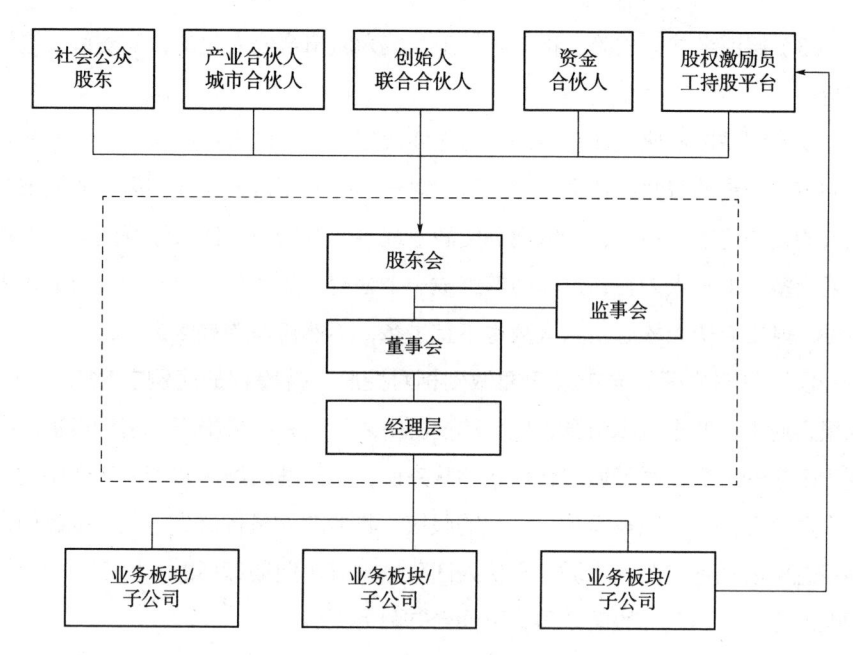

```
┌────────┐  ┌────────┐  ┌────────┐  ┌────────┐  ┌────────┐
│社会公众│  │产业合伙人│ │创始人  │  │资金    │  │股权激励员│
│股东    │  │城市合伙人│ │联合合伙人│ │合伙人  │  │工持股平台│
└───┬────┘  └────┬───┘  └────┬───┘  └────┬───┘  └────┬───┘
    │            │           │           │           │
    └────────────┴───────┬───┴───────────┴───────────┤
                         ▼                           │
                    ┌────────┐                       │
                    │ 股东会 │                       │
                    └───┬────┘  ┌────────┐           │
                        ├───────│ 监事会 │           │
                    ┌───▼────┐  └────────┘           │
                    │ 董事会 │                       │
                    └───┬────┘                       │
                    ┌───▼────┐                       │
                    │ 经理层 │                       │
                    └───┬────┘                       │
         ┌──────────────┼──────────────┐             │
    ┌────▼───┐     ┌────▼───┐     ┌────▼───┐         │
    │业务板块│     │业务板块│     │业务板块│─────────┘
    │/子公司 │     │/子公司 │     │/子公司 │
    └────────┘     └────────┘     └────────┘
```

图 3-1　公司股权合伙人结构示意图

// 城市合伙人：快速助力企业扩张 //

传统企业拓展业务就是自建渠道、连锁加盟和招募代理商，而城市合伙人是在分销渠道的基础上融合了粉丝经济、会员经济、合伙人制度形成特色，从传统的加盟分散式管理变成了合伙人制的集中式管理，大家形成了利益共同体。

以城市合伙的方式，项目方与当地城市合伙人一起成立运营实体公司，并由城市合伙人担任 CEO，项目方持有一定比例的股权。城市合伙人也可以反过来持有项目方总部的股权，这是城市合伙人的基本运作模式。

常见的城市合伙人主要有以下三种形式。

（1）股权架构上的合伙关系，比如一些品牌加盟项目就是把自己的商业模式、系统、经验和资源提出来，设计合理的回报机制及资本收益，由城市合伙人来操盘当地城市的业务。

（2）无任何成本式的城市合伙人，例如阿里巴巴零售通的合作伙伴"城市拍档"是指街边小店把供货商品打上阿里巴巴的标志，有问题由阿里巴巴先行赔付，采取"无底薪＋佣金"的模式。

（3）保证金式，与第二种不同的是，成为城市合伙人之前，要支付一笔保证金。

要想把城市合伙人计划做好，首先要找到合适的城市合伙人，他们要在当地城市有一定的资源、资金或者团队。对于不同的项目方，我们需要的城市合伙人的资源可能也不同，所以你需要清晰地给你的城市合伙人做好画像，人数不要太多，3~5人为宜，这样能够组成一个强有力的团队，由一个核心的人去带领。城市合伙人核心团队人数也不宜过多，不然管理的难度会过大。

项目总部公司对城市公司要做到相对控股，持股权的比例在51%以上，如果企业未来要走资本市场，控股的情况下才能合并财务报表，这种设置才有利于未来的发展。对于城市合伙人团队来说，总经理最好由城市合伙人中的核心人员来担任，可以获得多一点儿的股权，其他的人员相对少一些。或者前期项目总部公司不控股，当城市合伙人团队达到某个业绩指标时，约定一个股权回购的方式，达到控股的效果，以便合并财务报表。

项目总部公司与城市合伙人成立的城市公司中，城市公司的团队合伙人也要做好股权设计，一般城市公司的CEO要持大股，高于其他合伙人，即使控制权掌握在项目总部公司中，也要避免股权平分，突出城市公司中掌舵人的职责。

要明确项目总部公司与城市合伙人出资的约定，怎么出钱，怎么出力，项目总部公司是出资还是出技术、设备等，双方要明确约定，以及如何实现出资的目标。项目总部公司作为总公司，主要是为城市公司赋能的，不会具体参与城市公司的运营和管理，可以委派一名董事，负责监督监管就好了，由城市合伙人团队全权负责运营和管理。

前期市场是要靠城市合伙人去做的，所以需要给他们多分一些股份，比如项目公司与城市合伙人可以按照4∶6、3∶7或者2∶8的比例进行分配。当公司经营到一定时间后，可以恢复按照股权比例分红。

很多城市合伙人计划财务混乱，总部也没有做好监控。一定要有一个合理的财务管理，总部做好监督管理，要规范财务管理制度。

要设置对应的城市合伙人激励计划，项目公司设置对应的回购条件和回购价格，当城市合伙人业绩达到一定程度，可获得总部对应的部分股权，进入主体公司的城市合伙人持股平台，共享未来的资本收益。

城市合伙人项目要避免以下几个问题：第一，避免设置过低的门槛，让太多没有质量的城市合伙人参与进来；第二，避免完全是放养的状态，把项目交给当地的城市合伙人，总部就不再管理；第三，避免过分相信当地城市合伙人资源，未设定淘汰机制。

// 消费合伙人：让终端客户成为利益体 //

消费合伙人，顾名思义就是把终端的客户发展成为消费型的合伙人。在很多餐饮公司、零售公司、教育培训机构、美容连锁机构、房产中介公司等都在发展消费型合伙人。从原先的买卖关系转变为合伙关系，和客户一起分享公司发展的红利。

消费合伙人的方式类似于产品权益和收益的结合，相当于内部发行的一种消费股。

以下列举一个典型的消费合伙人方案。

1. 股本与股价设置

设定内部发行 100 股客户消费股，每股 1 万元，分配的分红池为销售额的 3%。

2. 合伙人权益

①稳定赚。入股金额的 1.2 倍，如入股 10 万元，客户获得 12 万元的消费金，可用于购买产品和服务消费。

②躺着赚。获得消费股占股比例 3% 的销售额，收益权仅享有 2 年。假设销售额 1 000 万元，客户出资 10 万元，占有 10 股，他的消费股占比为 10 股/100 股，消费股分红等于 10/100×1 000 万元 ×3%=3 万元，这样客户就可以获得 3 万元的分红。

③移动赚。如果客户转介绍客户，可以获得转介绍客户成交额的 5% 作为合伙人佣金奖励。这样可以绑定客户的时间和消费金额，进一步扩大业绩。合伙人的其他权益可以另行定制，如生日福利、专属定制产品等。

3. 消费合伙人股权的特点

消费合伙人股权的特点是收到的钱不用退，不改变股权结构，不用担心股东查看报表和财务，操作简单，效果好。

// 生态链合伙人：决定企业走多远 //

生态链合伙其实是产业链层面的合作共赢，因为生态链合伙模式，是从产业链的角度来看的。在产业链中，企业的供应商、经销商、客户、投资人、离职员工及其他资源的提供方等外部合作者，都可以成为生态链合伙人。

从某种意义上说，生态链合伙制是企业拓展业务、增加盈利的重要手段。通过合理的设计，可以实现双赢甚至多赢。

创业在选择生态链合伙人的过程中，需要多加关注以下几点。

1. 依据企业实际情况而定

每家企业所面临的环境和所处的发展阶段不同，产业链上可供选择的合伙人自然也不同。在实际操作中，应该以企业的实际情况为基础，严格选择最适合的合伙人。

2. 要扎根自己所在的领域

生态链合伙存在的关键是找到产业链中的优质合作者，让他们成为合伙人。因此，设计合伙方案时，应该扎根于企业所在的领域，从熟悉的产业链入手显然更容易成功。

3. 对生态链合伙人要进行动态管理

在合伙人制度下，合伙关系需要保持动态平衡。在生态链合伙中，企业同样需要对合伙人进行动态管理。当发现某个合伙人不再适合或者难以满足企业的某些要求时，可以通过适当调整来激发合伙人的潜力。

4. 要关注生态链合伙人的利益

在与生态链合伙人合作过程中，双方存在互惠互利的关系，企业越是关心合伙人的利益，让他们获得更多的利益，企业越能从中获得更多的利益。从这个角度来说，企业关注合伙人的利益，其实就是在关注自己的利益。

5. 要约束生态链合伙人的行为

在生态链合伙人的模式下，企业与合伙人是一个利益共同体。合伙人的行为不再是个体的行为，而是关乎企业整体形象的集体行为。因此，企业应该为合伙人制定行为规范，以免合伙人的某些行为给企业带来负面影响。

从生态链合伙的模式来看，其主要目的是将有权力的人、有资源的人、有财富的人聚集到一起，成为企业合伙人。可是，并不是所有的企业都有能力和条件去挖掘和发展生态链合伙人。对于大部分企业来说，它们只能成为生态链合伙事业的追随者或参与者。

// 经销商合伙人：让项目业绩倍增 //

作为生产厂家，我们不要整天想着为经销商做广告、送礼品，返分利，可让经销商持有自己的股份，以虚拟股的方式，结成合伙人模式的利益共同体、命运共同体。

经销商合伙人模式带来的是新的合作模式，它将可信赖的经销商培育成企业合伙人，将合作区域市场打造成企业"根据地"。怎样具体操作呢？可围绕以下八个方面来进行。

（1）坚持共享利益、共担风险、发挥优势、共同成长的指导原则；

（2）坚持发挥经销商在资金、物流等领域的优势和企业在团队、思路、模式等方面的优势；

（3）确定双方在人力、物力、财力等方面的投入和利益分配方案；

（4）企业负责提供思路、方案等，经销商协助提供资金、物流等支持，共同开发新市场；

（5）建立一套标准化的工作流程，知道每天应该"做什么""谁来做""怎么做"；

（6）设定标准化工作目标，提前对"占领一个市场需要投入的人力、物力和时间"进行规划；

（7）通过定期召开用户座谈会和产品推广会，拉近与消费者的距离，了解消费者需求；

（8）角色分工明确，企业为模式缔造者和方案推广者，经销商为企业代言人。

这种把经销商发展为外部合伙人的商业模式对合作双方有以下三个好处。

第一，无资金投入。不需要经销商投入资本金，通过销售额的标准来获得期股比例，如前 100 名的经销商即可获得。

第二，做大增量。所有经销商做大股权激励的蛋糕，总销售额完成比例越高，获得的期股比例就越高。

第三，多劳多得。单一经销商通过不断扩大自己在经销商队伍中的份额，获得的期股比例就不断提高，这能有效地提升所有经销商的积极性。

比如，泸州老窖采用期权激励经销商，让经销商看到好处后再投资，就把他们成功激活了。股权激励除了激励高管、员工，还可用于经销商、分销商、终端门店、供应商。借用股权激活经销商，可持有厂家股份，分子公司的交叉持股，获得更多资本收益。可以通过以下的"五定"来具体推行这种股权激励措施。

一定：定代理方式。"产品进货+股权赠送"，主要是分红股、期股或期权。

二定：定数量。要设定进多少货才能有多少的期股。比如，设定三个档：进货50万元可获得12万期股；进货30万元可获得7万期股；进货10万元可获得2万期股。

三定：定权利和义务。新股东可获得分红权、增值收益权，但表决权要掌握在创始人手上。经销商不能冲货、砸价。

四定：定退出方式和调整机制。比如，不进货就自动放弃分红权，不得开展竞业业务。

五定：定落地事项。可举办经销商大会、进货会、培训会或年会，还可开展巡回演讲宣传股权方案，并具体实施。

厂家控股经销商，把它变成分公司，刚开始起步实力小，把控力度不行，如何实现目标？刚开始进货返现、进货补贴，进货达到多少件，可一次性授予经销商5%的身股分红。

厂家约谈经销商，如果在两年内完成公司销售指标，身股则转化为公司实股，两年不能套现和转赠，公司上市则不受此限。

厂家可考虑成立一家投资公司或持股公司，把经销商持有的股份都转入这家公司，厂家创始人要把握对这家持股公司的控制权。

厂家用少量的股份可换经销商较高比例的股份，交叉持股。通过发展，厂家增持经销商股，将经销商变成自己的分公司。

具体来讲，经销商合伙人具体有以下三种模式，见表3-3。

表 3-3　经销商合伙人的三种模式

合伙模式	操作要点	优势	代表企业
向下 区域性合伙	针对某个产品或某个区域成立合资公司，所有销售都从这个平台出去	（1）方便和经销商业务往来，为经销商提供了一个平台担保公司。 （2）风险比较小，失败了也只是小范围区域内的失败，不会对全局产生影响	格力、华为
横向 平行上的合伙	主体公司和经销商共同打造一个新公司，在新公司平台上合作	带来更大的梦想。如百丽把原有工厂并入新公司，再以新公司作为新的平台打造上市主体	百丽
直接持有主体公司股份合伙	（1）根据经销商销量，直接让经销商持有主体公司股份，销量越高，持有股份越高。 （2）经销商和上游供应商之间建立了一种比交易更牢靠的合作关系	（1）主体公司未来打算挂牌上市，经销商和供应商只管做好供应，做好经营和销售，做得越好，收益越多。 （2）公司上市后溢价空间越大，股权价值的回报和收益就越大	泸州老窖、海尔

总之，经销商合伙人模式为我们带来了一种全新的合作理念，它将产销双方的利益进行了深度捆绑和标定，实现了双方合作基础的最大化，促进了产销链条的良性发展。

// 店铺合伙人：持续奔跑的力量 //

店铺合伙人制在零售及服务业特别受欢迎，如西贝、永辉超市。店铺零售行业的特征是员工多、管理难、成本高、离职率高等。如果把原来纯粹雇佣式的人企关系，转变为合伙式的人企关系，就在利益上捆绑得更加紧密，责任上也更会协力共担，管理成本和经营风险大幅下降，真正把组织的活力和动力激发了出来。

店铺的基层员工的工作状态、工作热情、服务品质，会直接影响顾客的购买率、满意度，进而影响企业的口碑。传统的激励模式提成、奖金等，很难满足店铺发展的需要。越来越多的零售品牌选择了店铺合伙人模式，将店长乃至终端导购（服务员）变成自己的合伙人，从而激发员工的主人翁精神，提升服务品质。

如果你的公司或门店准备采用合伙人机制，以下几种方式可供参考。

方式一：公司是出资方，员工团队是运营管理方，不出资占股份，但可以出资做保证金。

方式二：公司参与利润分成，分成比例低于40%，员工团队也参与利润分成，分成比例超过60%。

方式三：公司提出总的绩效要求，具体执行则授权员工团队合伙负责，发挥他们的主动性、积极性。

方式四：员工团队按照岗位级别，设置内部二次分配比例，责任越大，比例越高，利润共享，责任共担，相互监督。

店铺合伙人股权激励模式可以按照表3-4来操作。

表3-4　店铺合伙人股权激励模式

激励对象	激励模式
优秀店长	店长考核成绩排名靠前，可获得干股收益3%
小区经理	培养出符合考评标准的新店长，可以在新店长的店投资入股5%
区域经理	培养出5名符合考评标准的新店长，成为区域经理，可以在新店投资入股8%
片区经理	可独立负责选址经营，获得新店投资入股20%的权利
备注	（1）老店长培养出10名店长，可作为公司内部创业孵化候选人，公司提供创业机会，共同投资新品牌或项目10%~49%，也可每年拿出10%分红认购母公司股权。 （2）公司总部核心的中高管等，实施虚拟股激励，与公司战略发展规划捆绑

实行店铺合伙人机制有三个需要注意的事项：第一，单店盈利标准；第二，新店铺的人才培养；第三，店铺合伙人与公司合伙人之间的绑定机制。

对于一些加盟门店，它们是很少做股权激励的，因为加盟商是开自己的店，企业利润来源于加盟费、服务费。而连锁门店主要有四种股权激励法：承包激励法、超额利润激励法、实股激励法、合资激励法。

（1）承包是企业把分店承包给店长经营，企业拥有所有权，店长拥有经营权和收益权，企业赚取管理费或利润差价。

（2）以公司利润为基础，考核指标不一定是公司利润，也可以是项目利润或分店利润，还可以是销售额、市场占有率和客户满意度。

（3）实股需要员工出资，到工商注册，需要员工理解、接受和认可，对未来充满信心。

（4）企业与个人合资，让员工成为真正的老板，设计合理有效的退出方案。

举个例子：某餐厅两个投资人各投 40 万元，店长、厨师长各投 10 万元，餐厅老板投 60 万元，一共 160 万元，共有三位联合创始人、两位投资人，如何分红？同股不同利可以吗？

餐厅老板想，如果两位投资人只投钱不干活，分红比例却一样，这样对我们干活的三个人岂不是太不公平？

我们建议，可以采取以下分红机制：

餐厅盈利 60 万元以下，80% 的分红给投资人，20% 收益归三位创始人。

利润 60 万 ~80 万元时，双方各享受 50% 的利润。

利润 80 万 ~100 万元时，三位创始人享受 70% 利润，投资人分 30%。

利润超过 100 万元时，投资人享受 20%，三位创始人分 80%。

上面的分红机制主要达到的目的就是，利润越低越要保证投资人的稳定回报。如果利润高，证明创始人管理团队贡献越大，他们获得的收益就越高。

17 变　合伙人的分红机制：舍不得分钱，留不住伙伴

合伙创业，如果没有把相关权利和义务落到纸上，就是空口无凭。如果公司老板太多，就是没有真正的"一把手"。如果对权责界定不清晰，没有细化协议，公司就会成为一盘散沙。合伙其实是共识、共创、共担和共享，也是去中心化的管理，创业要告别单打独斗的自我管理，打造员工与企业的利益共同体，尤其要掌握好合伙人的分红机制。

// 如何设计好合伙人的分红机制 //

兄弟式合伙，分手的原因无非是利益分配不均、意见不一致、理念不和、争做老大、资本作梗等原因。

合伙人有可能脾气不合，喜新厌旧，所以从合作开始就要有危机和风险意识，正视股东矛盾的潜在性。股东要提高自身的修为，一旦出现不可调和的矛盾，不要藏着掖着，可以找专家和机构来帮忙。

合伙人的分红机制设计要考虑与股份行权资格、股份分红、合伙人身份、股权增减等挂钩，这样才是动态股权分配的基础。具体体现在以下四个方面。

1. 与合伙人的股份行权资格挂钩

合伙人在行权时，将与公司的年度业绩目标达成情况及合伙人的当期绩效考核结果挂钩。原则性办法是：公司达成年度业绩目标时，所有合伙人方可行权，否则所有合伙人当期不能行权；在满足前述要求的基础上，依据合伙人个人当期绩效考核的结果，决定个人当期是否可以行权及具体行权比例。

2. 与合伙人的股份分红挂钩

建议公司在分红时，只分配当期增量利润中的一定比例。如果分配利润时分的不是增量利润，说明无论公司的利润是多少，都要进行分红，即便是在利润极少的情况下依然要分红，这很可能说明公司会越做越小；分配增量利润中的一部分，则说明只有大家努力创造出增量利润，才会得到分红。增量利润是相对于保底利润而言的，超出保底利润的部分就是增量利润。在这种分配思想中，保底利润目标的设置将会是一个敏感点。

3. 与合伙人身份升降挂钩

在设计合伙人制度时，建议将合伙人由低到高分为四个身份层级：预备合伙人、正式合伙人、核心合伙人、终身合伙人。每年基于每一位合伙人的年度绩效考核得分情况，对其身份进行一次重新认证，从而使得连续贡献较大的合伙人在公司的地位不断提升，同时使得连续贡献较小的合伙人在公司的地位不断降低，并以此逐步将那些不愿意努力奋斗、"只想坐车不想拉车"的人员逐步排除出合伙人行列。

4. 与合伙人的股份增减持挂钩

许多公司在实行合伙人制度时，一般不会在合伙人股份行权之后，将其所持股份与其后期业绩表现挂钩，充其量只会约定合伙人离开公司时的股份处置办法。实践证明，这是静态合伙人制度设计中的一大缺陷。许多合伙人在实际获得股份以后，其奋斗精神可能会下降，甚至出现有损公司利益的行为，或满足于既得利益而不愿意学习与成长，这就需要对股份进行动态增减调整，让合伙人的股权比例更加公平、合理。

所以，掌握了合伙人分红的机制，也就相当于掌握了动态股权分配的精髓。

// 怎样避免小股东分红难的问题 //

大股东总觉得自己一直在为公司打拼，即使公司盈利了也不想分红给小股东。小股东客观上不可能完全了解公司的盈利情况，大股东内心里也不愿意分红。当初合伙时都是一口一声兄弟，直到分配利益时，就出现分红难了。这些都是分配机制没有事先设计好，所以不要用兄弟感情追求共同利益，而要用共同利益追求兄弟情义。

收益分配不均就会产生股东矛盾，一些股东对收益预期过高，觉得自己股东付出与收益不对称，小股东更加怀疑大股东财务不透明，这是不少公司存在的常见现象。

控股股东不尊重小股东的运营管理权，经常"上前线听到炮声"的股东却不能做决策。怎样解决这个问题？实际上公司要把发展规划与每个人的个人工作目标明确，其实大家的利益是一致的。股东的工资和绩效奖金也要体现在每个股东的日常工作贡献中，根据岗位工作目标的完成情况来分配每个人的收益，多劳多得。

小股东分红难，是因为他不知道公司的具体盈利情况，事实上法律明文赋予小股东有查公司账目的权利。小股东查账的内容与程序要明文规定，控股股东或实际控制人要切实执行，减少大家的猜疑。要警惕管理人员当中股东亲属过多的问题。可以采取以下措施来改进。

（1）双方约定每年分红一次或每半年分红一次。具体时间双方可以另行商定。

（2）财务公开透明，约定财务负责人每周将财务收支明细发到合伙人指定的电子邮箱，各合伙人对财务数据如有任何异议，可书面或口头向财务提出，财务人员负责解释，甚至召开合伙人会议讨论。

（3）财务费用因私支出，由合伙人各自承担，因公支出，须事先经其他任何一名合伙人书面或口头同意，口头同意的事完成后须经对方书面确认。否则一律不得视为因公支出费用。

（4）每年度合伙人可将财务报表提交会计师事务所审计，如审计后存在财务问题，费用由公司承担。如审计后无问题，费用由公司和个人各自承担一半。

小股东把钱投到公司，交给大股东后，分钱时小股东就比较为难了。公司约定不清楚，可能让会投资打水漂，小股东怎样制定规则呢？

首先，小股东在设计公司章程及签订股权协议时，最好邀请专业人士一起参与，一定要设计一套合理、有效的管控机制，维护自身的权益。

其次，公司财务要完全公开、透明。脱离规则谈合作，结局必定不会太好。双方要签订《对赌协议》，让大股东对投资回报进行相应约定，增加其责任心和压力感。

最后，对大股东的经营设定合理的奖惩措施，调动大股东经营的积极性。对大股东设定同业竞争限制条款，一旦发现大股东自营或与他人联手经营，则设定高额的违约金机制或者小股东股份退出机制。

无论是大股东还是小股东，都是公司的核心成员，只有大家团结一心，制定好规则，劲儿往一处使，公司这条大船才能乘风破浪，驶向胜利的彼岸。

18变 合伙人的权、责、利分配：提升合伙利器，规则先知先觉

很多管理者想做股权激励，想利用股权手段提升公司业绩，但害怕这个激励股东的知情权，因为股东无论大小，都可以查账，管理者害怕公司的商业秘密难以保护。

// 股东如何查账 //

股东如何查账呢？建议对股东知情权的行使方式和范围进行适当限制，但并不剥夺股东的知情权。注意以下三点。

（1）以比较公允的程序，股东可聘请会计师事务所进行审计，出具审计报告，通过这种方式了解公司财务。

（2）股东要求查账的，可以要求查阅复制公司的章程、股东会会议记录、董事会会议决议、监事会会议决议和财务会计报告，包括会计报表（含资产负债表、利润表、现金流量表及相关附表）、会计报表附注和财务情况说明书。股东对于公司会计账簿的知情权仅限于查阅，但不允许复制。股东不能随便查

阅原始凭证，但也有一些地方高院文件将其权限扩大到原始凭证。

（3）股东如果有正当理由怀疑自己权益受损要查账的，必须请律师、会计师来查，这些人依法负有保密义务，侵害公司商业机密的可能性可以大大降低。

公司法解释对股东查账是否存在不正当目的进行了列举性规定，明确股东存在以下情形之一的，可以认定股东有不正当目的。

一是股东自营或者为他人经营与公司主营业务有实质性竞争关系的业务的。

二是股东为了向第三人通报得知的事实以获取利益。

三是在过去的两年内，股东曾通过查阅、复制公司文件材料，向第三人通报得知的事实以获取利益。

四是能够证明股东以妨碍公司业务开展、损害公司利益或者股东共同利益为目的的其他事实。

以上四种行为是不允许查公司账的。

// 合伙人怎样设计好规则 //

两个好朋友决定合伙办公司，股份、资金等都约定好，其中一方没有全力投入经营管理，散漫进行合作相处。这会对另一方百分之百投入、日夜加班的合伙人造成实际利益和感情上的伤害，矛盾就会逐渐产生，合伙关系中的和气变成了怨气。如果再出现费用多报销、采购吃回扣等问题，怨气就会变为仇气，最终的结果只会是合伙变成散伙。

没有合力的合伙，不如没有。作为大股东，不管采取何种形式，把认可的核心骨干以合伙人的方式招至麾下，形成合力才是主要目的。

至于是折价售股，还是免费赠送，还是业绩期权兑现，都可以具体形式具体商议。反过来看，即使采取了某种合伙形式，内部依然没有在股权结构、利益分配、理念追求、价值观、工作习惯、性格等方面，形成互补和合力，很难讲这种合伙能够发挥多大的价值。

所以合伙就应明确规则，要明确老大及其责任，干好了如何奖励，干不好责任如何承担。要提前约定投资款的到位时间，不到位情况下的违约责任。创业合伙一定要明确以下规则（见表3-5）。

表3-5 创业合伙人需要明确的规则

合伙人规则	具体内容
股权进入机制	即新合伙人进入的条件及股权分配比例等
分工与权责划分	即明确合伙人的职责范围
确定股权比例	根据各个合伙人的贡献合理分配股权
约束考核机制	明确对合伙人的绩效考核方案，制定有效的约束机制
退出机制	明确合伙人的退出规则，包括股权回购策略与计价方法
股权动态调整机制	明确因为股权分配不合理导致合伙人内部出现矛盾的调整方法
新老股东适配规则	明确如果有新股东加入，新老股东如何分配股权
公司控制权设计	设计一套合理的公司顶层治理规则，将股东意志转化为公司意志，对公司进行有效控制
继承配偶财产等约定	明确合伙人离婚或者死亡情况下股权的处理规则
明确财务盈亏分担规则	明确公司盈利、利润的分配规则，公司亏损的分担方案

（1）对每个合伙人都做一个期待值评估，大家互相评估，互相核实各自的期待是否有出入。如果没有出入，确认期待值量化为合伙人考核的一部分，提前约定如果合伙人没有完成对未来的承诺，将不享受相应的股份。

（2）让每个合伙人都能够尽心尽力地为项目负责，而不是做一个静态的股权设计，永远不变，基于战略设计给予股权比重的动态再分配。

（3）考核、动态调整、退出匹配，是合伙股权设计之初所必须考虑的因素，也是合伙创业初期，企业能否顺利发展的重要前提和保障。

（4）只讲感情是靠不住的，一定要签好书面协议。要重视律师的重要性，尤其是签股权转让协议时，要重视股权律师把关的作用。

（5）协议一定要专业律师起草、把关。企业家对待企业经营应该一直保持战战兢兢、如履薄冰的态度。一着儿不慎，可能造成满盘皆输。

因个人性格冲突，股东为公司提供的资源不能互补，股东实际贡献大却持股小，纯财务投资的股东占股大，没有预留期权池，这样是不行的。

要按为公司做出贡献值的多少为原则分配股权比例，"带头大哥"要起表率作用，先不要触及各位股东的股权存量，制定未来业务发展产生增量后的利益分配原则。公司发展到一定阶段，将公司所有权与经营权分离，聘请职业经理人经营公司，股东只负责重大事项决策和监督作用。

做到好聚好散，让某一位或几位股东收购其他股东全部或部分股权，其他股东友好退出、抽回资金走人。

举个例子：三个朋友一起合伙，其中有一个做推广的小陈投了50万元，过两年就退出。但是没有任何约定，另外两个股东把公司做得还不错，有投资公司尽调，结果小陈说要两个股东按500万元赎回股份，但两个股东只愿按年化15%给他，小陈觉得自己是股东，理应按投资公司给的现在估值来退款。如何避免这样的情况发生？

首先，股东进入时可以使用限制性股权，如约定三年内不得退出，若提前退，按出资时的价格将股权转让给其余股东。

其次，小陈退出公司就要办理股权变更，结束股东关系，没钱付也可以约定偿还时间和支付利息。

要提前约定与股权匹配的资源贡献、工作业绩和工作时间等条件。可以设立一个奖励基金，达到一定的标准给予及时的兑现奖励，见表3-6。

表3-6 奖励基金的设计要点及激励兑现

项 目		说 明
设计要点	延期支付	将员工的提成或奖金在今后的若干年中分期支付，按约定获得一定报酬
	周期计量	以年度、任期（3年）、中期（如5年）等战略规划，作为建立基金的计划时间
激励兑现	年度奖励	占到当年奖励基金的20%，年度奖励基金按照年度进行发放
	长期奖励	占到当年奖励基金的80%，以预存的方式计入激励对象的名下；只要满足公司规定的条件，就发放给激励对象

管理者好不容易培养出一个成功员工，如果员工领了钱就跳槽，当然是很可惜的，除设计离职竞业限制、增加转移成本外，延迟支付分红也是可以考虑的一种措施，分红延迟支付原则主要有以下三种，见表3-7。

表3-7 分红延迟支付原则

支付原则	具体方法
55原则	一年分两次支付分红。 一般为春节支付50%，端午节支付50%。根据公司薪酬结构体系来具体设计
433原则	分三年支付分红，适合支付金额高的企业。 第一年支付40%，第二年支付30%，第三年支付30%
532原则	分三年支付分红，适合支付金额高的企业。 第一年支付50%，第二年支付30%，第三年支付20%

19变 不同数量合伙人的股权分配：高屋建瓴，落地可期

创业找合伙人，无非是2名、3名、4名或者更多的合伙人加入公司，这些股东的股权分配按照什么标准，表3-8就做了一个很好的总结。

表3-8 合伙人创业分配股权的原则

股东数量	分配原则	应避免的分配方案	合理的分配方案
2名合伙人	避免均分 老大要清晰	50%：50%（股权平分） 65%：35%（博弈型，小股东可一票否决） 99%：1%（大股东吃独食）	70%：30%（老大清晰） 80%：20%（老大清晰） 51%：49%（一大一小）
3名合伙人	1＞2＋3 大股东比例大于二、三股东之和	33.4%：33.3%：33.3%（均分） 95%：3%：2%（单打独斗） 40%：40%：20%（占股20%的股东危险） 40%：30%：30%（创始人危险） 45%：45%：10%（创始人出局） 48%：47%：5%（创始人决策差）	70%：20%：10% 60%：30%：10%（老大清晰，能够快速决策）
4名合伙人	2＋3＋4＞1	35%：18%：18%：29%（博弈） 25%：25%：25%：25%（平分） 94%：3%：2%：1%（老大独大）	40%：25%：20%：15% 35%：29%：20%：16%
5名合伙人	保证创始人话语权，有效防范风险	1＞2＋3＋4＋5（老大独大） 1＜2＋3＋4＋5（决策僵局） 90%：4%：3%：2%：1%（创始人独占利益）	大股东、发起人、创始人及带头人等合伙人股权在40% 其他联合合伙人股权总和在30% 两个股东不参与管理 预留10%股权激励

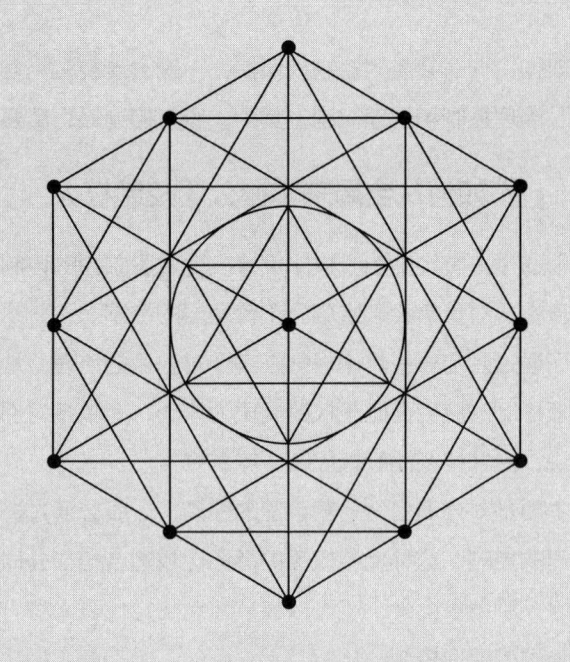

第四章 股权72变之权变：股权控制权

20变　保持控制权的方法："三会一层"让你实权在握

在做股权架构设计时会谈到控制权保护，一般会涉及三个方面的内容，分别是股权控制、治理控制和管理控制。其中，股权控制最为重要。

// 如何从全局来掌握公司控制权 //

股权控制即通过占有较高的股权比例来实现对股东会的控制，在控制股东会之后，再逐步实现对董事会、监事会和管理层的控制。

治理控制即通过制定一些具体规则来实现对公司的治理，从而达到控制公司的目的。治理控制的应用要比股权控制更为广泛，尤其是对那些经常融资的互联网公司来说，治理控制比股权控制更容易操作。

管理控制主要是对公司日常经营管理的控制，一般会通过控制董事会等方式来实现对公司的控制。这种控制权保护举措比较适合初创公司及还没达到成熟期的公司。除控制董事会外，还可以通过控制法定代表人身份或公司的印章证照来实现对公司的管理控制。

当年乔布斯离开公司，是当时三款新产品接连在市场上遭遇惨败。俏江南张兰被投资人夺权，也是她对市场过于乐观，对赌失败。金融机构如何把功能定位在争夺公司控制权上，就是门口的野蛮人，实际"商战"中具体有五种争夺控制权的模式。

（1）管理层收购，即公司的经理层利用借贷所融资本或股权交易收购本公司的一种行为，从而引起公司所有权、控制权、资产等出现变化，最终改变了公司所有制结构。

（2）引入外来资本争夺控制权有两种模式：一种是外来资本直接购买股份，如VC、PE融资；另一种模式是管理层与外来资本联合，一起进行管理层收购。

（3）第二大股东"篡权"与第一大股东竞争，取得控制权的情况也非常多。

（4）限制性条款对争夺控制权有附加和约束作用。比如，利用一票否决权，还有一些公司在章程中设计了其他限制性条款的。

（5）反击性的反收购，即针对已经发起的敌意收购而采取的反收购措施，主要通过降低自身公司的吸引力，或增大对方收购成本等方式达到阻碍收购的目的。比如，当年的"宝能万科之争"就是这样的典型案例。

事实上，有足够比例的股权不一定就有控制权，关键是掌握在股东会中的表决权。股权比例准确来说应该是表决权比例。

只掌握表决权不一定有控制权，重要的是表决权比例的多少。要根据公司治理结构来系统设计，股东会、董事会、监事会和经理层，不同机构行使不同职责。

只了解标准的公司治理结构不一定有控制权，要学会在各个层级之间自主调整。

只设计好了权力结构不一定有控制权，要明确具体的运行规则。比如，为创业者个人提供担保，他有 51% 的表决权也无法发挥作用。

只按法律设计好了框架也不一定有控制权，更多来自创业者的领导力和影响力。

截至 2024 年 4 月，刘强东运用 AB 股，持股 11.2% 却获得 70.5% 的投票表决权。你如果想学习刘强东，先问问自己有没有这个实力让投资人信任你。

首先，创业者的话语权本质上来自自己的价值创造能力。京东的投资人之所以甘心让出自己的投票表决权，是因为创始人的能力和公司创造超高股权增值收益的能力得到了投资人的充分信任。

其次，股权顶层设计要在公司治理结构之上构建。首先在股东会提升自己的投票表决权比例，然后争取更多董事席位来掌握公司的重大经营决策权，继而才能主导在经理层的战略落地。

再次，公司治理的结构决定了系统的长期风险大小。比如，一旦刘强东从京东卸任，其 B 类股票都必须转为只有一个投票表决权的 A 类股票，说明现有的公司治理架构会随之归零，后续的京东经营团队会不可避免地遇到万科王石率领的职业经理人团队所面对的问题。

最后，每个股权设计工具背后都有不同的文化价值观。AB 股、投票权委托、一致行动人协议、修改公司章程、合伙人制度等技术手段，虽然都可以解决投票表决权或董事席位问题，但创业者应该从更深层次理解这些工具所代表的不同文化价值理念，并选择适合自己公司理念的股权控制工具。

要学习如何站在全局角度把握与不同类型股东博弈时争取更多话语权，从公司人、事、财三权分类为公司做好制度设计，见表4-1。

表4-1 公司人、事、财三权分类

类别		股东会	董监事会	经理层
人	·董事/监事	选举	—	—
	·总经理	—	决定	—
	·副总/财务负责人	—	决定	总经理提名
	·其他高管	—	—	决定
事	·修改公司章程 ·增资/减资 ·合并、分立、解散、清算、变更公司形式	2/3以上表决权通过（比例公司章程可另行约定）	—	—
	·企业经营	决定方针	决定计划	实施计划，日常管理
	·企业投融资 ·发行债券	决定计划	制定方案	实施
	·管理机构设置 ·基本管理制度	—	制定方案/制度	实施
	·其他规章制度	—	—	制定
财	·预算/决算 ·利润分配 ·亏损弥补	批准方案	制定方案	—

// 如何从股东会层面控制公司 //

从股东会层面控制公司，要从职权、权力分配和决策规则三个方面综合考虑。

股东会职权是在总盘子里与董事会、CEO分"饼"。企业创始人可把更多职权放在自己能掌控的机构里。

股东之间的权力分配,是在股东会职权既定的情况下,然后在股东之间进行分"饼",可以采取同股不同权的模式来处理。

设计决策规则主要是划定分数线,规定不同的事项需要多少票数通过。除公司法规定的少数事项外,多数事项都是可以自己设计规则的,可根据实际情况来制定,一定要白纸黑字来约定,让股东签字同意通过。

假如你创办了一家有限责任公司,除融资事项外,有五种大事需要的票数是不一样的,具体如下。

- 如果不按出资比例进行分红,是需要100%股东同意的,而不是51%或其他比例同意;
- 如果不按出资比例优先认缴增资,是需要100%股东同意的,而不是51%或其他比例同意;
- 股东对外转让股权,需要人数过半的股东同意(不是股权比例过半数)。不同意的股东需要购买股权,则可以在公司章程设计不同的规则;
- 为股东或实际控制人提供担保,需要参加会议所持表决权过半数的股东同意,不参加会议的不计算票数;
- 重大事项需要2/3以上表决权的股东同意通过,公司章程规定也可以设计成高于2/3的票数通过才行。

对于其他事项需要多少票,可以在公司章程中另行规定。

// 如何控制公司董事会 //

大家看的商战题材电视剧里常常有很多董事会控制权争夺的剧情。股权相对分散或持股比例相对平均的公司,控制董事会就显得尤为重要。创始人如何控制董事会?要特别注意以下事项。

(1)对公司董事提名权、选举权和罢免权进行设计,以及上市公司中的非独立董事人选,都关乎公司的未来。建议你可以在公司章程中预设对创始人股东以外股东的董事提名权进行限制,如新股东三年内没有董事提名权。

(2)设置董事长一票否决权的,可以特别做出规定。

(3)董事长和董事任职条件的设置,公司章程中可直接写明执行董事和董事长的人选。

（4）创始人拥有总经理的提名权，决定聘任和解聘总经理的权利，保证创始人对公司日常管理的控制。

（5）初创公司的董事长、总经理、法定代表人，一般都由创始股东或指定人来担任。

理想情况下，三人董事会的构成应当是这样的：创始人担任董事，创始人再指派一名董事，投资公司指派一名董事。

创始人可以提名半数以上董事会成员。由于公司后续的融资会带来新的投资者，董事会成员数也会逐渐增加，建议首轮融资后的董事会成员为3~5人。在完成首轮融资后，创始人应当拥有最多份额的股权，且占有绝大部分的董事会席位。

如果创始人持有大约60%的股权，而投资者只有一个，那么董事会的构成就应该是"两个普通股股东+一个投资者=三个董事会成员"；如果有两个投资者，那么董事会的构成为"三个普通股股东+两个投资者=五个董事会成员"。

投资者可能会要求CEO必须占据董事会的一个普通股席位，这似乎是非常合理的，但创业者必须要小心。因为现在担任CEO的可能是自己或者创始股东之一，但是随着公司的发展，投资公司可能会找来更厉害的人担任CEO，一旦更换，就不一定还是自己所能信服的人了。

一般情况下，投资条款清单中的董事会席位条款的主要内容是"创始人+创始人CEO+投资者"的模式，但少数其他结构也是合理的，以下述两种情形为例。

情形一："一个创始人席位+一个投资者席位+一个由创始人提名董事会一致同意并批准的独立董事"（适用于只有一个创始人的公司）。

情形二："一个创始人（创始人A）席位+一个CEO（创始人B）席位+一个投资者席位+一个由创始人或CEO提名董事会一致同意并批准的独立董事"（适用于有两个或多个创始人的公司）。

不是投资者要求进入董事会，创始人就必须同意。一般来说，进入董事会对投资者的持股是有要求的，至少要达到5%。

如何做好公司印章等运营管理

说到股权控制，我们常见的阿里巴巴合伙人、京东 AB 股、华为全员持股等，其实对你参考意义不大。普通的创业型公司还是要多从运营管理层面来进行控制权设计。

（1）各类印章、营业执照的保管：建立各类印章和营业执照的管理制度，切实保证公章、财务专用章、合同专用章、营业执照掌握在创始人的掌控之下。

（2）对公司财务和资金的控制，确保公司有稳定的现金流。

（3）对公司业务核心资源的控制。包括经销商、供应商和重大客户等，要签订一系列的竞业禁止限制协议、保密协议，确保这些重要的资料始终掌握在自己公司手上。

（4）对公司知识产权使用权的控制。知识产权（专利、商标和专用技术）、经营数据、代码、域名、账号等，要有专人来负责这些知识产权，对于申请专利、商标、缴交费用、续期等工作，都要提前做好计划和预案。

21变　分股不分权的方法：掌握分股的真谛

创业失败除合伙人不齐心、现金流断裂、模式失败等原因外，最主要还是失去了控制权，以下五招可以解决股权均分导致创始人无实际控制权的情况。

（1）AB 股，同股不同权。小米 A 类股可投 10 票，B 类只有 1 票，雷军就能控制公司。这些都是很好的分股不分权方法。

（2）投票权委托，就是部分股东把自己的投票权委托给其他特定股东行使。截至 2024 年 4 月，11 位投资人把投票权委托给刘强东，他持股 11.2%，但有 70.5% 的投票权。

（3）一致行动人协议，就是力推某个创始股东的投票权集中，让他行使提案权、表决权。如阿里巴巴、腾讯都有采用这样的方法。

（4）搭建有限合伙持股平台。绿地注册 10 万元的有限合伙企业，就能控制百亿元规模的绿地集团。

下面来具体了解每一种方法是如何运用的。

// 如何设计好 AB 股同股不同权的机制 //

大家都知道，京东的刘强东凭借 AB 股的制度，牢牢控制了公司 70.5% 以上的投票权，AB 股的核心是同股不同权。公司将股票分为 A 类股和 B 类股，对外发行的每 1 股 A 类股只有 1 票投票权，而管理层持有的每 1 股 B 类股有 N 票投票权。美国许多上市公司都采用 AB 股结构，N 一般取 10，让核心团队每一股的投票权是外部投资人每 1 股的 10 倍，从而牢牢掌握公司的控制权。但是，B 类股一般不能公开交易，要想转让，就必须先转换成"一股一票"的 A 类股。A 类股在利润分配、优先受偿等方面更有优势，满足了部分投资人只在乎回报、不需要公司控制权的需求。

AB 股架构主要有以下四个显著特征。

1. 差额比例表决权

差额比例表决权就是上面说的 A 类股只有 1 票投票权，而管理层持有的每一股 B 类股有 N 票投票权。

2. 同等财产收益权

股东权利是综合性的，包括财产性权利、非财产性权利。财产性权利体现在公司的营利性上，决定了股东享有从公司获得财产收益的权利；非财产性权利体现在法律规定和公司章程上，赋予了股东参加公司治理的权利。

财产性权利具体包括：盈余分配请求权、剩余财产分配请求权；非财产性权利具体包括：股东表决权、知情权、诉讼权、监督权等。

在双层股权结构中，不同投票权股份（A 类股和 B 类股）均属于普通股范畴，差异性只体现在表决权上。

在利润分配、剩余财产分配的顺序和应得利润的权利方面，A 类股与 B 类股是相同的，B 类股并不比 A 类股有优先性。

在分红比例方面，企业为吸引外部投资者购买 A 类股，可能承诺对 A 类股给予分红上的优惠。

3. 不同股份流通性

双层股权结构架设的目的是保证企业控制权的稳定性，其稳定的根本不是股权，而是持股者，因此 B 类股持有者必须保持稳定性，这就导致 A 类股与

B类股在流通性方面存在差异。

企业在一级股票市场上向外部投资者公开发行A类股，但向创始人及团队定向发行B类股，规定A类股可以在二级股票市场上自由流通，B类股既不可在二级股票市场上自由流通，也不可在非公开市场上自由转让。

这样的规定是要让B类股稳定在创始人及团队手中，只有在发生特定情况（如创始人不满足最低持股要求、创始人退休／丧失工作能力等）时，B类股转换成A类股之后才可以进入二级股票市场自由流通。

因为大量持有B类股就等于掌控企业控制权，因此必须保证B类股的独立性，即B类股转换成A类股具有单向性，A类股在任何情况下都不可能转换成B类股。

4. 持有主体限定性

通过大量市场分析得出：双层股权结构多数被家族企业、传媒企业、高科技公司采用。

家族企业治理的宗旨之一是要维持本家族（本代及后续几代继承者）对企业的控制权；传媒企业基于维护新闻报道的客观性与真实性的理念，良好的企业文化与稳定的控制权是极为必要的；高科技公司在发展"烧钱"的过程中，需要做到既能吸收外部资本，又能维持创始人（及团队）对企业的控制。

无论哪种类型的企业，B类股的持有者都是对企业具有强烈控制权需求的股东，A类股的持有者一般更看重企业的财产收益权。

AB股模式也不是万能的，其缺点主要有以下两点：

（1）创始人及团队话语权过重，投资人投钱之后一般就没有话语权了，企业容易形成"一言堂"的局面，容易滋生腐败。

（2）因为A类股没有实质表决权，导致企业在融资过程中困难重重。

高科技公司无论技术多么先进，前期的发展和推广都需要大量的资金。而在募集资金的过程中，创始人想保留控制权就必须缩小融资规模，想扩大融资规模就必须牺牲控制权。AB股模式完美地解决了这个问题，让控制权和融资可以达到一定的平衡。

不同的投票权架构能有效地让持股比例被摊薄的创始人团队仍然掌握对公司的控制权。创始人团队不会因为股东的投资额增大而产生对控制权的焦虑。

这样有利于保证公司的长远利益,同时对创业团队和投资人都是一种保护。

我们了解 AB 股结构,始于百度、京东、阿里巴巴等互联网公司在美国上市。当它们的股权结构公开时,大众一片哗然,原来这些公司创始人其实只是小股东。他们用如此小的股权控制公司的秘密便是 AB 股结构。

// 如何设计好投票权委托控制机制 //

"投票权委托"是指通过协议约定,某些股东将其投票表决权委托给其他特定股东行使表决权的一种控制方式。

创始人为保持控制权而接受其他股东或合伙人的委托,例如,京东的投资人将表决权委托给刘强东,放大刘强东的控制权。京东上市时,刘强东上市前仅持有约为 18.8% 的股权比例,但是他通过 DST、红杉资本、中东投资人、高瓴资本、腾讯等股东委托投票权的方式,取得了京东上市前超过半数(51.2%)的投票权,这样就牢牢掌握了京东的控制权。

投票权委托不是撒手不管,如果你把投票权委托给一位创始人或总经理,在具体实操中,可以这样约定。

(1)委托方将其持有的公司一定比例股权的表决权,在公司存续期间委托给受托方(如大股东)行使,且不可撤销。

(2)受托方根据此授权,可以行使公司法及公司章程赋予股东的各项表决权利,且无须在具体行使该等表决权时另行取得委托方的单项授权。

(3)本投票权委托协议自各方签署之日起生效,在公司存续期间持续有效,且委托方未经受托方同意,不得擅自解除该委托协议。

(4)为了强调持续性,可增加违约金。委托方如违反投票权委托协议约定,则应向受托方支付人民币 ×× 万元作为违约金。

(5)投票权委托的约定要明确、具体,比如多少股份的全部投票权授给谁行使,由该员随其意愿自由行使该投票权。

(6)对委托人转让股权进行限制,如转让数量限制,优先购买权限制等。

(7)可将双方的约定比例写入公司章程,因为公司章程是公司内效力最高的法律文件,所有股东都要遵守,这样可进一步保证被委托人对投票权的牢牢控制。

一般通过以上约定，即可保证创始人的控制权。投票权委托不同于一致行动人协议，是指身为委托人的股东完全放弃投票权，由受托人代为行使。

投票权委托一般应用于以下四种情形：

第一种情形，股东由于质押、在限售期等情况股权转让受限，从而选择将投票权委托给受托方（潜在买方）实现提前转让的目的。具体操作层面有三种方式：协议转让+投票权委托、先转让+后委托、先委托+后转让。

第二种情形，委托方拟将股权转让于受托方，但因股权暂时存在权利限制（如质押、冻结），短时间内无法过户，因此先行委托以提前锁定。具体操作层面有两种方式：司法冻结+投票权委托、质押+投票权委托。

第三种情形，受托方与委托方一般存在控制或同一控制的关系，投票权委托协议的签署主要是方便集团公司层面实现合并投票权。

第四种情形，受托方与委托方都是原实际控制人的继承人，在原实际控制人去世后、遗产分割前，以投票权委托的方式将股份投票权委托给其中一人或几人，以保持控制权稳定。

// 如何设计好一致行动人协议控制模式 //

一致行动人协议控制模式就是股东们约定在公司股东会、董事会等重大决策事项上，大家保持一致意见。如果内部协商达不成一致意见时，以指定的某一位股东意见为准。

这是创始人控制权设计的一种重要手段，一致行动人协议相比于扩大股权比例，具有较大的灵活性，无须太高的设计成本；相比于投票权委托，它又有相当的稳定性，因为该协议往往是长期有效的。

一致行动人如何表决？行动人可以在一致行动人协议中约定，一致行动人在股东会决议表决中以创始人的意见为准，以创始人的意见作为大家的最终意见，其他人都与创始人保持一致，意见一样时听你的，意见不一样时听创始人的。

一致行动人相当于是一个"小股东会"，也就是在公司股东会之外又设立一个决策机构，是小机构之间的议事决策。每次在股东会表决时或者在一致行动协议约定相关事项发生时，一致行动协议人可以在这个"小股东会"里先讨论发表意见，讨论出决策结果，作为各方一致对外的决策意见，如果意见不一致时，以创始人的意见为准，然后在股东会上表决。

举个例子，永辉超市的一致行动人协议。永辉超市表示，张轩松和张轩宁兄弟，最早他们签署了一致行动人协议，张轩松持股14.70%，张轩宁持股7.77%，张轩松就是永辉超市的实际控制人。后续由于在公司发展方向、发展策略、组织架构、治理机制等方面存在较大分歧，双方正式解除了一致行动人关系。

重构新合伙人机制在实操中，使用一致行动人协议时，可以这样约定：甲方、乙方系××有限公司（以下简称公司）自然人股东，甲方持股比例为40%，乙方持股比例为10%。

双方同意，就股东会的决策事项包括但不限于以下事项，双方在行使表决权时保持一致。

（1）决定公司的经营方针和投资计划；

（2）选举和更换董事、监事，决定有关董事、监事的报酬事项；

（3）审议批准董事会的报告；

（4）审议批准监事的报告；

（5）审议批准公司的年度财务预算方案、决算方案；

（6）审议批准公司的利润分配方案和弥补亏损方案；

（7）对公司增加或者减少注册资本作出决议；

（8）对发行公司债券作出决议；

（9）对公司合并、分立、解散、清算或者变更公司形式作出决议；

（10）修改公司章程；

（11）其他需要提交股东会表决的事项。

意见不一致时，以甲方意见作为一致行动的意见，确保甲方为公司实际控制人。任何一方未能遵守或履行一致行动人协议中的任何约定、陈述或保证的，违约方除需要根据守约方要求继续服从本协议外，并应向守约方支付违约金人民币××万元，同时赔偿守约方因此产生的全部损失（包括但不限于律师费、差旅费等）。

// 如何设计好有限合伙企业机制 //

有限合伙是由普通投资者和有限投资者组成的一种新型合伙模式。其中，普通投资者承担无限责任，有限投资者根据其出资额承担有限责任。

在这种合伙模式中，普通投资者虽然承担无限责任，但可以作为事务执行人对外代表公司，并掌握绝对的决策权；而有限投资者虽然可以获得分红，但没有决策权和对公司的控制权。

由此可见，有限合伙能够通过分离投票权与股权、决策权与分红权，让创始人轻松掌握公司的控制权。另外，借助特有的内部治理机制，有限合伙还能够降低运营成本、提高决策效率。

可以通过新成立一家公司或有限合伙企业间接持有实体公司的股权。员工股权激励时，应让员工先持有有限合伙企业的份额。间接持有实体公司的股权，这样的股权顶层设计使新股东或员工行使权利不能直接触及实体公司，使创始人运营实体公司有更多的回旋余地。

用新成立的公司或有限合伙企业在新股东或员工与实体公司之间形成了一道防火墙，实体公司的股东数量也会相对比较少。

创始人通过拥有新设有限公司的控制权或作为有限合伙企业的执行事务合伙人，继续拥有对实体公司的控制权。

设立有限合伙企业持有实体公司股权，在有限合伙企业这个层面进行股权传承变更，不仅保证公司股权平稳顺利传承给下一代接班人，而且也保证公司经营管理持续稳定。

这样，创始人或其名下的公司就可以成功掌握有限合伙企业的控制权；而其他股东只能是有限投资者，只享有分红权，但不参与公司的管理决策，无法控制公司。

有限合伙企业主要可以设计成以下两种模式（见图4-1）。

有限合伙企业的持股平台在实际运用时有很多优势，主要表现在以下五个方面：

（1）能够放大控制权。普通投资者对合伙企业的控制权，除自己的份额外，还包括有限投资者的全部份额。以较小投入，起到控制较多股权目的，四两拨千斤。

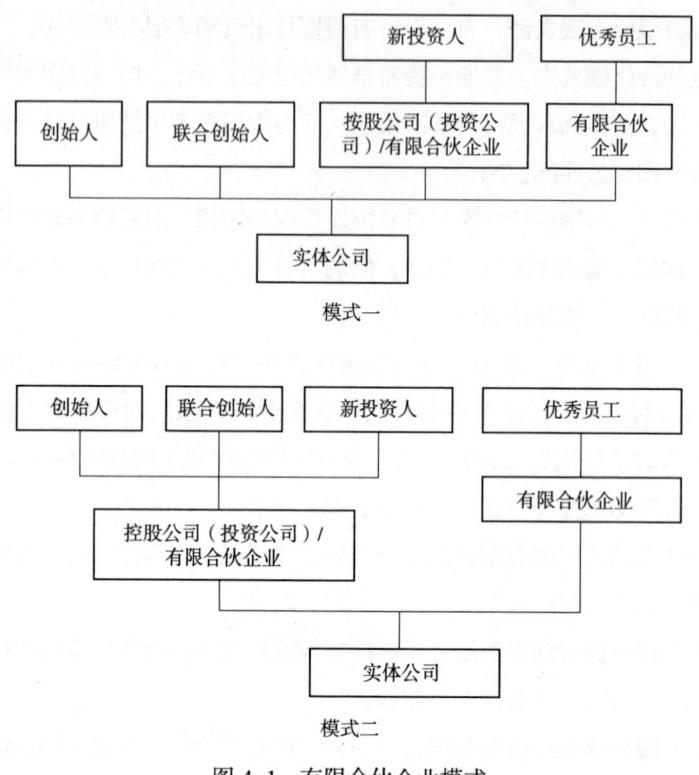

图 4-1 有限合伙企业模式

（2）能够高效率决策，公司持股平台需要股东会、董事会和监事会来管理，通知所有股东并签字，有限合伙平台十分精简的管理结构，让决策更迅速，沟通成本低。

（3）避免双重征税，合伙企业不是独立的纳税主体，仅向合伙人分配转让所得分红或红利时，一次性由合伙人缴纳所得税。

（4）降低管理成本，设立门槛低、自由灵活，实现高效决策，持股便捷。

（5）便于资本运作，上市前如果员工离职了，但公司层面的股权结构还是没有发生变化，无须复杂的审批和变更，这对上市是很有帮助的。

大公司用于员工股权激励的持股平台，较常采用的企业形式是有限责任公司和有限合伙企业，这两种形式在股东人数、出资形式、债务责任、表决权、分红权、对外转让出资或财产份额等方面，都有不少区别，二者之间的对比见表 4-2。

表 4-2　有限责任公司和有限合伙企业对比

对 比 项	有限责任公司	有限合伙企业
股东人数	1~50人（一人公司为特例）	2~50人，至少一个普通合伙人
出资形式	可用货币、实物、知识产权、土地使用权等可用货币估值并可转让的财产出资	可用货币、实物、知识产权、土地使用权或其他财产权利出资，也可用劳务出资，但有限合伙人不得以劳务出资
股东/合伙人债务责任	以认缴的出资额为限承担责任	普通合伙人承担无限连带责任，有限合伙人以认缴的出资额为限承担有限责任
重要文件	公司章程	全体合伙人协商一致的合伙协议
表决权	①特别事项经2/3以上表决权股东同意；②为股东或实际控制人担保，经出席股东表决权半数以上通过；③其他可由公司章程约定	①普通合伙人执行合伙事务，可要求报酬；②有限合伙人不执行合伙事务，不对外代表企业；③其他可由合伙协议约定；④无约定则一人一票过半数通过
分红权	按实缴的出资比例分红，但全体股东约定不按出资比例分红的除外	按合伙协议约定，约定不明确则协商决定，协商不成按出资比例，无法确定则平分。合伙协议另有约定的除外，不得将全部利润分给部分合伙人
对外转让出资或财产份额	按公司章程规定	按合伙协议约定

我们可以对公司的股权逻辑进行升级，为公司的下一轮成长奠定基础。顶层控制权的设计就像"基因重组"，就基因核心代码进行重新"编辑"，以便在资本之路上更加茁壮成长。

（1）预留10%~20%的期权池，与KPI挂钩，分期兑付解锁，并定向安排分红。

（2）利用有限合伙平台统一持股，在合伙协议里就规定，以免因个人变动对公司造成影响。

（3）每年动态考核，持股计划与工资兑换，作为动态激励机制的原则执行。

（4）考虑AB股模式，有人优秀程度高于预期，公司可以在谈定的期权基础上再提升一点儿。

（5）很多投资机构会要求C轮融资之前创始人不能减持股份。要提前考虑好股份减持和涉税规划。

（6）为战略产业投资人预留股权。

22变 股权代持风险与对策：假戏真做，用好这把"双刃剑"

创业中有一些人有时需要找一个人来代持他的股权，这就出现了股权代持的问题。

// 股权代持的风险及规避方法 //

股权代持主要是实际出资人委托名义股东代为持有公司股权、在公司章程中署名、在工商局登记。使用股权代持这种形式的原因有以下四个方面。

1. 避免形式上的关联性

例如，创始人从事直播带货业务，基于公司发展的考量，需要成立多家自己为实际控制人的公司帮助运作，于是除一家公司显名持股以外，剩下几家公司都委托员工持股，让这几家公司从表面上看起来没有关联性。

2. 特殊身份型股权代持

如果委托持股方具有特殊身份，如某知名公司高管、上市公司股东、一些资源提供方等，不方便作为其他公司的显名股东在工商局登记，就会选择股权代持的方式让其他人代为持有股权。

3. 创始人控制权的考量

早期的创始团队一般都会预留股权，这部分股权不能登记为无主股权，于是由创始人代为持股。还有一些公司在持股平台没有搭建时，对于给予员工激励的股权，创始人也可能代为持有，代替员工行使表决权。

4. 防止股东人数过多

我国《公司法》明确规定有限责任公司的股东人数不得超过 50 人，股份有限责任公司（非上市）的股东人数不得超过 200 人。有些公司的股东人数较多，甚至超过上限，小股东就会委托大股东代持股权。

虽然股权代持客观存在了很长时间。但事实上，股权代持也存在一定的风险，主要有以下四种风险。

风险一：股权代持方案的风险

股权代持方案的风险有两种：一是方案设计本身违反了法律规定，导致协议无效；二是股权代持方案涉及的目标公司出现注销、破产等关闭情形，影响股权代持的实现。

风险二：来自名义股东的风险

来自名义股东的风险有以下四种：

第一，名义股东自身有外部债务，将代持股权作为担保。这样一来，代持的股权有可能产生被处分的风险；

第二，名义股东收到出资款后没有将出资款注入公司，侵占了实际出资人的资产；

第三，公司将投资收益先转给名义股东，名义股东没有支付给实际出资人；

第四，名义股东本身是法人主体，如果名义股东自身出现任何风险，如公司注销、破产等，都会影响代持股权。

风险三：来自隐名股东（实际出资人）的风险

我国《公司法》第四条规定："有限责任公司的股东以其认缴的出资额为限对公司承担责任；股份有限公司的股东以其认购的股份为限对公司承担责任。"在这种情况下，隐名股东（实际出资人）应按股权代持协议中约定的出资额认缴出资，一旦实际出资人反悔，名义股东就必须承担出资义务。

风险四：第三方的风险

第三方的风险要更复杂一些，有以下四种情形。

第一，名义股东的代持股权被债权人申请了强制执行，这样代持股权就可能被第三方处分；

第二，名义股东离婚或去世，其继承人要求处分代持股权，这样代持股权也可能被第三方分割；

第三，名义股东自身涉及清算，代持股权可能被纳入清算资产中，被抵债处理；

第四，隐名股东想要显名时，如果公司内部其他股东想行使优先购买权，可能会影响隐名股东顺利显名登记。

针对上述的四种风险，可以采取以下三种方法来规避。

方法一：选择合适的代持主体

针对名义股东恶意侵占财产等现象，实际出资人的最优策略是选择可信的代持主体，通常要注意以下四个方面。

第一，代持人信用等级佳；

第二，代持人经济活动不频繁；

第三，选择自然人代持；

第四，委托近亲属、朋友代持。

方法二：签署完善的股权代持协议

签署完善的股权代持协议是非常重要的步骤。股权代持协议不仅要明确名义股东与隐名股东的责任、权利、义务，还要约定违约责任和纠纷处理办法。

方法三：代持协议履行期间的监督

除了有协议以外，协议的监督和落实也非常重要。股权投资的周期一般都很长，中间会发生许多变化。如果实际出资人只是暂时无法显名，则需要充分了解代持股权所在的公司，尽量直接参与公司的管理，并保证股权代持协议被公司的其他股东认可，方便将来顺利显名登记。如果出资人没有显名的打算，也要监督名义股东履行代持义务和行使权利的情况，以便规避股权代持的风险。

如果你替他人代持股权，公司资不抵债，实际股东没履行出资义务，你可能也要受到连累。不是所有代持股权的约定的都是有效的，以下四种情形是禁止代持股权出现的。

（1）IPO时发行人控股股东和受控股股东、实控人支配的股东持有的发行人股份，禁止出现代持。

（2）基金管理公司的股东及受让方不能通过代持股权处分其股权，也不得为其他机构或个人代持基金公司的股权，不得委托其他机构或个人代持。

（3）资产评估机构股东不能为他人代持股权，也不得委托他人持有自己的股权。

（4）股东应直接持有会计师事务所的股权，不得为他人代持，也不得委托他人持有自己的股权。

23变　股权转让：洞见股权变形记

作为创业的企业家，手上其实是有两种商品：一种是在市场上销售给顾客的产品或服务；另一种就是公司的股权，股权也是可以转让的。

// 股权转让有哪些形式 //

有限责任公司的股权转让形式更为多样，可分为内部转让与外部转让、全部转让与部分转让、普通转让与特殊转让、约定转让与法定转让等形式。

1. 内部转让与外部转让

内部转让与外部转让主要是根据受让人的不同所做的分类，内部转让是公司股东之间的股权转让，操作起来相对简单容易；外部转让则是部分股东将股份全部或部分转让给公司股东之外的第三人，这种转让受到的限制条件比较多，既要满足法律的相关规定，又要满足公司章程的规定。

2. 全部转让与部分转让

全部转让与部分转让主要是根据标的在转让中是否分割所做的分类，也就是说，股东在转让股权时，是否对自身股权进行了分割。部分转让是指股东在转让股权时，只对一部分股权做出转让。此外，股东将自己的股权全部转让给两个或两个以上主体，这种转让也是部分转让。全部转让则是指所有股权的转让。

3. 普通转让与特殊转让

普通转让与特殊转让是根据《公司法》中有无明确规定所做的分类。其中，普通转让是指《公司法》规定的有偿转让，即股权的买卖；而特殊转让是指《公司法》没有规定的转让，像股权的出质及因离婚、继承和执行所引发的股权转让。

4. 约定转让与法定转让

约定转让与法定转让是根据转让所赖以发生的依据所做的分类。其中，约定转让是基于当事人合意发生的股权转让，如正常的股权出让；而法定转让是依法发生的股权转让，如股份的继承。

除上面这几种股权转让形式分类之外，依照不同的划分标准，股权转让还有一些其他分类，如在有限责任公司，股东想要收回其所持股权的价值，只能转让自己的股份，而不能退股。这也是股权转让的一种形式，因为没有普遍使用，所以很少被提及。

// 企业合伙人发生分歧，怎样避免股权纠纷的出现 //

企业合伙人要转让股权时，可能会因为转让价格而产生纠纷。一定要以始为终，刚开始创业入伙时就设定规则，把股权转让价格定好。

股权转让时的价格通常有五种参考的依据：

①股东出资时的股权价格；

②以公司净资产额为参考价格；

③将审计、评估的价格作为参考；

④将拍卖、变卖价作为参考；

⑤参考最近一期股权融资的估值。

如果合伙人确实要进行股权转让，要从以下三个方面进行规划，避免出现纠纷。

（1）根据不同的转让情形，约定不同情形下的转让价格。比如，某股东因未完成考核，或者造成公司利益或者其他股东利益受损，就要按照实际出资款的八折给予转让。

（2）综合多种方法来确定股权转让的价格，使股东双方的利益均衡。

（3）创业时要做合伙股权动态设计，让合伙可以长长久久。比如，如何对专业事务进行表决？如何化解意见不一致时的纠纷？如何设计对赌条款？这些都要提前规划好。

只有提前把股权转让的一些机制、价格、流程都设计好，一旦出现合伙人有股权转让需求，只需按规则来办理即可。

// 原有股东转让股权有哪些方式 //

合伙人之间转让股权，要事先约定好了退出机制，先小人后君子。这样既保护了公司利益，也是对合伙人利益的保护。合伙人转让股权有以下三种限制方式。

1. 在股东未认购时不得向非股东转让股权

当公司的上市预期不明朗、合伙人试图退出时，如果把股权转让给非股东，很可能会产生一定的隐患，而且很多规模比较大的公司对少量股权根本不感兴趣，多数时候会要求整体购买。

如果让退出的合伙人把股权转让给非股东，尤其是经济实力比较强大的非股东，那么这个非股东以后也许会把整个公司都买下来，从而对股东和创始人的利益造成影响。

2. 公司不回购，其他股东优先购买

创始人让其他股东按照股权比例参与优先购买，是为了防止股权被过度稀释，其他股东则可以自愿优先购买全部或部分股权。

3. 原股东不购买，可转让第三方

如果处理得好，股权转让限制对于原股东来说非常有优势，可以使其享受优先购买等方面的权利。也就是说，有合伙人要求退出时，公司首先应该询问原股东是否要购买股权。这是他们的法定权利，是不能被剥夺的。

将股权转让给第三方时，应该注意以下三大要点。

（1）一旦涉及国有资产，需要遵守国务院颁布的《国有资产评估管理办法》的规定。

（2）股权转让的价格通常不能低于该股权包含的净资产的价格。

（3）股权转让的具体操作应符合公司章程的相关规定。

24变　公司章程和股东协议：二者之间的区别与联系

不少创业者注册公司时，在工商局服务大厅或网上随便找一个公司章程的模板，改下公司名称、地址和电话就注册了，甚至对其中的文字内容都没有花几分钟仔细看一下，这样就会引发以后的很多麻烦。因为公司章程是公司的基本法，有些细节内容没有具体约定，这就需要在股东协议中进一步约定。

// 公司章程和股东协议有哪些区别和联系 //

公司章程和股东协议记载不一致，对外以公司章程为准，对内以股东协议为准。创始人对核心团队让渡表决权和分红权时，不仅仅考验胸怀，更考验智慧。

股东出资比例和表决权不一定对应，经股东合议写入公司章程后，原则上可以做到同股不同权。增减资、合并分立解散、修改章程、变更公司的表决，要2/3有表决权的股东通过。

不能只看重股东会的表决权，却忽略董事会的相关权利，这样会实际丧失对公司的实际经营控制权。有的人放弃在股东会的一票否决权，但赢得对公司执行和财务的实际控制权。

不少创业者注册公司时为了省事，都会找代理机构办理，完成公司注册流程，可能你都没看过公司章程的具体内容。创业者要量身定制自己的公司章程，重点明确约定下列条款：

（1）表决权条款。比如，某件事通过是否需要提高比例，比如需要有表决权股东的70%甚至更高的比例才能通过这一事项？

（2）收益权条款。是否需要收益权比例不等于持股比例？公积金提取比例是否要另行约定？是否约定几年内不分红？约定最低的利润分配比例？

（3）重大事项条款。比如未来引入新投资人、员工进行股权激励，是由所有股东同比例稀释，还是由部分股东转让。

（4）动态股权条款。当前的股权比例是否是固定的？还是要随着股东贡献的变动而变动？

（5）股东退出条款。是否约定股东在一定期限内不得退出？是否约定股东需退出的触发条件？各种情形下的股东退出价格怎样约定？

（6）竞业禁止条款。竞业禁止的限制范围和时间要规定好，不能无限地扩大范围或延长时间。

公司章程和股东协议之间有什么区别呢？公司章程要求2/3以上有表决权的股东同意即可，股东协议则需要全体当事人同意。

（1）公司章程对公司股东、董事监事、高级管理人员均具有约束力，无论是否签名，都要受到约束。而股东协议仅对签订协议的各方有约束力，即对签署协议的股东有约束力,对于签署协议之外的股东及董事、监事、高级管理人员不具有约束力。

(2)股东协议适用于《中华人民共和国民法典》,公司章程适用于《公司法》。股东协议可以保密,不需到有关部门备案。公司的第一份章程要到工商局备案,后面修改的可不备案,但对外效力可能会受到影响。

(3)股东协议生效后,意味着获得所有签字股东100%同意,修改也要签约方100%同意才行。公司章程不一定代表每个股东的意愿,反对的股东也要遵守已经通过的公司章程。修改公司章程不一定要100%股东同意。

(4)通常认为公司章程效力高,协议效力低,但又分为以下三种情形。

①先签的公司章程,后签的股东协议。协议明确约定,协议内容与章程内容不一致的,以协议内容为准,协议效力高于章程效力。

②先签的股东协议,再签的公司章程。章程明确约定,章程与协议不一致的,以章程为准,此时章程效力高于协议效力。

③章程与协议无法举证谁签署在先,也没约定内容不一致以哪个为准的,此时以章程内容为准,即章程效力优先。

表4-3为公司章程与股东协议的对比分析。

表4-3 公司章程与股东协议的对比分析

项　　目	公司章程	股东协议
适用法律	《中华人民共和国公司法》	《中华人民共和国民法典》
适用对象	对公司股东、董事、监事、高级管理人员具有约束力	对协议当事人具有约束力
登记备案	强制性文件,必须在工商管理部门备案	随意性文件,一般不在工商管理部门备案
内容差异	公司名称、经营范围、法定代表人的产生方式等	股东的责、权、利
修改程序	首次制定公司章程时,要求股东一致同意。公司成立后,经2/3以上表决权股东同意才能修改公司章程	订立协议的全体当事人一致同意

如果对公司控制权没有特殊要求,可采用工商局版本的公司章程,所有股东签名,签名前要看清楚公司章程写了什么,不要为了节省时间而忽略看详细

内容。

多数时间股东协议无法取代公司章程的作用,如果股东协议对控制权有特别约定,要把相关内容写入公司章程。如果工商管理部门不同意你自己修改的公司章程,可听取律师意见进行适当修改,或者采取变通的处理办法。

公司章程的作用不是按字数多少来计算的,有时一个字或一句话都可能产生严重后果,一个字可能价值过亿。所以,要尽量保证表述清晰、严谨、准确,减少给他人不同理解的机会。当出现多个文件相互矛盾时,签署时间可能起到决定性作用,所以不要忘了写上签署时间。公司章程是进行公司控制权设计最重要的工具,千万不要掉以轻心!

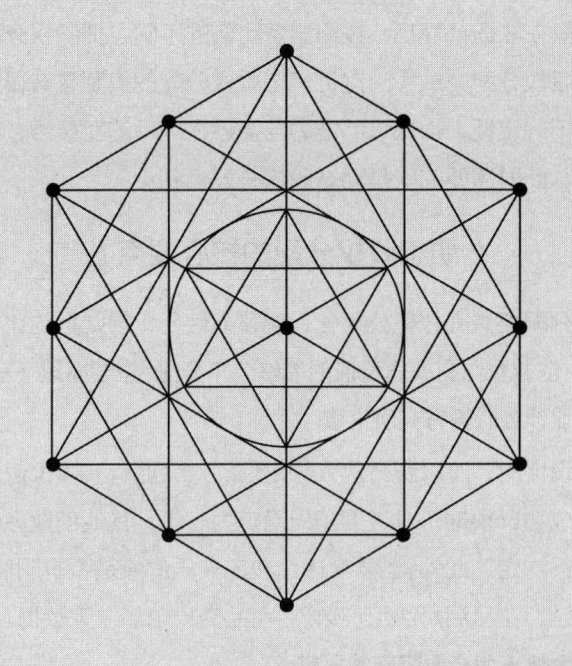

第五章 股权72变之术变：股权动态分配

25变　一个核心原则：分股合心

创业者一般在注册公司后，按照出资比例的不同，把股权分配成一个固定比例，就认为股权分配完成了。这种静态股权分配的机制是有很大问题的，因为创业有很多不确定性，合伙人的能力与贡献在以后的发展中，会与当初的设想有很大变化，此时需要的就是动态股权分配机制。

// 动态股权分配的核心要点 //

动态股权分配要讲究分配公平化、调整人性化、规则契约化。动态股权分配的目的，是在创业企业有实质价值时能够公平分配，主要有以下三个核心要点。

1. 确定企业什么时候有实质价值

动态股权设计时，可以跟合伙人约定何时对企业有实质价值，如约定：研发的产品测试成功，根据研发进度预先确定为一年，其他创业者就能根据企业的客观情况进行约定。此外，还要考虑企业的实质价值是否有明显突破的节点。比如，"融资金额""日活月活用户数""商品交易总额"等数据。

2. 计算各合伙人为企业带来的贡献

合伙人的贡献主要表现为企业带来的资源，一般包括：现金投资、未领取相应报酬的劳动和服务、企业所需办公场地和物质设备、知识产品投入、融资和担保、岗位职责外的资源贡献等。合伙人可以对这些资源分别进行计算。例如，劳动报酬体现为 2 万元 / 月，现金贡献体现为投入资金的 1.5 倍（适合于缺钱的企业），知识产权贡献体现为一个可计算的使用许可费（如每件产品的许可费贡献为 N 元）等。

合伙人的贡献可以进行量化和明确区分，并不是所有的贡献都能作为股权分配的依据，如人际关系、明显超出实际需要的资金、创意想法等。再如，合伙人岗位职责以内的工作带来的贡献已经在其应得工资报酬里体现了，不能算作股权投入。记住，合伙人不必对合伙人贡献的具体数额斤斤计较，只要规则相同即可，贡献的绝对值并不重要。

3. 股权分配的具体方法

现实中，很多人会搞混投资机构的估值和企业的实质价值。其实，二者并不是一回事儿，特别是在企业的发展前期。合伙人要根据企业的实质价值来进行股权分配，与个人的贡献值计算相匹配。这里建议用两种方法进行分配：一种是全动态股权分配；另一种是半动态股权分配。

（1）全动态股权分配，是在里程碑达成时，通过计算全体合伙人的贡献，确定各合伙人的贡献占比，获得相应比例的企业股权。全体合伙人投入的贡献，即计算为企业的实质价值，与企业估值没有直接关系。

（2）半动态股权分配，是创业企业中有一两个合伙人是企业的主导者，如贡献大部分现金及其他资源并全身心投入，担任企业的董事或执行事务合伙人，企业的部分股权（如30%）可以先行确定为该合伙人所有，剩下的部分按照前述方法进行动态分配。

同时在股权分配时，不要分配掉100%的股权，原因有两个：一是企业处于发展过程中，还可能会引入更多的人才和资源，需要留下部分股权。二是合伙人的贡献在前期占比很高，如现金在创业初期作用巨大；在中期和后期会相对较低。虽然前期合伙人承担的风险最大，获得更多分配是公平的，但这种公平是相对的，企业要想获得长远发展，就要在每次公平中得到平衡，这一点对巩固合伙人之间的关系非常重要。

26变 两个基本路径：让股权"活"起来

股权不是一直不变的，需要让它"活"起来，只有股权这个池子的水活起来，创业这条大鱼才会游起来！股权动态调整的两条基本路径无非是股权的增量与减量。

// 设置变量，让股权"活"起来 //

股权增量调整就是以股权转让的形式实现对目标股权的增加，大股东将自己事先预留的股权附条件地赠予或转让给达成相应目标的股东或激励对象，以定向增资的方式实现对目标股东股权的增加。

股权减量调整有三种形式：一是以股东回购的方式实现对目标股东股权的减少；二是以减资的方式实现对目标股东股权的减少；三是以公司回购的方式实现对目标股东股权的减少。

合伙人在股权进行增减分配时，要考虑哪些因素？刚开始不要一下子实名分配完。预留股权后，剩余的基本上是合伙人可分配的股权，分配考虑因素如下：

（1）如果只有部分合伙人出资，应取得比没有出资的合伙人相对多的股权。

（2）公司CEO取得相对多的股权，毕竟他是合伙事业的灵魂，给他多些股权有利于公司的决策与执行。

（3）有些公司项目主要依赖于专利技术，有些需要创意，有些项目产品不具有绝对优势，推广更重要，相应资源提供者都要占有相对多的股权。

（4）公司项目的启动、测试、推出各个阶段，每个合伙人的作用是不一样的，要进行动态股权设置。

投资者投入要素的价值会因公司发展的不同阶段而发生变化。如公司成立初期，资金、场地的估值会比较高，而到了中后期，核心技术、人才的估值会比较高。这些估值的变化，会让投资者拥有的股权发生变化，这也是股权设计会产生争议的最大原因之一。

所以，公司的股权比例不能一直保持不变，要让股权处在动态变化中。一般来说，资金不能算是变量，因为投资者为公司投入的资金是有具体数额的，要按照估值计算成股权分配比例。但其他要素如技术、人力、管理、资源等，都属于变量，会随着公司发展阶段的不同，体现出不同的价值。可以采取以下四种方法让股权"活"起来：

1. 发行限制性股权

限制性股权首先是股权，但同时它又有权利限制，需要投资者分期兑换。而且如果投资者中途退出，公司可以按照事先约定的价格对股权进行回购。

无论公司是否上市，都可以套用限制性股权。例如，投资者在公司成立时仅出资50万元，便获得了20%的股权。半年之后投资者要求退出，这时公司市值已达到 5 000 万元甚至 1 亿元，而他却能仅靠一点儿贡献就拿到丰厚的收益，这是其他投资者不想看到的。

2. 股权要分期兑现

根据公司的实际情况，公司可以设置不同的股权兑现机制。如小米公司为预防短期投机行为，要求投资者在入职后工作满两年才能兑现 50% 的股权，满三年才能兑现 75% 的股权，满四年才能兑现 100% 的股权。这种方式保证了投资者至少要在公司工作两年，避免因投资者在短时间内退出给公司带来不必要的损失。

3. 约定好回购机制

随着公司的发展，股权的价格也在不断变化，投资者在公司成立初期投入的资金并不是股权真正的价格。因此，公司在为投资者分配股权时必须与投资者约定回购机制，确定一个双方都可以接受的回购价格。这个回购价格往往是公司和投资者双方自行协商的。

4. 做好团队的预期管理

针对各种要素可能会产生的价值浮动，做好团队预期管理，对于一个公司的发展是很重要的。无论是设置股权兑换的限制条件，还是设置股权的回购机制，其实都是预期管理。这样可以使股权处在动态变化之中，有利于后期根据公司的发展进行调整。

在股权分配初期设置这些变量，其实就是为后期各种要素的价值浮动留下一定的调整余地，让投资者最大限度地拿到与他们的贡献相匹配的收益。毕竟一个公司能不能活下来，未来能走多远等问题，是由创业者和投资者的共同努力来决定的。

27 变　三个根本原因：读懂人，看清事，算明账

股权分配其实是很考验人性的，很多创业合伙人到最后都散伙了，其实就是分配不均，人性的弱点在此时充分暴露了，而静态股权分配机制恰恰就是不符合人性的需求的。那么，进行动态股权分配有哪些原因呢？

// 动态股权分配的原因是什么 //

股权合伙要有结构性思维，从时间角度分析恰当的股权分配时机，从空间角度换位思考，了解彼此的定位、诉求和付出的代价。

首先，要读懂人。要从人性的深刻洞察去建立股权合作团队。不要感情用事，想当然地认为对方不会在意这一点利益。

其次，要看清事，股权合伙必须融入公司的业务和管理体系，否则就像挂了空挡的汽车，踩再大的油门汽车也走不动。

再次，要算明账，亲兄弟明算账，充分考虑财税的规范和成本，否则股权合伙可能会得不偿失，成为一笔亏本买卖。

总之，动态股权分配要提前定好规则，股权合伙最终的成果必须符合法律要求，白纸黑字写清楚，避免仇人式散伙。

静态股权设计的固定比例一直不变，其实是反人性的。设定动态股权调整是很好的创新制度。它既有利于提高公司管理水平，也有利于后期融资和吸引优秀人才。创业公司制定动态股权调整机制要考虑以下四点。

（1）股东价值观是否一致？即使个别股东的个人价值观与公司整体目标有偏差，但在工作决策中要懂得与其他股东互相妥协，以公司整体利益为重，具有大局意识。

（2）在制定动态股权调整规则时，一般情况下要确保对公司贡献最大的股东持股比例最多，并作为公司的实际控制人。

（3）预留合理比例的股权池，既可用来做股权激励，又能留住优秀人才，一般期权池设定比例为10%~20%。

（4）设定股权分期兑现机制，这样能保证有些股东离开公司或对公司的贡献与将授予股权比例不对等时，部分未兑现的股权不予兑现，尽最大可能保证公司股权结构的稳定性。

还有一些兼职合伙人，拿着公司股权，享有各项股东权益，分享公司增长的红利。他们通常也不会有破釜沉舟的决心，依然会给自己留有后路，持观望态度。所以对于他们的股权分配，也是需要动态调整的。

第五章 股权72变之术变：股权动态分配

28变 资源型、技术型、顾问型股东分配股权：以对公司有效为唯一标准

大家平时理解的股东基本上是出钱的才叫股东，出钱多的就占股多，其实股东还可分为资金型、资源型、技术型、顾问型、管理型。

不同的股东类型，股权分配的方案也不尽相同。表5-1按不同类型的股东，对股权分配的方案做了不同设置。

表5-1 不同股东类型的股权分配方案

股东类型	股权分配方案
资金型股东	带着资金进入公司，通常是做溢价认购股权。可溢价进入，分少量股份，但年底分红时可优先保障这类股东收回投资成本。投资70%的资金占30%的股权的情况也比较常见
资源型股东	量化资源价值，准确界定其股权比例。可量化进入，按转化周期递进分配，前期是分红股，按转化给予提成或分红，后期通过业绩、参与贡献度来让他出资成为实名股东
技术型股东	量化评估股东技术价值、产品应用前景、技术竞争力等，可量化进入，刚开始可给顾问费用，若全职来上班，可按年限设计浮动股权或分红权
顾问型股东	考核进入，按时间投入、知识价值进行考核
管理型股东	担多少责、拿多少钱，如果全职进入，长期全职可获得股权

// 资源提供者如何进行股权分配 //

有人以提供资源来作为入伙，怎样进行股权分配呢？还是采用动态股权分配机制，可以分期变更登记，这样的动态调整机制有很多好处。

（1）可以先登记一部分比例的股权，其他股权再按三年分期兑现，资源提供者一定要达到承诺的目标，如果没有完成，则延迟下一年再视完成情况兑现，再完成不了，该比例股权将进入股权池。

（2）股权分期兑现机制避免追求短期利益的股东从中获得较大权益，同时可让创业初期持股比例较少、但在公司运营中做出更大贡献的股东，通过股权

动态调整机制对其进行股权补偿，使其付出与收益达到平衡，甚至有机会逐渐成为控股股东或实际控制人。

（3）有试错和对赌的意义，新引进人才授予的股权分期兑现，先登记一小部分比例股权，可先按比例享有全部分红权，甚至参与公司股东会和经营管理会议，其他部分股权再分若干年注册登记，目的是观察彼此的性格能否互补。

资源提供者常常承诺能够获得特殊批文或销售渠道，帮助公司站台或发布项目信息，有的也是利用媒体资源帮你做推广，实际上一分钱也不会投资，但却要你30%的股权。这些打着资源投资的旗号人很多，还有的以策划包装服务作为投资的，动不动就说他的策划能值几百万，要你多少比例的股权，你要不要分给他股权？

不管对方说得多神奇，你要问清楚到底提供的是什么资源，要列出表格来讨论对企业或项目是否真的有价值，要么是现金，要么能转化成现金，否则说再多也没用。如果是资源对接活动，前期一定要界定对方的责任，否则后面会很麻烦。如果资源兑现完毕，"资源投资人"可按实际价值重新计股权比例，或者股东退出，一元或零元回购。防人之心不可无，一定要白纸黑字写好协议。

合作刚开始，建议以受限股或期权的方式给资源提供者，不要轻易变成实股，更不要去工商登记。尽可能以有限合伙持股平台的方式，让资源提供者持股。明确约定解锁或行权条件，责任与权利对等，激励与约束对等，如果没有效果，就一文不值。

早期创业者想通过股权来换取资源，给资源提供者分配股权。但不一定能及时兑现，如果没有签订协议来约束，创业者想通过合理方式收回给出去的股权，就相当困难了。

建议优先考虑与他们展开利益合作，如采取中介费用、项目提成、市场激励等措施，特别建议不要轻易用股权来绑定他们。

如果必须分配股权给资源提供者，也要跟他们签订限制性股权协议，初期给予他们股权分配的资格，待约定资源兑现达到效果后，再逐步兑现股权。

总之，资源承诺对应股权承诺，资源兑现对应股权兑现，这种模式相对来说比较公平合理，各位合伙人也相对容易接受。

第五章　股权72变之术变：股权动态分配

// 技术提供者如何进行股权分配 //

如果你的公司刚成立，想引进技术专家并分给他股权，希望他尽量从原公司离职，问题是他有稳定的收入，怎样才能合理分配股权呢？你和他可以先约定入股的价格，等稳定了再出资投资。

如果你的公司是收益良好的行业龙头，技术专家想尽早拿到股权，但公司希望先考察他的真实能力再给股权，就先只给期权。

如果你是已获得B轮融资的企业，想引进技术专家，虽然是有内部熟人介绍，但这位专家对公司管理者不熟，他可能希望采用现在约定好条件、未来再购买的期权模式。

股权合伙人个人对公司和管理者的判断和认可程度也会影响购买股权的时间，从而采取不同的股权模式。某一种股权模式对于交易双方的影响往往是相对的；同一种股权模式在不同情境下的利弊也会产生变化。

相同的情境下，企业面对不同的合伙人可能选择不同的股权合伙模式，不同的合伙人也可能选择不同的股权模式。

对于兼职的技术专家及其他人员，可以考虑以下几种方式。

（1）你要判断技术持有者是不是优秀的复合型人才，这种人才极其难得，创业成功概率会高很多。你不能事先判定这种技术到底能不能商业化，也咨询专家评估过，但最终可能花高价钱买了技术，却带不来实际的商业利润。

（2）公司有钱，可考虑给技术提供者计提劳务报酬；公司紧张，可考虑写张工资"欠条"给技术人员，待公司资金充足、经营稳定时，予以偿还。

（3）要事先界定明确技术能转化为什么成果，按里程碑和贡献值来成熟股权，开发的时间节点要量化。如果转化不成，多久可以收回股权。可以按照公司外部顾问标准先发放少量期权，等他全职参与公司经营后再行权。

（4）有的技术提供者夸大自己的技术实力与预期回报，可以先给10%的股权，但分四年完成，每年给2.5%。如果是很厉害的技术提供者，可以一次性授予，但要签对赌协议。如果某一年没有达到目标，收回授权的股权25%，两年未达到则收回50%。

（5）发放限制性股权，约定回购机制。如果他无法最终全职参与公司的，可由公司以较低价格回购；而且他全职参与公司之前，其股权份额只兑现其应得份额的 20%，其余部分由创始人代持，等他全职参与公司后再分别兑现。

（6）技术股权份额要为后线技术人员留有余地，不要一次性分完。技术股除了要分配给这项技术创造人员外，还应分配给其余为创造这项技术而做出重要贡献的经营和技术管理人员。

（7）在有条件时公司应考虑扩股和配股。分红回填股应与出资股各占一定比例。合伙人用于入股的技术应归公司所有，撤除技术应赔偿公司损失。

（8）技术研发部可独立核算并加以激励，包括政府补贴、成果转让收入、科研奖励、新产品上市三年内的销售提成、新工艺降低成本的费用。

这里有一个公式供大家参考：

技术合伙人所占股份 =（技术合伙人月薪 × 为项目工作的时长 − 技术合伙人领取的报酬 + 技术合伙人的出资）÷ 公司现在的估值

举例：技术合伙人年薪 50 万元，项目没有拿到投资时估值 100 万元，他不拿薪水，全职为项目工作一年，算出资 50 万元，占股 50%。

// 顾问如何进行股权分配 //

企业家经常遇到股权、营销、法律、上市辅导等方面的顾问，他们索要股权，创始人亟须要资本介入，举步维艰，没有钱付，所以就直接就拿公司的股权来支付顾问费。怎样对这些顾问分配股权呢？主要注意以下三点。

（1）很多顾问故意夸大作用，动不动就要企业几百万元的费用，不行就用股权来换，这样的顾问利用自己的资本优势，会逐渐让创始人失去控制权，千万要小心！

（2）餐饮、微整形、医美三个行业特别盛行顾问入股，建议只有满足这两个条件才给顾问股权：一是顾问把承诺的事都做了；二是公司达到了顾问给出的预期效益。

（3）一旦公司走上正轨，有了合适的岗位，可以按原价或溢价 1~1.5 倍从顾问手上回购股权。

企业不同的阶段需要顾问的类型是不一样的，你的顾问是什么？你是怎样跟顾问进行合作的呢？

// 这三类合伙人如何分配股权 //

早期项目由于缺钱、缺人、缺资源，创始人常常认为只要能把蛋糕做大，付出一点儿股权完全是值得的。殊不知，这样的付出和回报根本不成正比，最终追悔莫及。

创始人草率给出股权的原因有很多，如对人才评估不当、市场环境发生变化、老板缺乏股权方面的专业知识等。要避免出现这种情况，需要老板对"如何实施股权合伙人制度"有一个正确的认识，要么自己变成专家，要么聘请专业人士来具体操作。

对三类合伙人如何分配股权的具体建议，见表5-2。

表5-2 对三类合伙人如何分配股权的具体建议

对 象	建 议
短期资源承诺者	不考虑通过股权进行长期深度绑定，遵循"一事一结"的原则给予项目提成，进行项目合作
兼职人员	按照公司外部顾问标准给予少量股权（股权来源于期权池或者仅实施绩效激励）
早期普通员工	前期公司按照投资人估值或公司业绩给予绩效奖励，中后期公司再实施股权激励措施

早期项目的股权看起来不值钱，但如果你轻易就把它分给以上三类合伙人，后面多轮融资时，投资公司发现股权结构不合理，还有一些合伙人就狮子大开口，如果你要他退回股权，他就索要天价，这无疑对企业来说是一种伤害，所以各位创业者一定要注意。

29变 动态股权分配六步：建立让合伙人都满意的制度

// 如何设计好动态股权分配 //

创业刚开始基本采用的是静态股权分配，就是谁出钱多，谁就占股多，这种制度有不少隐患。因为没有考虑长远股权规划，控制权存在风险，比如创始人离婚就会造成谣言四起。公司直接给某些员工分配股权，其他员工看不到标准，非常容易引发公司的内耗。动态股权分配是设定3~5年的时间，灵活调整，保证一个时间段的相对公平。

股权激励不足或过度都不好。动态股权分配是根据岗位价值、职能等级进行变化调整。创业之初就要重视股权分配，避免使用静态股权分配，考虑合伙人是否全职参与管理、贡献技术和资源等因素。动态股权设计要确定公司在什么时候有实质价值，也就是"里程碑"。常见的里程碑有融资金额、日活月活、用户数、商品交易总额等指标。

设计动态股权分配战略，主要有以下六步。

第一步，选出项目的带头人。

传统公司的实际控制人一般具有四类领导力特征：预设的强制领导力、报酬权的领导力、专业技能的领导力、情商领导力，但创业公司的实际控制人很可能不属于上述四种的任何一种。所以，创业公司可以由综合贡献值最大的人担任公司的实际控制人，谁的贡献最大，就让他成为项目的实际带头人。

第二步，确定哪些人参与动态股权分配。

创始人要有前瞻性，以发展的眼光来制定动态股权分配，不能仅限于目前团队的几个人，公司发展一定会引进新的合伙人。可以聘请专业的咨询顾问帮助制定公司的发展规划，也可请专业股权律师团队来设计股权方案。

第三步，设计好股权架构。

明确合伙人的权、责、利，维护创业公司的稳定，避免权力争夺，为后期融资创造条件，为走资本之路做准备。提前设计好期权池及股权分配架构，为各类合伙人预留股权空间。

第四步，设计好股权分配的条件。

主要考虑四个方面的因素，价值观是否一致，是否能保障带头人的独大地位，是否预留了合理的浮动股权，实现股权捆绑、分期兑现，中途即使有合伙人退出，也不会给整个创业团队造成太大影响。

第五步，设计股权调整机制。

首先几个合伙人要充分沟通好，以分工的结果作为贡献度的评价标准，贡献度作为股权划分的依据，达到根据每个合伙人的贡献度进行股权设计的目的。可预留20%的股权，到年底时根据每个合伙人的贡献再进行细微的调整，或者把这些股权分给业绩出色的员工。管理岗也占股20%，每个合伙人协商分红，定下考核点，统计各自的贡献值，到年终时根据贡献值对合伙人进行考核，再发放相应的股权比例，就像管理员工一样管理合伙人。

第六步，设计好股权回购机制。

公司创立初期投入的资金数额并不是股权真正的价格，分配股权时要约定一个回购机制，确定一个双方都可接受的回购价格。一般有三种模式：一是按原来购买价格的溢价；二是参照公司净资产价值，要考虑合伙人对公司的贡献度，参照公司的发展速度估算合伙人未来十几年的收益损失；三是参照公司最近一轮融资估值的折扣价。

做好这六步，动态股权分配机制基本上就确立了，具体就在执行层面时再进行微调。

30变 量化贡献点：计算好每一步的量化数据标准

// 创业伙伴各种投入如何计算贡献点和贡献值 //

初创企业的小伙伴背景与专业不同，有的出场地、有的出时间、有的出资源，那么怎么折算为投入，算到股份里面呢？相信很多创业的伙伴们都遇到过，下面就来一一讲解。

除现金和实际资产（如电脑、办公桌、汽车等，可折价计算）当作现金投入外，其他的一些投入也是可以量化计算的。很多创业者不好量化这些投入如何计算成股份，有时拍脑袋或者觉得不好意思，表5-3可以给大家一些量化的参考标准，这样实施起来很简便。

表 5-3 常见的贡献点和贡献值小结

贡 献 点	贡献值计算标准
合伙人投入现金	现金的金额
非执行合伙人投入现金	现金的金额
全职合伙人未领取的工资	合伙人工资水平减去实际领取的工资
合伙人投入的物资与设备	"购买"或"租用"参照市价
人际关系	人际关系落实到贡献点上才能计算，只核算创造价值的
商标权	没有知名度的：按注册成本计算。有知名度：参考以前投入及闲置时间，团队协商评估；也可以按照销量计算"商标使用费"
著作权	建议以"版税"的方式计算贡献值
专利技术和非专利技术	能够脱离发明人的技术：评估专利未来给公司带来的价值；脱离不了发明人的技术：不计量，可以体现到该合伙人的工资中
创意和点子	如果有成果，可按工资来折算
办公场所	按市场租金水平计算
兼职的合伙人	参考其提供服务的市场价格
个人的资产为公司担保	担保费用的市场价格
奖励性贡献值	利用可以现金互换的原则制定

1. 创业的创意点子

比如，一个项目的原始思想，包括比较成熟的商业计划和运营机制，这位伙伴为了验证商业模式能走通，做了大量的市场调研与头脑风暴工作，也请教了一些行业"大咖"，甚至有了初步的技术方案和样品，如果这段时间这位伙伴投入的工资折算，也可以算成一笔现金投入，假设他是在一个月内想出来的，按照他的工资水平，可以计算成如 2 万 ~3 万元。

2. 具有自主知识产权的专利

专利有发明专利、外观设计专利、实用新型专利三种，如果只是授权使用，这个转让费折算就低些，如果直接转入初创企业名下，这个折算现金就高些，可以达到十万元以上（根据市场价值来定）。还有一些开发的网站、小程序、App、SNS 账号等，也可通过市场价格来折算成现金。

3. 工作投入

如果小伙伴市场工资是 3 万元，他只拿了 5 000 元工资，那他就相当于每月向初创企业投入了 25 000 元，还可以根据加班时间做更加精细的计算，兼职创始人按兼职的工资标准计算。

4. 办公场地

可以按初创企业实际使用的场地市场价格来计算，按实际使用的面积直接折算，如果有多余的场地，也不能算价格，因为初创企业只需这样的面积，合伙人伙伴只能当作贡献了多余的面积。比如创业只需 400 平方米，但合伙人提供了 1 000 平方米，也只能按 400 平方米来计算投入。提供的实物等资产，但必须是核心资产，专门为企业经营发展而买的新实物，如电脑。如果是新电脑，可以按照市场价格来算，折旧的可参考旧货市场的价格估算。

5. 个人资源

比如，小伙伴可以对接一些战略合作公司、专家教授、媒体资源、投资公司资源等，如果带来了实际的营销业绩，可以按照市场提成的标准给予计算投入成本。

总之，创始人提供的任何资源，只要是创业企业非常需要，但公司付不起钱，或者不能全额付钱的，应该付、但没有付的部分，都是不同的贡献点，就是这些贡献的价值，可以折算成对公司的贡献值。

31 变　量化贡献值：将具体的贡献点要素进行量化

// 创业公司动态股权计算的方法 //

动态股权要设计一整套制度评价每个合伙人的各种要素投入，诸如资金投入、时间投入、其他资源投入、目标完成情况等，并需要对每一个要素进行客观评价以确定贡献值。

"动态股权"的实施过程需要由专人定期负责统计各个合伙人的贡献值，并且需要监督每个合伙人的贡献值所对应的要素是否已经客观产生，这些实施和监督成本对于初创企业来说是很大的资源消耗。

需要确定分配股权的里程碑事件,并在每个里程碑事件出现后设计动态股权分配的方案,确定分配的具体模式和方法。初创企业如果没有专业的律师或会计师帮助,很难完成这些相对专业而烦琐的工作。

要动态设置股权,先由创始人代持部分,也可以设一个有限合伙企业,把股权都放在里面,到了里程碑就释放给相应的人。

动态股权分配四个主要要素分别是:目标、里程碑、贡献点、贡献值。

(1)以三年为周期,目标可以量化,以终局思维来设计股权结构。

(2)里程碑,相当于OKR(目标与关键成果法),比如完成500万元销售额,就分配10%的股权。

(3)贡献点,以技术、销售等来设置,如技术岗的"Bug率(千行代码缺陷率)",医疗专家岗的"受邀参加全国性专业讲座的次数"。

(4)贡献值,对贡献点进行如实记录,留存相应凭证,达到相应里程碑后,按贡献值所占比例,分配该阶段性目标完成后应分配的股权。

创业初期,公司只能把有限的资源投入产品和市场,聘请专业的律师和会计师实施"动态股权"制度对于初创企业过于奢侈,因此面对高昂的实施成本,很多创业企业对于"动态股权"制度只能望而却步。

动态股权设计要考虑时间、创意和知识产权、资金、物质等因素。通过不同的细分的评估要素,进行计算,最后得出单一合伙人所占股权比例。表5-4为评估各种要素的计算。

表5-4 不同评估要素贡献值的计算

评估要素	细 分	计算方式（N为商定的倍数）
时间	只要股权的合伙人	商定的月薪 $\times 12 \times N$
	要股权和工资的合伙人	(商定的月薪—月度工资补偿)$\times 12 \times N$,其中月度工资补偿<商定的月薪
	自由顾问	商定的日工资 $\times$ 工作天数 $\times N$(保留股权回购的权利)
创意和知识产权	—	创意和知识产权的开发时间 $\times$ 月工资 $\times N$
资金	现金方式	资金数额 $\times 2N$(众筹资金 $\times 2$)
	借贷给公司的资金	没有股权,公司只需要偿还本金及利息,若公司未能偿还,则视作现金投资
	不报销的费用支出	费用金额 $\times 2N$

续表

评估要素	细分	计算方式（N为商定的倍数）
物资和设备	使公司运营更方便	无
	公司运营的必需品	如果是为了公司运营而购买的，则视同现金等价物； 如果物资的购买年限小于一年，则用购买价格计算； 如果物资的购买年限大于一年，则用转售价格计算
基础设施	—	如果对公司刚好合用，则等同于租借费用； 大于公司所需则按公司实际使用支付费用
人际关系和商业伙伴	—	未支付的提成金额 ×N；或谈成一笔投资直接支付中间人的提成
其他资源	—	协商解决

在创业团队已经规定好各要素在股权划分中所占价值的情况下，也就有了简便易行的方法来计算每个合伙人的股权。公式如下：

单一合伙人所占股权的百分比＝［单一合伙人所作贡献÷全体合伙人所作贡献总和］×100%

// 怎样让出钱和出力的股东分配股权更合理 //

创业刚开始投入，股东基本上有出钱和出力的，按照惯有的思维，大多数人认为出钱是最主要的标准，占股比例按投出钱的多少来分配，觉得天经地义。表5-5是完全按投资额来分配股权的。

表5-5　完全按投资额来分配股权

股东	定位	参与方式	投资额（万元）	占股比例（%）
A	CEO	出钱＋出力	30	30
B	COO	出钱＋出力	10	10
C	投资人	出钱不出力	60	60
合计	—	—	100	100

但如果一直按这样的股权比例来分配，公司在发展过程中就会出现很多问题。因为操盘手A和运营团队B既出钱又出力，出钱最多的人C不参与运营

107

却占股60%，却拥有对公司的控制权。这样A和B肯定就不服气了，心想公司都是我俩辛辛苦苦创立起来的，到头来我俩的股权加起来才40%，还不如一个出钱的C占股60%多。

如何体现人力资本的贡献价值？尤其是现在合伙创业，"出大钱，占小股"成为共识，表5-6就体现了人才与技术的价值，也就是出钱的占比只有40%，但人力股占60%，人力股分三年解锁，这样充分体现了人力股的价值。

表5-6 资金股40%+人力股60%的分配比例

股东	定位	参与方式	投资额	原有占股比例	资金股40%	人力股60%	三年后占股
A	CEO	出钱+出力	30万元	30%	30%×40%=12%	36%	12%+36%=48%
B	COO	出钱+出力	10万元	10%	10%×40%=4%	24%	4%+24%=28%
C	投资人	出钱不出力	60万元	60%	60%×40%=24%	0	24%
合计			100万元	100%	40%	60%	100%

当然，出钱最多的股东C可能不乐意了，我出钱最多，但风险最大。按表5-7，就可以让他先获得一些分红，这样大家就都比较平衡了，符合了他要求分红的利益。

表5-7 前三年的分红权分配

解锁时间	股东A	股东B	股东C	合计
持股权重	资金股占12% 人力股占36%	资金股占4% 人力股占24%	资金股占24% 人力股占0	资金股占40% 人力股占60%
第1年年末的分红权	12%+12%=24%	4%+8%=12%	64%	100%
第2年年末的分红权	12%+24%=36%	4%+16%=20%	44%	100%
第3年年末的分红权	12%+36%=48%	4%+24%=28%	24%	100%

通过以上调整，让主导公司运营的管理团队和只出钱的投资人股东各取所需，投资人股东通过前期的分红，把控股权交给管理团队，这样更加有利于公司发展壮大。

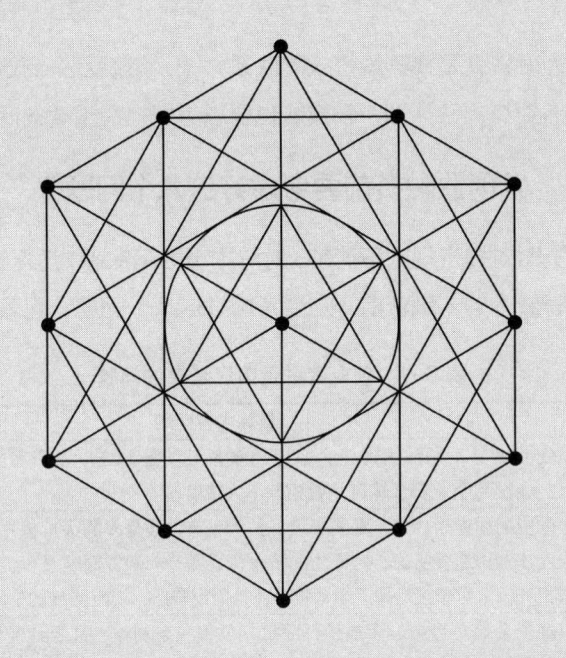

第六章 股权72变之利变：股权融资

32变 融资的八大原则：把握融资原则，让股权增值

创业者以为融资就是找到投资人的联系方式，然后发个商业计划书这么简单，其实融资需要有周密计划，融资前也要思考好一些重要的问题。

// 创业融资前要考虑好这八个问题 //

创业者融资时对投资规则不清楚，对资本市场不熟悉，急需钱就头脑发热。融资并不是没有成本的，融资前一定要考虑好这八个问题，见表6-1。

表6-1 创业者融资前应考虑的问题

问题	具体内容明细
融资金额	创业者是不是认为融资金额应越多越好？是不是对投资者的条件已充分了解？金额与企业资金缺口是否相差不大或者基本吻合
融资用途	融资的用途是什么？是购买设备扩大生产，还是多购买货物，还是招聘更多优秀人才？用途要明确，这样才能防止盲目融资。融资额度要与企业目前的发展水平相呼应，对于它是属于运营资本还是固定资产，要有明确的了解和清晰的划分
控股权	融资金额是否会过多地稀释股权，危害股东利益，甚至让经营者失去对公司的控股权？创业者的地位是否得到保障？毕竟目前法律对创业者的保障只在"专利""品牌"等方面，而对于创业者的个人付出并未有相关规定
决策权	融资后，创业者是否拥有对公司业务的决策权？投资者是否插手公司的运营？融资的影响涉及企业的战略、人事、文化、前景等方面，其成本是昂贵的
归还问题	融资怎么归还？时间期限是多长？融资资产毕竟不属于企业，一定期限内要还给投资者。经营者理应有个还款计划，包括还款时间和归还方式等。企业万不可明知无法归还资金，仍不顾一切去融资
融资成本	成本是否在可承受范围内？融资时，应考虑其成本，如利息、股票分红、股息、股权等，对创业者而言，不考虑融资成本，不顾一切去融资，只是表面上光鲜亮丽，最终贻害无穷，犹如"饮鸩止渴"
风险成本	对风险是否有足够的了解？融资服务机构很多，如会计律师事务所、投资咨询机构、信用评级机构、担保机构、不动产评估机构等。但这些机构良莠不齐，有的机构甚至利用企业融资的急迫心态进行诈骗。创业者往往缺乏相关分辨能力，一时无法识别出真正的服务机构，非常容易上当受骗
融资骗局	融资知识的匮乏、自身的贪婪心态、经验的缺乏等，是企业冒进融资遭遇融资骗局的根本原因

我们发现很多创业者想要融资，根本没有仔细思考上面的八个问题，有的只是说帮我找到投资人即可。殊不知，连自己的融资目标、融资额度、股权结构、成本与风险都不清楚，这样的融资计划，最后要么失败，要么就是被一些假投资机构所骗。

// 创业融资的八大原则 //

企业想融资成功，要在融资前做好计划，包括认识自己的优势和劣势，了解投资公司的流程与规则，不断总结经验，以下八大原则供大家参考。

1. 收益与风险匹配

先计算一下融资的最终收益有多大，将企业可能支出的融资成本和可能遇到的风险因素全部列出，预测一下这些风险一旦转为损失，将给企业带来多大的损失。如果最终的融资收益大于损失，企业能够承受，就不妨大胆进行融资。

2. 根据自身情况、资金的需求来确定融资额度

融资金额并不是越多越好，孙正义当时想投马云 4 000 万美元，但马云只要了 2 000 万美元。创业者可以根据销售比例法、项目预算法、财务模型测算法、头脑风暴法等来计算，确定自己的固定资金、流动资金和发展资金，融资额度够用就好，如融资额可以够用 18 个月。

3. 将融资成本控制好

融资成本从低到高依次是：财政融资、商业融资、内部融资、银行融资、债券融资、股权融资，融资成本包括融资费用和使用费用两种，如向财务顾问中介支付的费用，还有向投资者支付的股息、红利，发行债券和借款时向债权支付的利息等，所以要根据成本的高低，尽量控制融资成本。

4. 资本结构要合理

先列出几种融资方案，分别计算出各个方案的加权平均资本成本率，选择成本最低的，不断改进企业融资的资本结构。有时要把债权融资和股权融资一起结合使用，比例要巧妙组合，从融资环节看，折现率是充分考虑企业加权资本成本和筹资风险水平的基础上确定的。

5. 选择合适的融资期限

融资分为短期融资和长期融资，要根据资金用途、风险偏好来选择。比如长期投资或购置固定资产，适合长期融资。但如果是为了周转快、易转化，那么就选择短期融资。管理者也可分为稳健型、激进型和保守型，不同管理者对融资的期限选择是不一样的。

6. 要牢牢掌握控制权

随着多轮融资，投资协议中的各种条款限制，创始人的股权比例和权力越来越小，这时可以通过 AB 股、投票权委托、一致行动人协议、有限合伙企业等手段来掌握控制权（具体参见"21 变"）。

7. 选择适合的融资方式

融资能壮大企业实力，扩大市场份额，实现规模经济，企业要选择适合自己的融资方式，为企业的发展驶上快车道而努力。

8. 抓住最佳融资机会

融资的时间窗口是很重要的，一定要主动出击，及时把握，紧跟资本市场变化，合理制订融资计划，将融资方式和企业的情况相结合。找到与投资需要和融资机会相适应的可能性，及时了解国内外的利率、汇率等金融信息，了解宏观经济形势、国家货币政策和投融资趋势，在自己高速成长的阶段去融资。

33 变　尽调的方法：细节决定成败

创业者要融资，找到投资人洽谈后，投资人表现出比较浓厚的兴趣，这时投资人就会开始对项目进行尽职调查（以下简称尽调）。

// 尽调"十字诀"是指什么 //

投资人做尽调，就像医生要诊断病人一样，要从中医"望闻问切"到西医 B 超、X 光、CT、MRI 等拍片手段的辅助佐证，投资人尽调有一个"十字诀"，具体如下。

（1）一个团队：看团队成员是不是专业、热情、诚实，有学习能力，相互之间是不是互补的。

（2）两大优势：优势赛道和优秀企业，也就是有前景的产业领域、国家鼓励的新兴战略性产业，企业有核心优势，综合实力强。

（3）三种模式：商业模式、盈利模式和营销模式。商业模式是各交易方的利益分配机制，盈利模式是靠什么赚钱，营销模式是如何让更多用户获得我们的产品或服务。

（4）四个指标：营业收入、营业利润、净利润和增长率。营业收入和利润主要看能否上市，净利润是抗风险的能力，增长率是指能否获得高回报。

（5）五种结构：股权结构、高管结构、业务结构、客户结构和供应链结构，股权结构是控制与分配，高管要求优势互补，业务结构强调未来创新，客户要求是高频且持续消费，供应链最好有股权合作，成为合伙人。

（6）六个层面：历史合规、财务规范、依法纳税、产权清晰、劳动合规、安全环保。整体上要求符合相关法律法规的规定。

（7）七个关注：制度汇编、例会制度、企业文化、战略规划、人力资源、公共关系、激励机制。主要看是否按上市公司的规范提前做好布局。

（8）八大数据：资金周转率、资产负债率、流动比率、应收账款周转率、销售毛利率、净值报酬率、经营活动净现金流、市场占有率，总体上是通过财报数据来反映公司的发展水平。

（9）九个程序：数据收集—考察公司—竞争力研究—高管面谈—竞争对手调查—供应商走访—客户走访—协会走访—政府走访。

（10）十个方面：对企业历史、产品与技术、行业机会与威胁、企业优劣势、发展规划、资本结构、管理层、财务分析、融资方案、投资咨询十个方面进行调查。

投资人一般通过以上"十字诀"的尽调，基本上就能判断这家公司是否值得投资了。

// 尽调"三务"的重点是什么 //

投资人初步尽调主要是从"三务"（财务、法务、业务）方面来进行。这相当于男女双方恋爱初次见面，了解各自的家庭背景、学历、年龄、工作及亲朋好友等情况。

（1）财务：财务报表的三张表和审计报告，尤其是由第三方审计公司出具的，了解公司是否有借款、收入与业务是否匹配，中间有无不规范的操作。主要看一些核心财务数据，未来预测要有依据，创业者可以拿出签订的合同和供应链的协议等给投资人看，公司的现金流是投资人相当关注的，一定要比较稳健。

（2）法务：重点是企业资质、知识产权，有没有官司和纠纷等硬伤。法务尽调的三项重要内容如下。

①看团队核心人员有没有从业风险、是否有犯罪记录，是不是失信被执行人，法人要严格尽调，专利技术是否合法，有无外债等。

②是否存在对增资、股权转让特别约定，董事提名、表决权有无特别约定，是否存在对收购、投资的限制性条款。

③高管有没有签竞业禁止与保密协议，有无信贷、抵押协议，有无劳动和知识产权纠纷。

（3）业务：重点是看商业模式、产品上下游合作伙伴，市场规模是否夸大了，行业趋势是不是有大的发展前景，与竞争对手相比是否有差异点和实现业绩的能力。具体有以下四个方面。

①研发阶段的产品或服务最好有一份详细、明确的计划表。比如知识产权、技术研发实力，一定要核实。

②产品对应的市场规模有多大，是不是国家鼓励的，规模是百亿元还是千亿元，公司产品所占份额有多大。

③预测产品的销售趋势，要了解国家政策的变化，根据成本利润率、产值利润率、资金利润率、销售利润率、薪酬利润率等指标了解公司的利润水平，以及利润水平发生变动的原因。

④了解客户和供应商数量、竞争对手数量与情况、业务范围。公司的行业地位及是否具有竞争力。

通过尽调"三务"的内容，投资人基本上就可以撰写尽调报告上会了。

// 投资人尽职调查的小技巧 //

投资人说要到你公司来尽调，你知道他们是怎么做的吗？分享投资人做尽调的一些小技巧给你，你可以提前做好应对措施。

（1）将几位创始合伙人分开来交谈，从不同侧面来了解公司的一些情况，综合形成判断。

（2）通过创始人的熟人、朋友、过去领导、同事或手下访谈，得出更加客观公正的判断。

（3）通过测评工具分析他的心理、性格，作为参考。

（4）财务尽调主要看数据是否真实完整。销售量和财务预测的假设前提是否科学，前后不能矛盾。

（5）业务尽调要访谈生产、销售、采购、人事、财务、技术等七个以上部门。

（6）去项目公司驻点5~6天，考察至少三个上下游客户、两个主要竞争对手，与员工吃一次饭。

怎么样，你了解了投资人尽调的一些小技巧了吗？想好怎样来应对投资人的尽调了吗？

// 如何应对投资人的尽调 //

当投资人要到你公司尽调前，建议你把一些资料准备好，最好分门别类做成不同的档案册子，分别贴上标签，按1、2、3来分别标注。

- 有关团队：提供身份证复印件、学位证书、推荐信、出示创始人股份，最好有业绩的证明，如新闻报道，后台数据等。
- 业务情况：提供日常会议纪要、销售订单、客户名单，至少有跟客户的交货记录、合影、客户的答谢函等。
- 技术情况：提供国家高新技术企业证书、专利证书、商标注册证书，全部复印，统计列表。
- 财务情况：提供各种收入清单、现金流量表、资产负债表、销售利润等报表。
- 法务情况：提供营业执照、法人身份证、章程、董事会决议、员工合约、知识产权条款、商标备案、正版软件购买记录、诉讼记录。

以上资料准备越充足，融资成功的概率就越大。不信？你可以马上试试！

34变 撰写商业计划书：融资敲门砖一定要擦亮

// 商业计划书的常见错误做法 //

很多创业者在撰写商业计划书的过程中，没有正确把握写作方法，现在列举出错误与正确的做法，见表6-2。

表6-2 商业计划书常见的错误做法与正确做法

	错误做法	正确做法
团队	PPT上放一张大合影，模糊地介绍整个团队，仅列出姓名和职位	证明团队实力的同时也要与项目匹配。有针对性地做能力介绍，用数字突出业绩
行业分析	PPT上只有区区三五个字，让人去猜	宏观市场＋行业现状＋用户痛点＝全面；简练文字＋引用数据＋直观图表＝专业
竞品分析	把对方说得一无是处，自己却十全十美	挑错很重要，思考更重要；主观显得不专业，全面均衡才显得客观严谨；打击对手是要树立自信，亮明客观性；双方各有优劣
融资规划	估值动不动上亿元，而且用途就是团队建设或营销，没有具体的计划	估值很重要，但不能靠讲故事透支；投资人要知道钱怎么花，金额和用途要讲清；要告诉投资人你具体的投入计划和股份，不浮夸；环形图例能直观呈现，不难看；金额合理且去向清晰
现状与计划	不要动不动半年100倍的增速，开口就半年启动A轮融资，一年B轮融资	数据要合理，行动计划要靠谱，时间跨度很小，目标很现实

总结起来，就是写商业计划书的"五要、五不要"：

- 要简洁，不要啰嗦。不要写一堆无关紧要的内容，要重点讲核心的内容，要学会用数字来提炼主题。
- 要突出自身市场能力，不要泛谈市场总体情况。巨大的市场规模是整个市场的，你要突出你的历史业绩、市场地位和营销能力。

• 要注重团队能力，不要只凸显个人。要用数字和业绩来强调团队的互补性和专业性，不要只说你一个人有多厉害。

• 要强调研究开发能力，不要描述技术细节。说明技术领先程度，有无替代方案，但注意不要造成技术泄密。

• 要突出未来增长潜力，不要只突出净资产。投资人看重的是你的未来，所以增长潜力更有说服力。

当然，还有的商业计划书色彩五花八门，内容动辄上万字，排版杂乱无章，那就更加不受投资人关注了。

一个好的商业计划书，就是融资的敲门砖，要设计出一个排版优美、内容精练、主题突出的PPT，让投资人一看就明白。

// 写商业计划书常见的11个误区 //

现在写一份商业计划书不难，网上也有模板，但如何写出一份投资人非常感兴趣的商业计划书，还是比较有技术含量的，现在总结一些写商业计划书常见的误区，供各位创业者对比。

1. 公司介绍及愿景的误区

大篇幅地展示公司厂房、办公区、公司注册资本、组织架构。这些都是在浪费投资人的时间。

2. 管理团队的误区

一张大合影是可以的，但服装一定要统一。有的穿职业装，有的穿T恤，有的穿西服，这很难体现是一个职业化的团队形象，最好每个人一张职业照。

3. 解决问题的误区

看不出用户有多痛苦，而是创业者自己个人的一些独特需求，或创业者自己拥有某种技术，在市场上试图寻找可能的应用场景。

4. 产品或服务的误区

产品或服务与市场上的竞争对手并无差异，为了显示不一样，强行罗列一些可有可无的特色。在技术介绍方面，过于详尽，投资人并不想了解太多，而且过于细致也容易泄露技术机密。

5. 收入盈利模式的误区

还没有一分钱收入，就规划出了八九种收入来源，从财务上也算不过来账，这样投资人是很担心的。

6. 市场分析的误区

没有足够信服力或权威性数据支撑的市场规模和发展趋势分析，把自身所在的细分市场拓展到不太现实的领域。

7. 竞争对手分析的误区

刻意隐瞒竞争对手的实际情况，不了解市场真实的竞争情况，其实潜在的、有准备的竞争对手都有，只是你没有发现。

8. 市场及营销的误区

技术或产品出身的创业者，不知道如何做营销，认为好的产品自然会有用户，但推向市场后发现根本没有人购买。

9. 发展规划的误区

发展规划过于激进和乐观，无法由过去的历史来证明，更无法合理推导出里程碑事件的具体目标。

10. 财务状况及预测的误区

很乐观的想象，历史财务数据不真实，刻意隐瞒某些数据。收入、成本、费用都没有说清楚。

11. 融资需求及用途的误区

融资额过大，与公司当前的规模不匹配，让投资人担心你会乱花钱。

以上 11 种误区，创业者在写商业计划书的过程中，要尽量避免，争取写出让投资人青睐的商业计划书来。

35 变　打造让投资人青睐的商业计划书：学会资本逻辑，换位思考布局

创业者对商业计划书有误区，认为内容写得越详细，投资人会觉得自己越用心，其实投资人只喜欢看他感兴趣的重点内容，与内容的多少无关。

// 投资人喜欢看什么样的商业计划书 //

投资人每天的工作节奏很快，几乎要收到十多个商业计划书，你只要说清楚以下六个部分就好。

第一部分 2~3 页：What？——讲清楚你要做什么？说清楚上下游或产品功能的示意图，商业巨头要做的就不要参与了，你真的机会不大。

第二部分 4~6 页：Why now？——行业背景、市场现状，要说出你的细分市场，你能解决的市场痛点，为什么现在做正适合？

第三部分 5~10 页：How？——如何做及项目现状，产品规划小步快跑，目前达到了什么样的效果。

第四部分 2~3 页：Who？——你的团队，做这个项目能成功的基因，团队成员之间要能力互补。

第五部分 1~2 页：Why you？——列举出你曾经创业成功的经验，体现为什么只有你能做成功？

第六部分 2~3 页：How much？——财务预测与融资计划，对未来三年进行预测，你要融多少钱，稀释多少股份？

你可以对照以下投资人感兴趣的内容，你的商业计划书中是否都具备了这些核心内容？

（1）你的商业计划书是否显示出你具有管理公司的经验？
（2）你的商业计划书是否显示出你有能力偿还借款？
（3）你的商业计划书是否显示出你已进行过完整的市场分析？
（4）你的商业计划书是否容易被投资人领会？
（5）你的商业计划书是否有计划摘要并放在最前面？
（6）你的商业计划书是否在文法上全部正确，没有出现前后矛盾？
（7）你的商业计划书是否能打消投资人对产品或服务的疑虑？

如果以上七个方面，都能得到肯定的回答，相信你的商业计划书能打动投资人，获得他们的青睐。

36变 找投资人的渠道：最大成本是时间与信任成本

有了商业计划书，创业者就到处去发商业计划书，以为广撒网总能找到一两个感兴趣的投资人，但绝大多数的结果都是石沉大海、杳无音信。

// 如何找到投资人 //

创业者想认识投资人，最大的成本就是时间和信任成本，创业和投资这两个领域最大的问题是信息不对称，创业者如果想结交投资人，可以从以下三个途径去进行。

（1）参加学习，比如参加投资人举办的资本培训班、北京清科的沙丘学院、天使投资人学院等，最好是有知名投资人亲自授课的，这样你可能有机会结交一些投资人。

（2）可以通过有限合伙人资源或融资成功的企业 CEO 引荐，这样虽然初步认识了投资人，但是想要取得他们的信任，还是需要一段时间的。

（3）可以通过财务顾问或者融资律师的专业服务，让他直接带你到投资公司洽谈，与投资人成为朋友，即使他觉得不合适、这次不投你的项目，他也可以向别的投资人引荐，这同样是一个需要时间的过程。

投资人最擅长的就是拒绝别人。因此，企业融资负责人在与投资人交流时必须了解他们的沟通语言，对投资机构进行分类。

不同出身背景的投资人风格也完全不同，目前整个创投圈的风险投资人可以分为四大类，具体见表 6-3。

表 6-3　风险投资人的四大类型

主要类型	具体分析
投行派	这类风险投资人出身投资银行，跨界进行股权投资，呈现出非常明显的资本运营与政策导向的特点，有纵横捭阖之势。根据其有无海外经历，可以细分为两大类：一类是欧美派；另一类是本土派

续表

主要类型	具体分析
咨询派	这类风险投资人出身于中介服务机构，曾从事会计、律师、财务顾问（投融资方向）、咨询人士、媒体人等行业，跨行进行股权投资，对行业了解比较深入，喜欢以咨询师的身份发表意见
企业派	这类风险投资人的前身大多是优秀的企业家，他们不仅擅长从产业的角度理解投资，还可以从投资的角度理解产业，带有浓厚的产业情怀，投资后会参与到被投资企业的经营管理中
网红派	这类风险投资人大多是早期投资、股权众筹等领域的新人，通过打造个人IP形成了个人品牌，从天使投资人逐渐转向早期投资机构从业者，采取类VC化运作，或者个人投资，带有一些书生气或者江湖气息

这四类风险投资人各有各的特点，即便是同一类风险投资人，因为背景不同，谈判风格也不同，有的喜欢拖延，有的非常严谨，有的追求规则，有些喜欢砍价等。融资企业在与风险投资人谈判之前，要了解对方的谈判风格，知己知彼，百战不殆。

37变　与投资人的沟通技巧：学会听懂投资人的潜台词

很多创业者在融资中接触了投资人，却听不懂他们说话的潜台词，往往领错情，结果白白浪费很多时间。

// 如何听懂投资人的潜台词 //

创业者在跟投资人交流的过程中，他们经常会说一些应付创业者的场面话，其实都是有潜台词的。

场面话一："好的，我们保持联系啊！"

路演结束后，创业者围着投资人要名片，或者加微信，投资人跟你说"我们保持联系啊！"这基本等于说"再见！"，其潜台词就是"有多远走多远，以后不要来找我！"

如果投资人说"我们的合伙人本周二下午有空，到时候你到我们公司来具体沟通下，您看时间方便吗？"，这才是真的有戏！

场面话二："不好意思，我还有个会！"

你在投资公司眉飞色舞地讲解商业计划书，投资公司高管打断你的话说"不好意思，我还有个会！"就走出了会议室，留下投资经理跟你耗着。潜台词是"这是什么项目啊，浪费我时间！"

如果真是好项目，你赶都赶不走他，他可以听上两三个小时，中午一起叫盒饭都跟你仔细探讨，这才是真有戏了。

场面话三："我们最看重团队了！"

初创项目有的只能是七拼八凑出"梦幻团队"，500强高管、BAT核心团队等，潜台词是"你们这帮人，能把公司做大，算我看走眼！"

团队重要，其实早期项目最重要的是它的创始人，创始人的格局、学习能力、诚信等。

场面话四："我们内部讨论没有通过。"

投资人怕你怪他个人，所以用公司集体讨论没有通过来应付你，潜台词是"这个项目不好，我很早就放弃了！"

场面话五："如果有人领投，我们可以跟投！"

好项目不会让人跟投，想跟投不一定能跟投进去。潜台词是"你这个项目不好，能找到风险投资，看运气吧！"

如果有投资人说"如果你们还没有人领投，我们愿意先投！"，这才是真爱、认可你的投资人。

场面话六："我们有几十家上市了。"

很多投资人一直吹嘘他们基金有几十亿，投出了多少家上市公司。创业者可以问投资人：单个项目投资额度是多少，成功项目是第几轮投进去的，投资后多久上市的，您本人投资过成功上市的项目吗？如果他回答不上来，就是心虚。

场面话七："我们投后，很容易上市。"

投资人说自己有行业经验，能提供增值服务，会让深创投、红杉资本一起投，潜台词是"我们都是MBA，做过投行券商，但没经营过企业，行业战略、市场营销、人力资源其实都不懂啊！但我得装！"

场面话八:"投资协议是标准版本,不能修改!"

投资条款有几十页纸,处处都有坑,它能最大限度地维护投资人的利益,潜台词是"我们就指望这些条款来保护自己的利益了,你千万别找个律师高手来看,否则就麻烦了!"

场面话九:"现在估值降低些,有利于后续融资"

投资人讨厌创业者请融资合伙人或融资律师来辅导,因为这样估值会更高,潜台词是"你要的价格太高了,我以后怎么赚那么多钱?"

场面话十:"投后我们就是一家人了!"

投资人一开始投你就没想跟你过一辈子,越早退出越好,只是想让你经常向他透露公司财务数据等内容,想方设法通过各种渠道退出。潜台词是"只要公司按这个思路去发展,你好,我好,大家好,否则,别怪我翻脸不认人!"

创业者要破译投资人的话中话,理解场面话背后的真实意图,以免会错意,浪费自己的时间和精力!

38变 常见的融资骗局及防骗对策:避免跳进这些火坑

资本市场鱼龙混杂,创业者融资心切,往往没有鉴别能力,被一些假冒投资机构所骗,浪费了时间和金钱。

// 如何识别融资常见的骗局及对策 //

现在资本市场不景气,创业融资也非常不容易,很多创业者自己没有多少钱,但还是想坚持快速把自己的项目做到一定的程度,比如快速迭代技术或提高用户数到一定的量级,于是想去找投资机构融资,由于他们本身不是特别了解投融资这个行业,往往会陷入各种火坑和套路中。

根据我们实际接触到的真实案例,总结目前市面上常见的一些融资骗局,供各位创业者参考,以免上当受骗。

骗局一:项目考察费

融资骗子会打电话邀请你免费参加投资人见面会,说有很多投资人参加,在没有融到资金之前他们不收一分钱，就算融到资金也不要你付，他们的钱是由投资方付。当你听他这么说时，你会觉得还是很靠谱的。于是你就会去参加他们的活动。进到活动现场，无非是各种"洗脑"，免费让你提交商业计划书，然后等所谓的内部上会、评审。一周之后，他们电话通知说你的项目被某机构看上了，但是需要派他们的"投融资专家"到你项目考察核实，主要是飞机票、住宿费、辛苦费，可能在2万~4万元，你把钱汇到了他们的账户上，他们就会派"专家"（包含一名律师）到你公司做项目评估考察。但结果就是考察后说项目的阶段不适合投资，退出融资流程，其实是为了赚取项目考察费用。

骗局破解——正规投资公司根本不需要什么项目考察费，他们自己有商务费用，每期基金募资额的2%就是投资公司的管理费用。

骗局二：高档消费

有些融资骗子会和高档消费场所联合行骗，创业者融资心切，往往会抢着买单，比如1万~5万元的消费，以为让投资人开心了，就会很快获得投资，结果还是失败。

骗局破解——投资人正常与创业者喝杯咖啡，吃顿商务餐，顶多就几百元就可以了，投资人也不可能进高档消费场所，大家一定要小心。

骗局三：商业计划书优化费

融资骗子一般会说创业者提供的商业计划书不符合"国际标准格式"，如果只是几千元还好，如果是以什么符合国际惯例的中英文版《商业计划书》收费10万~15万元，那肯定就是骗子。

骗局破解——专门的融资顾问公司专业撰写商业计划书收费数千元至1万元，是正常的。没有什么国际标准的中英文商业计划书格式。

骗局四：很低的场地费用加上几万元优化商业模式费

有的路演需要缴纳688元的场地费，比如让你参加两天一夜的路演对接会，并且承诺说在没有融到钱之前不收任何费用，能融到钱之后给他们3%~5%的股份，如果你付了这个钱，就进入了他们的备选名单，之后的两天培训，你会被不断"洗脑"，说你的项目需要优化商业模式，需要专家来诊断、研究、重组，需要交几万元，一旦交钱，无非是调整下商业模式文字，后面基本也是没戏。

骗局破解——现在不少假投资机构先打电话让你来听课,什么直通北交所、资本的力量、科创盛宴,讲的基本是一些不痛不痒的常识,一旦你认为688元不贵去参加,两天"洗脑"后,你就会交几万元了,甚至有的还交18.88万元。

骗局五:投资风险评估报告费

融资骗子说看好你的项目,但为了降低投资风险,需要你去找一家有甲级资质的评估公司出一份《投资风险评估报告》,当你说找不到时,他就会推荐一家给你,要交几万元,其实他们都是一伙的,他们只等你的钱一到账,便一起分了,最终你得到的所谓评估报告毫无用处,事实上也是融资失败。

骗局破解——正规投资机构是由投资经理撰写投资建议书,上交总监或董事总经理决策,最后由公司投资决策委员会投票表决,通过正规尽调后签订投资协议,进行付款和工商变更等,根本没有评估报告一说。再说了,风险本来就是由投资机构承担的。

骗局六:保证金

有的融资骗子要求创业者必须严格按照自己预先设定的程序操作,否则不往下进行;资金方设置了严格的违约条款,他们会要求创业者先缴纳一定的保证金,有多有少,但你一旦交了,结果也是融不到资。

骗局破解——正规投资机构根本没有保证金一说,千万别上当。

骗局七:政策贷款

融资骗子利用国家金融政策,以提供大额存款银行保函等帮助企业贷款的方式要求企业提交订金,并签订如下协议要求:开出银行保函并由项目方银行核保后,项目方必须一次性付清所有手续费,并要求最多两周内,项目方银行必须放贷,如不能放贷则不负任何责任。最终融资骗子就轻松地赚到了手续费。

骗局破解——这种骗术虽然比较少见,但也要引起重视。

骗局八:民间借贷

一些非法高利贷机构利用创业者急于融资的心理,先将自身包装成投资机构,然后对企业普遍撒网,以无抵押、快速贷款来吸引创业者,待创业企业上钩后,就用高额利息对创业者放款,并要求企业在较短时间内还款，否则就收取高额逾期费用，最后结果是借贷方赚取了利息和逾期还款费用。

骗局破解——这样的机构基本不跟你谈项目本身，只是强调快速贷款，到账快，但创业者往往忽略了高额利息，后面可能面临暴力催还的凶险局面，千万小心！

骗局九：融资代理

有的融资骗子会说是美国硅谷、以色列等国际知名投资机构或投行的代理机构，并租了高档写字楼或空壳公司，实际上自身却并没有担保额度和代理资格，在创业者没有仔细调查前，往往很容易缴纳融资代理服务费用，而最后的结果必然是融资失败，虚假投资人很快逃逸，企业面临损失。

骗局破解——知名投资机构的官网会有世界各地的办公地址，交钱之前也务必调查清楚，而且正规的投资机构也不需要交这些服务费。

骗局十：变异的"股权众筹"

有的所谓投资公司会说创新了一种新的商业模式，就是全国都是你的城市合伙人，以资源整合分各个区域独立运营，资源共享，合作共赢的模式，向社会发出"股权众筹"，以1元1股，发放1 000万股，发放信息出去之后，不到20天，就有500多万股权被购买，因为投资公司也是全国开课，很多企业家老板都是他们的学员，其实投资公司根本不投钱，而是向这些听课的企业家进行众筹。如果你的项目要融资，一是要交18万元的服务费用，二是全部由企业家众筹，还要出让股份。

骗局破解——如果投资公司自己没有实力，整天跟你讲他有全国几百万个企业家资源，满墙上挂的是与世界各国前总统、首相、联合国秘书长合影的，你就要小心了。

天下没有免费的午餐。关键需要我们自己的项目确实优质。同时要做好投资方调查，查看投资人的专业化程度，切勿随意支付费用，以免上当受骗。

// 避免融资踩坑的六种方法 //

由于投资人相对少，但创业者需要融资的多，而且创业者想快速融到资的心情十分急迫，往往就容易踩坑，以下介绍六种避坑的方法。

第六章　股权72变之利变：股权融资

1. 通过各种渠道，多接触一些投资人

创业者首先应当广泛接触投资人，可以列出一张投资人清单，包括有资金实力的校友、同行创业者、公开的投资人名单等。

广泛接触后，创业者就会有初步判断，从中筛选四五个有真正投资意向的投资人进行深入的接触和沟通，再从中选择一个投资人签订投资意向书。需要注意的是，签署投资意向书并不意味着投资人一定会投资，有的投资人轻易就签投资意向书，但最后不投的可能性非常大。

建议在拿到正式协议前，随时准备新的融资，钱还没到手时，始终不能放弃找投资人。

2. 不要盲目追求过高的融资额度

只追求短期内的高融资额度，相应给出的股份和付出的代价也会高，这对下一轮融资而言并非好事。企业成长的关键还是靠创业者，如果创业者盲目追求高估值融资来补贴客户做大自己，而忽视产品质量，一旦融资链条无法及时跟进，就是自废武功。

所以，融资额度应当根据公司的实际发展情况确定，而不是盲目追求过高的融资额度。

3. 找到一家有实力而且坚定投资你的领投方

领投方的态度是否坚定直接影响着创业者融资能否成功。有的领投方对创业项目的商业模式有着清晰的认知和坚定的判断，并通过自身背书给项目带来了品牌效应，吸引跟投机构则显得相对容易。

领投人已经决定投资的信号对其他投资人具有很强的说服力。那么，创业者如何才能找到坚定的领投方呢？

（1）说服想要跟投的投资人先做领投者。

除团队和项目自身魅力外，创业者还可向投资人适当施压，让真正想要参与的投资人做领投人，暗示投资人如果不领投，很可能连跟投的机会都会丧失。因为一旦找到了领投人，领投人很可能会希望独自投资或自己引入合作的跟投方。当然，施压时不要太绝对或过于直白，这样有可能会断了自己的后路。

（2）让跟投方介绍领投方。

有的投资人可能无法做领投方，创业者可以试着让跟投方引荐和介绍领投方。如果创业者因此找到了合适的领投方，领投方基于市场惯例不会踢开跟投方；反之，说明投资人只是委婉地拒绝投资或保留跟风投资的机会，那么创业者根本不需要在这样的投资人身上浪费时间，应当及时转移焦点。

（3）将潜在领投人聘请为公司顾问。

领投人往往在相关领域具有丰富的投资经验和行业影响力，如果聘请为公司顾问，可以为创业公司提供很多有价值的建议。当他们深入了解公司市场、产品和团队后，拿钱投资做领投的可能性更大。

（4）用项目成绩单吸引领投人。

创业者提供项目成绩单是最能说服投资人的方式。创业者固执地给投资人发邮件或打电话或许不如想办法提升项目业绩，拿到一份漂亮的成绩单，领投人自然会主动找上你。

需要注意的是，创业者应当寻找在相关领域具有丰富经验和影响力的投资人做领投人，这样才能发挥领投人效应，让公司更快地拿到投资。

4. 早期项目可寻求财务顾问机构的帮助

早期创业者拥有的资源较少，很难在短时间内靠自己找到投资人。而财务顾问机构则可帮助创业者筛选大量投资机构，在短期内获得匹配资源，缩短融资时间，还可以事先对融资机构的真实性、合同及流程是否有漏洞进行调查确认，事实上很多明星项目、明星创始人都是通过财务顾问机构找到投资人的。

一些财务顾问机构还能预估行业动态和市场动态，帮助创业者设定最适当的融资时段、估值及融资数额，具有很强的行业资源整合能力。

5. 通过公开信息和口碑过滤不靠谱的投资人

不靠谱的投资人会给创业者带来毁灭性的打击，包括窃取公司机密数据透露给竞争对手或复制公司的商业模式自己去创业等。因此，在接触投资人初期，首先要对投资人进行全方位调查判断。

6. 给排他性条款加一个期限

如果创业者签署了排他性条款，只能接触这家投资机构，不能与其他投资人谈判，那么风险会很大。比如，很多创业者与投资人签订了投资意向书后，投资人却迟迟没有进展。如果坚持过了排他期，很可能公司已经错过最佳融资时间。

签订排他性条款后创业者只能把时间花费在一家投资机构身上，一旦最终融资失败，创业者就很难向其他投资人解释清楚而重新融资。

对创业者来说，不签订排他性条款最好，如果一定要签，最好对排他性条款加以限制，而且时间越短越好，如一个月。一旦到期，而对方态度又不明确，创业者最好立即放弃这家机构，开始新一轮的融资接触。

39变 项目路演的技巧：学会沟通技巧，决胜关键点

创业者本身项目是不错，但是在路演时不懂得灵活应对，导致路演的效果不佳，白白浪费了跟投资人面对面交流的好机会。

// 怎样在路演中取胜 //

路演时不要面面俱到，点到为止，对市场和方向判断不要错误。不要在会上演示产品，可以说现场有演示柜台，不要过多使用专业术语。

路演前准备充分，决定了路演成败的概率，要精心准备以下工作。

（1）如果创始人不擅长演讲，可以让合伙人或高管做演讲。

（2）要熟悉公司的运营状况和财务指标，提前了解投资人的偏好和投资领域。

（3）按重点列出大纲，提前梳理要点，计算好路演中每个部分需要花费的时间。

（4）提前准备好投资人可能会问到的问题及对应的答案，做到心中有数。

（5）提前演练，严控时间，前面三分钟最好把重点内容表述完，即使时间到了没讲完PPT，重点内容也讲完了。

路演时如果有投资人拿手机不断拍摄你的商业计划书上的图表，你肯定会以为他对你很感兴趣。不要高兴太早，这些拍照的投资人恰恰是那些不太可能投你的。

有可能会投你的投资人，一定是非常了解你所在行业的投资人。你要让他感到，你就是这个行业的精英，对市场有足够的了解。

投资人拍照一般都是图新鲜，说明投资人可能对你的市场并不了解，所以一般不会投你的项目。你要描述市场特征的重点，如市场容量、增长速度、平均客单价、显著的痛点、行业巨头、对手没发现的机会等，你可以用图表来描述市场。

当投资人问你要多少钱、怎样保障他们的利益时，你要明确回答。你不能说当然给的越多越好，这样是不行的，要有清晰的规划。

以下的回答模板仅供参考：

经过测算，我们希望今年能获得××万元的投资，用于××项目推进，明年××万元，用于××项目实施。经过权威部门的统计，我们在这一细分行业的市场占有率是×%，有了投资支持，我们有信心在第×年将市场份额增加到××，我们会充分保障投资人的利益，并根据投资人的建议做好资本规划，预期目标是×年内在××上市。

// 评委问这些问题背后的含义是什么 //

路演中不少投资人会问创业者很多问题，这些问题也不一定有标准答案，可能是投资人想了解创业者看待行业的观点，或者是另有目的，因此读懂问题背后的含义就显得很重要。下面这些问题值得我们关注。

1. 你的技术是否具有突破性，而不仅仅只是稍有改进？

背后的含义：优秀的技术公司，拥有的专有技术应该比最相近的技术高出一个数量级，必须力争做到十倍的改进，稍有改进对终端用户来说就是毫无改进。

2. 你现在进入这个行业的时机合适吗？

背后的含义：进入缓慢发展的市场是不错的策略，但是你要有明确的计划来抢夺市场才行。

3. 你能够在一个市场里抢占大份额吗？

背后的含义：强调市场很大，足以满足所有进入者，每个人都认为自己公司有优势，但如果你不能为了垄断市场拿出独特的解决方案，就无法摆脱陷入恶性竞争。

4. 你有合适的团队吗?

背后的含义：你是单打独斗吗？商业计划书上面的团队哪些是兼职的顾问团队？如果不是全职的团队，你一定要说清楚，否则会适得其反。

5. 你的产品能卖出去吗?

背后的含义：销售、物流与产品本身一样重要，很多技术出身的创始人梦想产品推向市场就会非常畅销，所以不要认为产品一定会畅销，一定要提出具体的解决方案，最好要有亮丽的数据来说明一切。

6. 未来十年你能保住自己的市场地位吗?

背后的含义：企业的持久竞争力如何？如何在市场竞争中保证长时间的竞争优势。

当你把这六个常问的问题理解透彻，心中有了比较满意的答案，在路演当中就能跟投资人对答如流，路演就胜利在望了。

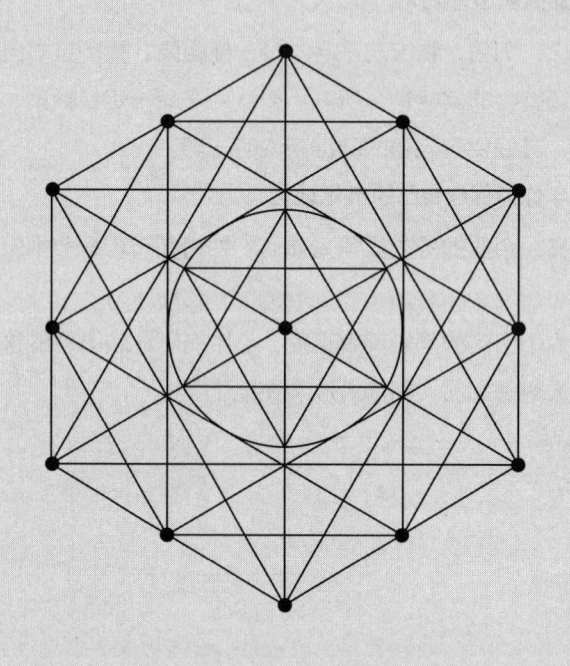

第七章 股权72变之
谋变：股权估值

40变 企业不同行业和阶段的估值：推算值钱的艺术

当创业者跟投资人谈到估值时，投资人基本会说估值高了，你的估值是怎么算出来的，这时候创业者基本上心里没底。不知道项目估值的算法有哪些？

// 不同行业的项目怎样算估值 //

项目估值本来就没有统一的科学标准，估值可以说是一门艺术，交易双方认同的价格就是合理的。由于各个行业的特点不同，采用的估值方法也会有所不同。

（1）P/E 市盈率法适用盈利稳定、周期性弱的行业，如公用事业、建筑建材、商业贸易、信息服务等。

（2）P/B 市净率法适用于无形资产对收入、现金流起到关键作用的行业，如银行、保险、航空航运、化工、钢铁、食品、环保等。

（3）P/S 市销率法适用战略性亏损的互联网行业、软件服务业，受成本波动小的商业零售行业，周期性比较强。

（4）PEG 市盈率相对盈利增长比率法适合科技、传媒、通信、生物医药、网络软件开发、精细化工、有色金属、机械设备、轻工制造等迅速成长的长期爆发性企业。

（5）EV/EBITDA 企业价值倍数法适用于高度竞争、净利润亏损但毛利、营业利益并不亏的行业，如制造业、航空业、石油化工。

具体到各种类型的行业，由于它们的特点不同，有的是重资产，有的是轻资产，有的是互联网技术型的，有的是新兴行业，如是区块链行业，它们的估值方法是由两种估值方法综合使用，以一种为主，以另一种为辅，这样更加客观些（见表7-1）。

表 7-1　各个行业的估值方法

行　　业	特　　点	估值方法
传统制造业	重资产型企业	以净资产估值方法为主，盈利估值方法为辅
服务业	轻资产型企业	以盈利估值方法为主，净资产估值方法为辅
互联网	互联网企业	以用户数、点击数和市场份额为远景考量，以市销率为主
高科技	技术型企业	以市场份额为远景考量，以市销率为主
新兴行业	区块链企业	以加密资产 Token 估值为主

// 不同阶段的项目怎样算估值 //

项目在种子轮和天使轮时，市场上也没有一个估值的标准，投资人判断、融资时机、信息对称性的不确定性大，导致双方对项目估值的分歧很大。哪些因素会影响项目估值？

（1）投资人对行业越了解、信心越大，他对项目给出的估值就越高。

（2）外界普遍看好某行业或者是某细分市场，那估值自然水涨船高。

（3）你越缺钱，投资人给你的估值越低，因为你处于相对被动的地位。

总之，早期项目基本是看团队背景和创始人的商业格局，对实际公司背景的尽职调查有着一定的困难，也造成了重要信息可能局部不对称的情况。

绝大多数企业家从未接触过什么是估值，也不明白估值的逻辑，主动为企业估值的卖方并不多，主动提供这项服务的顾问也不多。

创业者融资都很急，急着对接买方，急着谈交易方案，急着聊价格。可是，离开了细致的估值工作，你就无法建立合理的价值预期，更无法定义自己的谈判底线。企业交易中的谈判举步维艰，难就难在卖方的报价买方不认，卖方的理由买方不相信。于是通过复杂的交易结构及严厉的惩罚机制来为这种不信任和不放心寻求心理安慰。

但那些失败的交易一再证明：惩罚机制治标不治本。买卖双方要解决的根本问题是实现对标的企业实际经营能力的合理评价。

每一个卖方都掌握着有关自己企业的全面信息，然而多数信息是碎片化的，既没有形成整体，又没有形成观点。卖方企业家只能定性地描述自己企业如何好,却很少能定量地证明自己企业怎样好。

公司的发展阶段可大致分为早期、成长期及发展成熟期,每个发展阶段的项目估值都有不同的特点。

1. 早期的估值

从种子期到天使投资、A 轮融资,都可以称为公司的早期阶段。这个时期的公司具有现金流不稳定、报表制度不健全、财务数据缺乏全面性和规范性的问题,因此不能采用贴现方法预测收益、计算估值。

在早期发展阶段,公司的不确定因素过多,因此要做出准确估值相对困难。这个时期的估值影响因素主要是公司的创始人、公司发展规划等。

2. 成长期的估值

处于 B 轮融资、C 轮融资或 D 轮融资,都可以称为公司的成长期阶段。这个时期的公司往往具有稳定的现金流和一定规模的营业收入,其报表制度也相对健全,财务数据较全面和规范,此时能够使用常规的估值方法来估值,如 PE 市盈率估值法、P/B 市净率估值法、PEG 市盈率相对盈利增长比率估值法、P/S 市销率估值法,以及贴现现金流法等。

这个时期估值的影响因素主要为公司的增长潜力。其发展的不确定性较大,同时具体的融资形式和条款较为庞杂,所以在一般的估值倍数基础之上存在一定的折扣。

3. 发展成熟期

发展成熟期又称 PE 阶段。处于此时期的公司具备了一定的市场规模和盈利基础。其财务结构与数据、现金流状况和各种极限环境下的损失测算都更加完善。

所以,公司在此时期的资金需求往往为寻求上市融资及实施并购进行产业整合。处于此时期的公司的估值方法与成长期的类似,但是二者的侧重点不同。处于成长期的公司刚达到盈亏平衡点,未具备一定的规模,所以投资人会将关注重点放在管理团队、用户体验、数据及产品本身的竞争力上;而处于发展成熟期的公司的投资人会把关注重点放在公司的财务、资本运作等方面。

影响估值九大因素如下:行业、阶段、战略、模式、团队、管理、股东、资本、财务。具体来说,行业认知就是指这个行业是否处于国家鼓励的行业,投资机构是否想投。企业不同发展阶段，估值肯定不一样，如成长阶段，增长势能就是最强动力。战略选择，是企业命运的十字路口，是继续优化产品还是继续扩张？商业模式是赚吆喝还是赚钱？核心团队的业绩与行业基因，直接影响继续估值的高低，事在人为。管理细节也是影响估值的因素，投资人能从细节看出企业成败。股东背景，谁是企业背后的支持者？如果有国资或知名投资公司成为股东，估值自然不低。资本动作，是助推器还是挖坑？我们要清楚。对于财务指标，数字本身就会说话。

综上所述，行业不同、发展阶段不同、架构不同的公司其估值的影响因素也不同，所以现实中没有万能的估值方法。特别是在公司发展的早期阶段，其价值的"能见度"较低，估值难度较大。

因此，若想有合理、精确的估值，公司需要建立自身的能力圈，对行业、自身及相关宏观环境的特征和趋势有足够的了解，才能做到真正的价值发现。

41变 常见的估值方法：估值新模式，为资本定好价

项目的股权估值，简单说就是计量股票或股权的内在价值。估值的方法有很多种，但创业者还是要掌握主流的估值方法，这样更加有利于企业融资。

// 六种常见的估值方法 //

股权估值的方法按照不同的分类标准，有很多种。下面介绍六种常见的股权估值方法。

1. 收益法估值

收益法是指将公司未来预期收益转换为现值的一种方法，包括自由现金流折现法、股权折现法等。一般来说，收益法估值的操作步骤如下。

（1）分析公司历史财报，目的是了解公司各项收入、费用、资产及负债的构成状况，判断影响公司历史收益的各类因素，同时对公司历史财务报表进行必要的调整。

（2）预测未来收益，可根据公司的特征并结合市场环境、宏观政策、行业周期及同类公司进入稳定期所需的时间等信息来判断。

（3）确定折现率，可综合考虑估值阶段的利率水平、市场投资收益率、公司自身及行业所面临的各类风险等信息进行折现。

（4）计算公司经营性资产、负债价值经营性资产及负债价值，其和等于预测期收益现值与永续期收益现值之和。

（5）评估非经营性资产、非经营性负债和溢余资产。在评估模型测算出被评估公司的经营性资产及负债价值后，加上单独评估的非经营性资产、非经营性负债和溢余资产的价值，最后得出的就是股东的全部权益价值或公司的整体价值。

（6）在得出公司整体价值后，减去公司负债价值，最后得到的就是公司的股权价值。在该结果的基础上，将股东持股情况和流动性折扣等因素考虑在内，就可以得出公司的公允价值。

2. 市场法估值

市场法是利用市场上现有的相同或类似公司及一些与公司当前资产负债相关的市场信息进行估值的一种方法。市场乘数法、最近融资价格法和行业指标法都是这一类型比较常用的方法。现以市场乘数法为例，介绍这种方法的操作步骤。

（1）选取同类公司或交易案例，在选择同类公司时，评估人员会考虑其业务性质及构成、公司规模、公司所处的经营阶段和当前的盈利水平等因素。而在选择交易案例时，评估人员则会选择和融资公司属于同一行业，或受到同一经济因素影响的交易，交易发生的时间一般也与估值时间接近。

（2）对所选公司的业务和财务状况进行分析，随后再将结果与融资公司的具体情况进行比较。

（3）从市盈率、市净率及公司价值倍数等价值比率中选择合适的乘数，然后计算出数值，再根据所得结果对价值比率进行必要的调整。

（4）将价值乘数运用到融资公司所对应的财务数据中，可以得到公司价值。在此基础上，需要扣除相应的公司负债。在没有其他非运营资产的情况下，最终得到的就是公司的股权价值。

（5）在公司股权价值的基础上，将股东持股情况和流动性折扣等因素考虑在内，就可以得到公司的股权公允价值。

3. 成本法估值

成本法是以融资公司估值时的资产负债表作为基础，估算表内及表外各项资产和负债价值，最终确定估值对象的价值。这类方法用得较多的是重置成本法。

重置成本法是在当下条件下重新购置或建造一个全新的被评估资产所需的全部成本，减去融资公司实际已经发生的实用性贬值、功能性贬值和经济性贬值，并将得到的结果作为融资公司估值的一种方法。

在具体应用中，评估人员需要对融资公司的实用性、功能性和经济性贬值做出相应判断，具体操作步骤如下。

（1）获取融资公司的最新资产负债表。

（2）确定需要重新评估的表内资产与负债。

（3）确定表外资产、表外的负债。如果融资公司还存在各种经济纠纷等情况，评估人员需要评估其对融资公司经营风险的影响。

（4）根据重新评估的资产负债数据，计算公司股权估值。在计算好公司股权估值的基础上，将股东持股情况和流动性折扣等因素考虑在内，就可以得出非上市公司的股权公允价值。

4. 科学法：现金流折现法

现金流折现法是对连续经营价值的分析，通过计算企业未来可能产生的全部现金流折现值来估算企业价值。在运用现金流折现法之前，首先要了解两个概念：自由现金流和折现。自由现金流是在企业产生的，在满足了再投资需要后剩余的现金流量；折现则是根据企业这一年的净利润和一定的折现率，估算企业的预期市值。

现金流折现法更适用于即将上市的成熟公司。这种估值方法对初创公司来说具有非常大的不确定性，因为预测初创公司的现金流是不太准确的，在不确定的现金流基础上折现，计算出来的公司估值当然也不可靠。

5. 简单法：市盈率倍数法

在使用相对估值法评估企业价值时，最常用的方法是市盈率倍数法，其计算公式为：公司市值＝公司收益×市盈率倍数。比如，一家初创公司上一年的利润是500万元，采取10倍市盈率，投资后的估值就是5 000万元。如果投资人决定投资700万元，则投资人的股份占比就为14%。

市盈率倍数法的优点是直观简单，容易计算且很容易获取数值，方便在不同股票间作比较。它还能作为衡量公司其他特征的指标，如风险性与成长性。

市盈率倍数法的缺点是它有被误用的风险，在企业收益或初创企业预期收益为负值时，该方法不适用；市盈率倍数法使用短期的收益作为参数，所得数据不能用来直接类比有不同长期前景的公司；市盈率倍数法不能反映企业运用财务杠杆的水平，容易造成较大的误差，从而易导致得出错误的结论。

6. 保守法：账面价值法

账面价值法是指公司总资产扣除股东权益部分，作为目标公司的价值。账面价值法是对目标公司现有的资产进行估值分析，不能着眼于目标公司的未来价值进行评估。

一般会有以下三个方面的原因影响账面价值法的准确程度：①通货膨胀使某项资产的价值不等于它的历史价值减折旧；②技术进步使某些资产出现过时贬值；③组织资本的存在使得资产组合超过各单项资产价值之和。

除了上面提到的一些估值方法外，还有很多其他方法。当然，在具体评估测算中，需要综合考虑各方面因素，这样才能保障评估结果更接近实际。一般来说，选择用何种方法进行估值，主动权掌握在投资公司一方。如果创业者能提前对这些方法有所了解，便于在与投资公司的博弈时，争取更多的权益（见表7-2和表7-3）。

表7-2　各估值方法的适用场景和发展阶段

估值方法	适用场景/阶段	不适用场景/阶段
P/E 市盈率法	适用盈利水平和增速较为稳定的企业	企业未盈利，盈利水平不稳定，现阶段盈利水平不代表企业长期盈利水平
P/B 市净率法	依赖固定资产产生现金流的企业，或依赖净资产，含专利、配方等知识产权产生未来现金流的企业	轻资产型服务类企业

续表

估值方法	适用场景/阶段	不适用场景/阶段
P/S 市销率法	以价换量，抢占市场份额或者有持续大量资本开支和折旧摊销压力，未盈利或利润水平不代表企业的潜能	尚未产生收入的企业
PCF 市现率法	净现金流比利润稳定，可以免除并购重组、资产摊销等的影响	尚未产生稳定现金流的企业
EV/EBITDA 企业价值倍数	适用收入高速成长，但是仍需持续大量资本（含研发）投入，因此受利息、税务开支和折旧摊销费用影响较大的企业	尚未产生稳定净现金流的企业
EV/EBIT 企业价值/息税前利润	适用收入高速成长，受利息、税务开支影响较大的企业	尚未产生稳定净营运现金流的企业
DCF 现金流折现法	未产生收入，需持续研发投入，取得阶段性突破，未来有望研发出颠覆性、迭代性或弥补空白产品的企业	对收入、利润稳定的企业，容易产生偏高的估值
SOTP 分类加总法	企业有多条不同发展阶段的业务管线，可根据不同业务管线的发展阶段采取不同的估值模型	单一业务线

表 7-3 科创板估值模型的应用场景

科创板六大板块	企业发展阶段		
	产品研发获得阶段性成果，暂无收入	收入高速增长期，研发投入大，无利润	利润高成长期
参考上市条件对应的市值	第五套：市值不低于40亿元	第二、三、四套：市值分别不低于15亿元、20亿元和30亿元	第一套：市值不低于10亿元
生物医药（代表企业：百济神州，药明康德）	Risk adjusted DCF 现金流折现法风险矫正：LOA（临床试验通过率） 概率调整的场景假设分析法（适应证×上市地区的不同组合） PB（B：现金结余+无形资产）	P/S 市销率法	P/E 市盈率法、DCF 现金流折现法

续表

科创板六大板块	企业发展阶段		
	产品研发获得阶段性成果，暂无收入	收入高速增长期，研发投入大，无利润	利润高成长期
新一代信息技术（代表企业：亚马逊，英伟达）	DCF 现金流折现法	P/S 市销率法、PCF 现金流折现法、P/B 市净率法、EV/EBTDA 企业价值倍数	P/E 市盈率法、EV/EBITDA 企业价值倍数、EV/EBIT 企业价值/息税前利润
高端装备（代表企业：特斯拉）	DCF 现金流折现法	P/S 市销率法、P/B 市净率法、P(E+R)、EV/EBIT 企业价值/息税前利润	P/E 市盈率法、EV/EBITDA 企业价值倍数
新材料（代表企业：应用材料、赫氏复材）	DCF 现金流折现法	P/S 市销率法、P/B 市净率法	P/E 市盈率法、EV/EBITDA 企业价值倍数
新能源（代表企业：宁德时代）	DCF 现金流折现法、P/B 市净率法	P/S 市销率法、PCF 现金流折现法	P/E 市盈率法、EV/EBIT 企业价值/息税前利润
节能环保（代表企业：易世达）	DCF 现金流折现法	P/S 市销率法、EV/EBITDA 企业价值倍数	P/E 市盈率法、EV/EBIT 企业价值/息税前利润、DCF 现金流折现法

42变　提高估值的方法：让企业更值钱

初创企业对资金渴求迫切，由于缺乏估值的经验，往往会陷入被动，报价过高吓退投资人。我们要客观了解自己的项目，熟悉影响项目估值的五种因素，结合自己的项目看是否符合以下因素。

// 影响项目估值的五种因素 //

其实估值没有固定规律可循，但可以根据一些已有的因素和方法来大致评估。下面是五种影响项目估值的因素。

- 专利价值是可以折算成现金价值，如含金量高、在国内外处于领先地位的，可以估值 100 万美元甚至更高。
- 如果团队在 BAT 或其他专业对口的领域，至少可以按业绩或年薪来估值，比如五个人团队，每个人年薪是 100 万元，那估值就是 500 万元或者更高，毕竟是整个团队的价值。
- 如果已有早期客户并签订合同，这完全是可以按营业额乘以一定倍数来估算，可以根据行业来确认倍数。
- 对市场规模和细分市场的增长预测相对精准，只要公司占有比例越大，那么估值就越高。
- 如果你对竞争对手拥有很大的优势，就可以掌握项目估值的主动权。

另外，你可以找律师、财务顾问为你项目的估值提供一些建议，你可以对照市面上跟你阶段和数据差不多的项目进行对比，如果想投你的投资机构相当有名，而且能提供不错的投后管理，适当降低估值也是可以的，毕竟这样的投资机构如果投资了你，对于你的项目的后续融资会起到相当大的溢价作用。

// 如何提高项目的估值 //

每个创业者当然希望自己的项目拥有高的估值，能受到投资人的青睐，问题是高估值的项目毕竟只是极少数。创业者怎样才能提高自己项目的估值？一般来说，可以从以下几个方面着手。

（1）创新强、市场空白大、切实解决用户痛点的项目常被资本追捧，当然估值水涨船高。所以你想提高自己项目的估值，一定要有很强的创新能力，能切实解决用户痛点，而不是市场上到处都可见的。

（2）技术含量高的项目估值高，如有一定技术壁垒的硬科技。你要提高项目的技术含量和技术壁垒，如国际领先的专利，就是你项目估值提高的不二法宝。

（3）如果有了一定客户基数的，尤其是有增速较快的收益，估值会高。如果你的项目的客户还很少，那么就努力、快速地提高这个数据，最好是指数级的增长，如果有爆发式的增长，那么估值肯定能有很好的表现。

（4）产品成型，有了充分的运营数据，产品测试也良好，很有说服力。你的产品如果在实际运营中得到用户的认可，那就是你提升估值的有力武器。

（5）拥有一流的团队，有行业的基因，未来极有想象空间。团队是首要的条件，你的团队如果一直在这个行业里深耕，对行业发展有前瞻性，对项目估值是很大的加分项。

（6）项目股权结构合理，出让股权比例不错，估值也很有空间，给投资人的回报可观。提前要做好动态股权设计制度，预留15%的期权池，就能吸引到优秀人才加盟公司。

如果你拥有了以上六个方面的优势，你的项目估值一定不低。

43变 企业估值的误区：避开估值这些坑

创业者在学习资本知识时，受一些自媒体报道的影响，以为进入新兴战略产业、投入大量研发费用就会提升项目估值，其实这些都是一些误区。

// 如何避免估值的误区 //

在进行估值时，创业者注意不要陷入下面的误区中。

误区一：以为扩大生产能力，新品上市，公司估值就能增加。如果新品上市收益跟不上资本的折旧成本，还占用大量资源，新品销售打不开局面，估值也是上不去的。

误区二：以为产品价格上涨，公司估值就一定增加。为了扩大生产就可能出现生产过剩的问题，不稳定的现金流预期对公司长期价值的影响是负面的。

误区三：以为公司研发投入高，产品上新快，估值就一定增长。现在技术更新太快，如果技术投向是一个错误的方向路径，高投入就成为沉没成本了，估值反而会下降。

误区四：以为公司进入新兴行业，暂时没有利润，公司估值就会增加。其实，盲目进入自己不擅长的新兴行业风险极大。

误区五：以为通过并购就有助于公司估值增长。如果无法消化并购了的公司，协同效应也不存在，估值也是提升不了的。

我们要尽量避免陷入以上五个估值误区，真正发现并创造价值，为用户提供具有竞争力的产品或服务，这才是提高项目估值的根本路径。

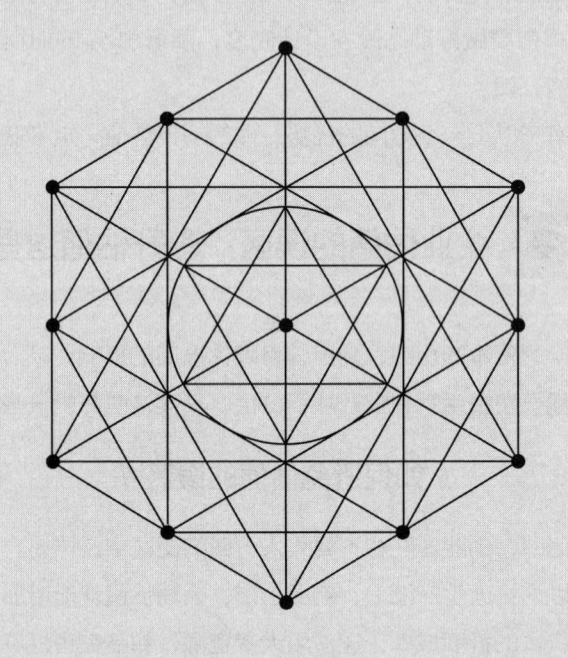

第八章 股权 72 变之思变：股权激励

44变 股权激励的模式：与"司"俱进，总有一款适合你

股权激励的思想现在已经被很多企业家接受，短视频、抖音、快手等平台上也是一众老师在讲股权课，但是在实际操作过程中，公司应该采用哪些股权激励模式，企业家心中还不是很清楚。股权激励要想与"司"俱进，首先要了解常见的激励模式有哪些。

// 常见的股权激励模式有哪些 //

常见的股权激励模式有十几种，按照分权与分利之间的不同关系，可以分成以下三类。

第一类：分利不分权。干股、虚拟股权（票）、延期支付、业绩股票、股票增值权、账面价值增值权、员工持股计划；

第二类：先分利后分权。期股、股票期股、限制性股票；

第三类：分利又分权。实股（原始股）、管理层收购。

当企业面临下面四种情况时，尤其适合实施股权激励。

（1）企业如果走资本之路，向投资公司融资前，需要设立期权池，对一些骨干人才进行激励，可让公司业绩增长或者产品取得一些突破，融资更易成功。

（2）并购重组时防止重要人才的流失，也要对关键人才进行股权激励。

（3）商业模式创新时，留住人才、股权激励都是很重要的。

（4）重大战略规划、调整和实施时，所有成员都要齐心协力进行合作，此时股权激励有很好的作用。

股权激励模式有这么多种模式，能不能用一句简单的话来区分它们呢？见表8-1。

表 8-1　一句话区分股权激励模式的不同

激励模式	一句话描述不同
股票期权	未来出资购买公司股票，成为公司股东
虚拟股票	不持股，只享受分红，不算作公司股东
股票增值	公司奖励员工卖出股票的权利
业绩股票	达到业绩，在限定条件下成为股东
限制性股票	在限定条件下，出售公司股票
激励基金	公司出资给员工购买公司股票
员工持股	员工认购公司股票，成为公司股东

在所有提到的股权激励的模式中，虚拟股票、期权、期股、股票期权是四种最常见的股权激励方式，具体分析如下。

// 虚拟股票 //

虚拟股票可让员工享受企业分红，获取股价升值带来的收益，没有所有权和表决权，也不能将虚拟股票转让，离开公司就失效了。

首先它是虚拟化的股份，股东权益也不完整，不需要员工购买，有溢价型、股利收入型和内部价格型三种类型，可让激励对象获得精神和物质的双重效果。

因为有分红和收益，激励对象就有了主人翁意识，就会关注企业经营与盈利情况，减少道德风险发生，只要内部协议即可，操作相当简便，当然要达到经营业绩目标才实施。

这种模式对企业总资本、股东结构、控制权没有影响。由于激励对象想短期获得更多分红，对公司长期发展可能不太关注，对企业的现金支付有压力，行权价格要设计合理，否则效果不佳。

华为的虚拟股权模式不涉及企业实际股本，又能起到很好的激励作用，但是对于普通企业并不是适用的，因为财务核算要求高。

（1）虚拟股权模式并非灵丹妙药。一个企业的成功是多方面的，单点发力解决不了企业的系统性问题。

（2）虚拟股权模式的设计是动态的。要考虑企业所处行业、阶段、发展速度、战略、人才结构、企业文化等各方面要素灵活构建实施方案，根据实际情况及时调整。

(3)价值趋同是关键。"金手铐"思想、"搭便车"思想等都要进行改造，纠正心智模式，转变思维观念。

(4)业绩预期与实际增长要相契合。业绩预期要"跳起来够得到"，有一定挑战性，但有绝对的实现性。

(5)信任。每股价格确定的公允价值、涉及虚拟股权收益的财务报表披露及虚转实安排、虚股退出机制等必须符合各方预期。

// 期权 //

期权是常用的激励手段，与工资和奖金组合使用，形成短、中、长期的体系，它不仅有助于减轻企业的资金压力，还能帮员工减轻税收负担，适合初创企业采用。

创业者可以根据员工贡献大小执行不同的激励政策，可吸引并留住有价值的人才，将企业管理层、股东、员工利益捆绑在一起，有利于企业的长期发展。

员工可决定是否接受这种激励及后续是否行权，激励对象风险较小。但期权数量必须计算准确，不要对财务造成影响。当行权条件成立、员工行权后，企业股权结构会分散，控制权一定要掌控好，员工对行权等待太久，是不是有耐心跟企业一起成长，这是值得关注的。

// 期股 //

期股想要变为实股，需要确保企业的收益达到条件，余出可供分配的条件，如果企业收益达不到条件，不仅期股不能兑成实股，原投入也可能会亏掉。

期股有以下三大优点。

(1)股票增值与企业增值成正比，只有企业效益提高了，企业资产增值，个人持有的期股也将增值，所以要使激励对象更加主动参与企业的经营与长期发展中。

(2)期股可个人出钱买，也可贷款获得，如华为就有专门帮助员工申请银行贷款的政策。

(3)收益可在任期届满后若干年一次性兑现，也可每年按一定比例匀速、加速或减速兑现。

// 股票期权 //

股票期权是激励对象交付了期权费后，在行权期内以协定的价格购买本企业的流通股，前提条件可以是净利率增长、开发新一代产品、成功上市等，就能获得增值的利益。

股票期权有以下四大优点。

（1）激励对象看到预见未来的收益，更加努力工作，达到行权条件，保证企业良好的增长性。

（2）既能稳定企业的内部人才，又能吸引并成功挖到外部的人才，与企业长期利益相关联。

（3）期权激励对象不用付出资本，行权时可以工资担保先行得到股权，降低了激励对象的资金压力。

（4）企业将股权以较低价卖给激励对象，行权时若股价下跌，激励对象可弃权，几乎零损失。

这种模式适用于行业竞争激烈、成长性良好需要扩大市场、人力资本依附性较强的企业。

对于实股、虚拟股权和期权，这三种股权激励的模式，有很多读者经常分不清它们之间的区别，表8-2对它们的含义、表现形式、权利、特点和适用范围做了一个总结。

表8-2 三种股权激励模式的总结对比

激励模式	内容	表现形式	权利	特点	股权结构影响	适用范围
实股激励	股权持有者对公司的所有权，包括参加股东大会、投票表决、参与公司的重大决策、收取股息或分取红利等综合性权利	・工商登记股东 ・原始股 ・限制性股权	・分红权 ・增值权 ・所有权	・长期激励性突出 ・归属感、约束感最强 ・一般需要出资购买 ・退出复杂	高	联合创始人、合伙人

续表

激励模式	内 容	表现形式	权 利	特 点	股权结构影响	适用范围
虚拟股权激励	名义上享有股权而实际上没有表决权和剩余分配权,仅享有分红权及部门增值收益	·分红 ·干股	·分红权 ·增值权	·短期激励性突出 ·设置灵活,约束感较弱 ·分红意愿强,对现金流影响大 ·无须出资 ·退出简单	无	现金流充裕的企业
期权激励	公司授予激励对象的一种可以在规定的时期内,以事先约定的价格购买一定数量的本公司股权,行权有时间和数量上的限制	·期权 ·期股 ·业绩股票	·期权:增值权 ·期股:分红权+增值权	·长期激励性突出 ·设置灵活,约束感较强 ·便于考核管理 ·当期或未来出资 ·退出难度中等	高	覆盖范围较广,一般用于员工激励

企业在不同的发展阶段,着眼点、目的、策略和方式都是不同的,创始人的眼界、外部环境都不同,所以,要采取不同的激励方式。创始人千万别只采用一种固定的股权激励模式,一直不改变,以为这样更加让制度有稳定性。殊不知,企业的发展发生了变化,外面的市场环境也千变万化,股权激励措施也要因时而变,具体操作模式见表8-3。

表8-3 企业不同发展阶段采用的股权激励模式

	初创期	成长期	稳定期	衰退期或持续发展
特征	·人才短缺 ·资金匮乏 ·品牌认知度低 ·管理制度不完善	·规模扩大 ·营收增加 ·资金压力减缓 ·组织的稳定性变弱 ·人才外流问题严重	·规模空前 ·占据一定市场地位 ·增速放缓	·衰退期:资源消耗严重,竞争日益加剧,暂时找不到新的业绩增长点 ·持续发展:在成熟期找到新的发展方向,企业进入新一轮成长、发展与成熟过程

续表

	初创期	成长期	稳定期	衰退期或持续发展
发展需求	生存	组织管理和吸引人才	产品或服务的迭代更新，寻求突破点	企业发展方向的抉择
激励需求	尝试为主，遵守"稳健、小额、先虚后实"的原则	适度加大激励额度，扩大激励对象的范围	侧重于对核心管理人员和技术人员等创新型人才进行激励	衰退期：侧重于对关键岗位进行激励 持续发展：激励注意规范、公平、全面
可选用模式	虚拟股票、限制性股票、干股、员工持股计划、延期支付等分利不分权的激励模式	期股、股票期权、业绩股票、员工持股计划等分利与分权并重的激励模式	业绩股票、期股、股票增值权、延时支付、实股等既分利又分权的激励模式	衰退期：管理层收购或岗位分红权 持续发展：股票期权、限制性股票、员工持股计划、复合手段等规范、全面的激励模式

行业不同，股权激励的模式也不一样，适合自己才是最关键。没有统一的模板可套用。不同类型的企业可以采取多种模式组合。

首先，生产加工型企业股权激励第一适合用分红，第二适用期股。

其次，服务型企业可用分红里的岗位分红和绩效分红，还可用限制性实股。

再者，互联网企业前一两年采用期权，或者限制性实股，也可直接给钱，快上市时可用股份期权或用股票期权的方式激励。

// 对创业元老和未来之星如何激励 //

1. 对创业元老的"金色降落伞"激励法

公司中的创业元老对于公司的初创期发展作出了突出贡献，但是随着公司的发展，他们的能力渐渐跟不上了，平时又不愿意提升自己，还经常与公司新引进的人才发生矛盾，即使经过多次沟通调解也得不到改善，基于这种情况，可以对他们实行"金色降落伞"激励法。

举个例子：某公司的李副总经理出现了上述的这种情况，最终公司决定对他实行"金色降落伞"激励法，激励的方案如下：

（1）李副总退出现有的管理岗位后，担任公司顾问。

（2）基于李副总这么多年来对公司的贡献，公司赠予李副总2股的公司分红权利，公司的总股本为1 000股。

（3）一次性补偿李副总8个月的薪酬，共计96 000元。

（4）与李副总签署竞业禁止协议，协议期限为三年。

关于李副总"金色降落伞"的约束机制如下。

在任何时间段，若李副总违反竞业禁止协议中的任何条款或有任何损害公司利益及形象的行为，公司除按照禁止协议中的约定追究其相关责任外，同时收回其拥有的在职分红权利。

从这个案例中，我们可以得到哪些启发呢？在企业中，对于下面三种人可以启用"金色降落伞"计划。

一是董事、监事和公司的高级管理人员等；

二是签署技术保密协议的公司成果主要执行者；

三是董事会任命的对企业有特殊贡献者。

这几种人离开公司以后，可以继续享有半薪或分红资格，但不是永远享有，可以设定一个期限，如离职后的三年或是五年。

企业要想留住优秀人才，就必须细化约束机制，鞭策元老与时俱进。需要注意的是，这个针对元老的"金色降落伞"激励计划，不是针对当前，而是针对未来。

2. 对未来之星的激励机制

未来之星是指当下还不是公司的核心骨干，但是后劲儿十足，具备发展潜能和敢打敢拼精神的员工。他们将在公司发展中发挥重要的作用，所以公司需要做的就是为他们提供晋升的通道，制订相应的激励计划。

对于未来之星，比较好的激励方式就是干股激励，待未来他们在公司发挥顶梁柱作用后，可以考虑将干股转化为公司的实股。

举个例子：销售部门的业务骨干小高工作努力，业绩显著，公司升他为业务部门经理后，公司决定对其进行干股激励，具体规定如下：如果2023年带领部门人员实现1 200万元的销售额，利润达到200万元，小高可以获得利润额的10%的分红，具体分红比例见表8-4。

表 8-4 分红比例

完成利润（n）	小高分红
$n \geqslant 250$ 万元	利润总额的 12%
220 万元 $\leqslant n<250$ 万元	利润总额的 11%
200 万元 $\leqslant n<220$ 万元	利润总额的 10%
180 万元 $\leqslant n<200$ 万元	利润总额的 9%
160 万元 $\leqslant n<180$ 万元	利润总额的 8%
$n<160$ 万元	无

在这种激励方式下，小高想要获得更多的回报，就必须努力提升业绩、降低成本，从而提升公司的利润水平。但采用这种激励方式，目标的设定非常重要，必须是在公司和激励对象双方都可以接受的范围内，否则会影响激励效果。

45变 股权激励七定：让员工像老板一样工作，从打工仔到主人翁

前面了解了很多种股权激励的模式，对于一家公司的股权激励实操流程，主要有"七定"：定对象、定数量、定价格、定时间、定来源、定条件、定机制。

// 股权激励"七定"江山之：一定对象 //

对于高层管理人员，可以采用身股+分红，身股是现在的激励，期权是未来的激励（构建精神事业共同体）；对于中层管理人员，可以采用奖金+期股，给他们过多的上市期望，他们不一定相信（构建事业与利益共同体）；对于基层人员，可以采用分成+奖金，他们在意的是眼前的实际收入（构建利益共同体）。

对高管、技术类人员和营销人员可以用股权激励，但有一些员工是不需要动用股权激励，用了也没用，比如下面这些人。

（1）年轻人：更偏向追求短期回报，特别是 20~30 岁的年轻人。

（2）奋斗者：这类型的人害怕失败，不敢承担经营风险，不过愿意拼命干，

是非常好的追随者。

（3）价值低的人：激励成本高，激励过多，反而制约企业的发展。

（4）不值得信赖的人：宁愿增大这种人的股份比例或者采取合伙人激励模式，也不要让不值得信赖的人随便成为公司的股东。

如何确定股权激励的对象呢？可以从表8-5中的维度来进行考量。

表8-5　股权激励对象考虑的因素

维　　度	考虑因素
对企业的贡献	包括已经作出的贡献和未来可能作出的贡献
员工的工龄	对老员工进行安抚，对青年员工进行激励
员工的层级及工作的技术含量	董事、监事、高级管理人员、核心技术（业务）人员、核心技术人才和管理骨干
企业的现状	初创型企业的激励对象范围相对更小，成熟企业的激励对象范围相对更大；在产品研发期应当更加重视技术人员的贡献

对于初创企业，选择适合公司的激励人群，能够为公司节省大量成本；对于成熟企业，能够最大限度地为公司输入人才。不同的企业发展阶段要采取不同的激励方案，不能一概而论。

下面列举一家公司的实例供大家参考，见表8-6。

表8-6　某公司股权激励对象入选条件

指　　标	释　　义
劳动关系	与公司（含分子公司）正式签署劳动合同
工作时间	在公司工作三年以上（若员工中途离职，以最近一次加入公司的时间为准）
品德	对企业忠诚、认同企业价值观、吃苦耐劳、任劳任怨
意愿	同意本计划相关配置法律文件
保密意识	承诺不向他人透露本计划及与本计划相关信息，如若违反，愿意赔偿由此给企业造成的损失并承担相应法律责任
业绩	销售类岗位年度月均业绩促成率不得低于95%；职能岗位上一年度个人考核等级在B以上
专注条件	不得对外投资与公司现有业务相同或类似的业务，不得在外兼职

股权激励"七定"江山之：二定数量

当公司股权值确定之后，还要考虑其他因素，如员工职位、对企业的贡献、薪资水平、公司的发展阶段等，之后就可以确定员工持有的股权数量了。下面是一个实际案例见表8-7。

表8-7 确定员工持有的股权数量

项 目	今 年	第二年	第三年	第四年	第五年	总 计
薪酬总额（元）	100 000	100 000	100 000	100 000	100 000	500 000
激励股数	300 000（根据激励效果调整股数）					
每股分红（元）	0.075	0.1	0.125	0.15	0.175	
分红总额（元）	22 500	30 000	37 500	45 000	52 500	187 500
分红占年薪比	23%	30%	38%	45%	52.5%	
股价（元）	1.00	1.33	1.67	2.00	2.33	
增值总量（元）					400 000	400 000
分红＋增值总额（元）						587 500
（分红＋增值总额）占年薪比						1.175%

怎样确定股权激励的数量？综合评估法是结合了岗位价值、业绩表现、司龄、学历等多种因素，各乘以不同的权重系数，最后得出一个综合得分，具体示例见表8-8。

表8-8 综合评估法示例

维 度	计算规则	权 重
岗位价值系数	按岗位和职级设置固定系数，总经理系数为1，副总经理系数为0.8，部门经理系数为0.5	40%
业绩表现系数	业绩考核优秀，系数为1；业绩考核合格，系数为0.5；业绩考核不合格，系数为0	40%
司龄系数	司龄≥5，系数为1；司龄＜5，系数为0.5	10%
学历系数	博士，系数为1；硕士，系数为0.5；硕士及以下，系数为0	10%
激励对象系数＝岗位价值系数×40%＋业绩表现系数×40%＋司龄系数×10%＋学历系数×10%		

// 股权激励"七定"江山之：三定价格 //

股权种类不同，员工取得股权的定价也不尽相同，见表 8-9。例如实股，必须以不低于净资产的价格卖给员工，而干股则可以不收取任何费用（保证金除外）。

表 8-9　员工股权出资计价

股权种类	计价操作说明
干股	如果员工表现特别优秀，则可以不需要出资认购，只需要缴纳股价 10%~50% 的保证金即可
期权	只在行权时出资，价格是授予时的股价
期股	一般是缴纳保证金，通常比干股缴纳比例略高
实股	实股的出资就是购股金，需要满额，不能虚假出资，不能低于净资产的价格

为了更好地激励员工，企业往往也会根据不同的发展阶段和具体的经营状况，向核心人才进行适当的倾斜，并提供部分优惠措施。

公司做股权激励，激励的价格有注册资本本金法、净资产法、当期估值法。注册资本金法、净资产法都是以一定折扣价来定的，比较好理解。当期估值法是参照最近一轮融资估值的折扣价来确定行权价格的。比如，创业公司定价为估值的 10%。另外，还有平均收益率法（如企业净利润 ×10%）；互联网企业计算法（又称获客成本法，如 100 元／人，比如你有 10 万个客户，估值就是 1 000 万元）。

尽管对于股价的估值有很多种方法，但股价估值是否能够赢得员工的信赖，却不是通过简单的技术操作就能够达成的。

下面以有增长空间的持股平台为例，给出其估值方式见表 8-10。

表 8-10　某持股平台的估值方式

估值方式	外部投资人估值	员工激励估值
净资产／投资额（市净率）	1~5 倍	1~3 倍
净利润（市盈率）	5~15 倍	5~10 倍
销售额（市销率）	1~4 倍	1~2 倍
外部投资价格（市梦率等）	—	外部投资价格的 30% 左右

注：当一个企业股票的市盈率高得吓人的时候，就可以称之为市梦率。

如果股权激励方案以期权激励为主，员工可以根据入职时间的不同，享受不同的期权认购价格的优惠，具体实施方案见表 8-11。

表 8-11　员工期权认购实施方案

入职时间	期权认购价格
2018 年之前	0 元
2018~2019 年	获得期股时股价的 0~30%
2020~2021 年	获得期股时股价的 50%~80%
2022 年	获得期股时股价的 80%~100%
2023 年之后	获得期股时股价的 100%

通过表 8-11 中的数据我们不难发现，为了留住人才，在公司任职时间越长的股权激励对象，享受到的优惠就越大。当然，这种方式也仅供参考，并不适用于所有企业。

// 股权激励"七定"江山之：四定时间 //

股权激励四个比较好的时机是：公司推出新战略时，股权融资时，商业模式发生重大调整时和并购重组阶段，这四个阶段是很适合做股权激励的。

股权激励计划的实施周期一般为 3~5 年，有时甚至更长。实际股权的禁售期不少于 1 年，禁售期满原则上采取匀速解锁。解锁期不低于 3 年；期权的行权限制期原则上不得少于 1 年，行权有效期不得低于 3 年，有效期内匀速行权。

期权计划包含授予、（分期）行权、转让三个主要环节，主要的约束集中在授予后至转让前持有期权的阶段；

限制性股票包含授予、（分期）解锁、转让三个环节，主要的约束集中在授予后至转让前持有股票的阶段。

股权激励计划中比较重要的激励时间分为有效期、授予日、等待期、窗口期、行权期、锁定期和禁售期，见表 8-12。

表 8-12 股权激励时间节点

时间节点	具体描述
有效期	4 年
授权日	股东大会通过满足条件的股权计划之后的 30 天内，由董事会确定授权日
等待期	授权日到第一个行权日之间的时间间隔
窗口期	股票上市之日后的第 13 个月、第 25 个月、第 37 个月
行权期	行权期通常持续几年，具体时间取决于公司的政策和员工的协议，通常情况下，行权期会在 1~5 年
锁定期	上市后解锁期后第一年可解锁 50%，满两年时解锁另外 50%
禁售期	任职期间，转让股份每年不得超过其所持有本公司股份总数的 25%； 离职后 6 个月内，不得转让其所持有的本公司股份； 申请离任后的 12 个月内，出售本公司股份比例不得超过其所持公司股份总数的 50%

// 股权激励"七定"江山之：五定来源 //

一些创始人认为做股权激励就是分自己的股份。其实股权激励分的是未来的钱。公司做员工股权激励的钱从哪儿来呢？主要有以下三个渠道。

（1）原有股东转让：原有股东转让部分股权作为股权激励，每个公司可根据自己公司的实际情况决定是由大股东直接转让还是由多个股东按比例转让。

（2）公司预留股权：公司在成立之初可以预留一部分用于激励的股权池，一般为 10%~20%，预留股权可由大股东或董事会指定股东先行代持。（关于期权池内容，详见本书"12 变"）

（3）增资扩股：公司经过股东大会 2/3 以上持股股东决议同意后，采用增资扩股的方式进行股权激励，行权后公司进行注册资本的变更。事实上，风险投资公司投资项目，大多数都是采用增资扩股的形式进行的。

以上三种方式，就是股权激励的主要来源。

// 股权激励"七定"江山之：六定条件 //

对于一些特别优秀的员工，如果确实资金困难，企业应适当给予支持，主要包括以下措施。

- 企业内部贷款。企业可以和员工签订长期合同，帮助员工在企业内部贷款，因为这个贷款实际上是以企业信用作为担保的，而且员工也非常优秀，所以获得贷款的概率是很高的。
- 企业担保，员工银行贷款。如果员工对入股的意愿很高，也可以尝试"企业为员工担保，向银行贷款"的方式，因为企业在银行的信用一般都是比较好的，这种方式的成功概率也很高。华为公司的虚拟股激励时，就常为员工担保，向银行申请贷款，由于华为的信用好，申请贷款的成功率极高。
- 如果不想以前两种方式入股，那么也可以采用"分期授予+首付款+贷款+分红归还本息"方式见表8-13。如公司激励某员工3%的股份，启动第一年，公司授予员工1%的股份，员工只需要支付1/3的首付，其余贷款到第二年再授予1%的股份，依旧付1/3的购股金，以分红还本付息。这样，在第四年即可结清所有贷款，授予全部股份。

表8-13 分期授予+首付款+贷款+分红归还本息

启动后第一年	启动后第二年	启动后第三年	启动后第四年
授予1%股份，首付1/3，其余贷款	（1）再授予1%股份，首付1/3，其余贷款 （2）分红还本付息	（1）再授予1%股份，首付1/3，其余贷款 （2）分红还本付息	分红还本付息

如果员工看好公司但是确实没钱，可以采取以下措施来进行：

（1）整体价格优惠，比如原本1元1股，改成0.25元1股。

（2）可以向公司和大股东个人借款，最好是找老板个人借，可按年化利率3%~5%收取。

（3）可以分期支付，比如分三年支付，支付的部分享受分红利益，未支付的部分不享受。

（4）分红收益到手后，补足出资款的缺位。

（5）公司设代持股专项资金，激励员工把自己的股权作抵押，向专项基金贷款。

（6）每个月把工资一定比例存定期账户，在期末允许员工将储蓄款购买等价的激励股。

// 股权激励"七定"江山之:七定机制 //

一般来说,分红有两种发放方式:一种是一次性发放,常见的为年底或年后员工大会上一次性发放;另一种为分批发放,将分红分为多期发放。下面列举一家企业的分红发放周期见表 8-14。

表 8-14 某企业分红发放周期

时间	发放					
	第一年	第二年	第三年	第四年	第五年	第六年
第一年分红	20%	30%	50%			
第二年分红		20%	30%	50%		
第三年分红			20%	30%	50%	
第四年分红				20%	30%	50%

将第一年的分红分为三次发放:第一年发放 20%;第二年 30%,第三年 50%。分期发放分红有两个好处:一是减少公司当年财务支出;二是能够留住人才。到了第二年,仍是将当年分红分期发放,以此类推。

对于不同类型的股权,当员工职位出现变动时,股权应该如何调整呢?针对虚拟股、期股的调整机制,可按表 8-15、表 8-16 进行调整。

表 8-15 虚拟股调整机制

事项	锁定期内					锁定期后				
	股份处理	亏损	本金	分红还贷	未分配红利	股份处理	亏损	本金	分红还贷	未分配红利
升职	增加					增加				
公司原因降职	减少	扣除亏损	退	退	退	减少	扣除亏损	退	退	退
考核不达标降职	减少	扣除亏损	退	退	退	减少	扣除亏损	退	退	退
调动	分期回购	扣除亏损	退	退	退	分期回购	扣除亏损	退	退	退

表 8-16 期股调整机制

事　项	锁定期内		锁定期后	
	股份处理	价　　格	股份处理	价　　格
升职	增加	当期价	增加	当期价
公司原因降职	减少	本金 + 增值	减少	本金 + 增值
考核不达标降职	减少	本金	减少	本金
调动	分期回购给新平台股份	本金 + 增值	分期回购给新平台股份	本金 + 增值

对于高管激励，可采取"135 阶梯"激励方式，一年在职虚拟股加在职分红，三年滚动考核后转为注册股，三年后进入五年锁定期，五年内逐步解锁并释放股权。其实也可以采取"123 阶梯"模式，还有"333 模式"，也就是解锁年限缩短，第一年释放 33.3%，第二年释放 33.3%，第三年释放余下的股份。

加速递增式，第一年至第四年分别释放 10%、20%、30%、40%。

降速递减式，比如每年依次分别释放 40%、35%、25%。

46 变　股权激励落地系统：构建共赢体系，掌控分股节奏

一个完整的股权激励行为，需要方案落地、思想落地、仪式落地、文件落地，这是一个系统工程，需要公司创始人与团队思想高度统一，建议请第三方股权咨询公司来全程服务。

// 股权激励落地需要哪些流程 //

股权咨询顾问公司服务一个股权激励的项目，从立项、方案设计到落地实施，再到动态管理，基本会按照表 8-17 中的流程来进行。

表 8-17 股权激励咨询项目的全流程

步骤	立项	方案设计	落地实施	动态管理
一	需求评估 评估实施股权激励的必要性和可行性	起草方案 确定激励对象、持股模式、约束条件、激励额度及来源等	方案宣讲 方案宣传和解读，确保激励对象清晰理解，积极参与	股权变动 对离职、岗位异动、丧失资格等情况的股权变动处理
二	确定目标 确定实施股权激励的目标	方案定稿 方案报请股东会、相关上级管理部门审批后定稿	授予行权 认定行权资格，行权申报确认签订协议	股东会或董事会管理 新股东参会、日常会议管理
三	—	—	工商变更 根据需要建立持股平台 根据行权结果做工商变更	监事会监管 监管股权激励的实施

具体到每次股权激励方案的设计，要做好前期准备，尤其是对全体人员的培训，让大家从内心认可股权激励的目的是给大家带来利益。然后进行总体规划，包括从宏观、中观和微观三个层面的研讨，最后将方案定稿，进行宣导并实施。具体流程见表 8-18。

表 8-18 股权激励方案设计流程

序号	阶段	内容
1	前期准备	• 资料研读 • 股权激励培训
2	总体规划	• 股东调研 • 股权规划
3	宏观研讨	• 商业模式 • 资本规划 • 战略目标及可行路径
4	中观研讨	• 业务流程拆解和组织架构评估 • 员工意向调研
5	微观研讨	• 激励对象的选择及分配 • 行权条件 • 变动机制 • 方案其他要点及测算
6	方案定稿	• 向股东会或其他上级管理部门报批方案 • 方案定稿

当股权激励方案真正落地后,这个过程当中会有一系列的标准化文件出现在公司,主要有管理文件、协议和执行文件,真正助力公司和授予对象把股权激励做到实处,具体文件清单见表 8-19。

表 8-19 股权激励方案文件清单

文件类别	文 件 名
管理文件	××企业股权激励计划/管理方案 ××企业股东会决议
协议	××企业员工股权激励授予协议 员工个人承诺函 股东保密和竞业禁止协议 ××有限合伙协议 股权转让协议 增资入股协议
执行文件	行权通知书 股权认购申请书 出资确认书 股权变动台账 股东荣誉证书

每一份股权激励授予协议,其中的核心条款主要包含股权规划、股权分配和股权流转及管理三个方面,表 8-20 是对前面所讲的股权激励"七定"的进一步细化。

表 8-20 股权激励核心条款一览

条款类别	条款项目	内　　容
股权规划	股权模式	虚拟股权、期权、限制性股权、非限制性股权
	股份来源	公司股东转让、增资扩股、持股平台(虚拟股权不涉及股权来源)
	持股方式	直接持股、股东代持、持股平台
	激励份额	N%
	估值	注册资本估值、净资产估值、融资估值、P/S、P/E
	公司总股本	N 股
	有效期	N 年

续表

条款类别	条款项目	内 容
股权分配	成熟计划	立即成熟、按时间逐渐成熟、按关键节点成熟等
	激励范围及准入条件	进入范围的层级、职位类别、司龄、业绩考核等
	激励名单	高管、核心技术人员、关键岗位人员
	个量分配	根据职位序列、岗位、工龄各自的权重确定每个人激励对象的分配份额
	本期预留比例	×%
	行权条件	公司条件、个人条件
	行权价格	×元/股、融资价格的×折
	行权支付	自筹资金、公司借款或担保、工资或奖金代扣，信托等资金管理计划
股权流转及管理	变更及退出机制	公司变化事项、个人变化事项、是否设置服务承诺期、回购价格 锁定期及禁售要求等
	管理机构	股东会、董事会、监事会、总经理办公会、人力资源、营销中心

47变 股权激励的陷阱：将激励雷区变为齐发的利箭

股权激励是不是按部就班实施就会有效果？其实股权激励也是需要根据实际的情况进行动态调整，否则就容易陷入一些坑中，不但没有好的效果，反而会起到反作用。

// 如何避开股权激励的这些坑 //

股权激励真的是否成功，关键还是看是否起到了正向的激励作用，被激励对象是否比之前更加有干劲，为公司作出新的贡献，实施股权激励时，要尽量避开以下"三大坑"。

1. 把股权激励当奖励，引发各种争议

现在一谈到股权激励，大多和上市、融资等联系在一起，这些都是从公司收益的角度出发的，但并不意味着股权激励一定会为公司带来这些收益。

把股权激励误认为纯粹的福利计划就是最常见的"坑"之一。综合初创公司和较成熟公司来看，股权激励应分为"历史贡献"与"岗位价值"两个部分。前者是对员工已经作出贡献的奖励，后者是对员工未来对公司贡献的激励。股权激励的重点应在于岗位价值的部分，也就是说，股权激励最主要的是分未来的股权，占比通常不低于70%，所以它绝不是单纯的福利计划。

2. 激励对象感受不到参与感和仪式感

一些公司尤其是初创公司在进行股权激励时，只是进行了简单的分摊，并没有将公司的未来前景向员工说清楚，这就导致员工无法认可创业者的未来梦想，没有参与感和激情。股权激励应该是双向选择，除要帮助创始人选出具有共同梦想的员工并肩合作以外，也要让员工得到更多回报，工作起来更有干劲儿，从而获得一种归属感。比如，可以举办一次大会，让员工上台领取证书等仪式感很强的活动，让大家充分感受到主人翁的荣誉感。

3. 股权激励方案不公平

不同的员工对公司的价值评估不同，为公司作出的贡献也不相同，这就导致了股权激励只能是相对公平。久而久之，难免会有部分员工认为股权激励不公平，自己受了委屈。

为了避免这种情况的发生，公司首先要保证程序公平，避免因人为原因造成不公平；其次要向员工阐明股权激励是一个长期的、动态调整的机制，只要对公司产生了价值的岗位，就一定会获得相应的股权。

所以，跟公司刚创立时设计股权架构一样，股权激励方案也不是一成不变的，也需要动态调整。

48变 股权激励时财务公开：考验老板的格局，符合员工的期待

公司老板和员工在做股权激励时，有一个很大的问题就是信息不对称，员工未参与具体的经营管理，认为公司生意好，肯定赚了不少钱，而老板有苦说不出，说利润没有那么高，这样互信就不存在了。

// 股权激励时财务公开要注意哪些事项 //

有的公司在做股权激励开始时，老板信誓旦旦说公司肯定赚钱，但兑现时又说亏钱，这就是财务不透明造成的。如果从长期发展和规范治理角度看，企业财务管理一定要向规范化、透明化过渡，那么对于与员工切身利益息息相关的财务信息，如何在股权激励兑现时公开呢？公开到哪种程度？哪些内容可以公开呢？下面五个方面可以参考。

（1）利润总额，如果管理费用、销售费用和财务费用能统计清楚，利润总额是比较好的指标。这样向激励对象说明，大家是可以理解并接受的。

（2）毛利＝营收－直接成本，员工对这个是有大概印象的，就是说公司的业务量是多少，最起码心里有数，也容易接受。

（3）模拟利润＝销售收入－直接成本－期间显性成本－其他综合成本费用。这个相对来说比较专业，对于员工心中没有多大概念，需要向他们解释清楚。

（4）净利润，刚开始不规范时员工要心中有数，等企业规范了可以找审计机构出报告。第三方审计报告具有公信力和权威性，相信员工没有多少值得怀疑的。

（5）销售额的一定比例和净利润哪个高的原则，员工心中还是有本账的。

总之，老板的格局越大，员工被激励的效果就越明显。

49变 股权激励对象的考核方法：借股权之势能，破增长之困局

股权激励方案落地后，重要的是如何实施考核，每个方案都是独特的，没有统一可以借用的模板，因为各家公司的业绩性质与成长阶段不同，所以需要有不同的标准。

// 股权激励如何量化打分制 //

股权激励对象要考核，有的公司是偏营销的，它的考核方法可能就只有一个标准，就是业绩目标是否完成。有的公司是比较综合性的，考核指标有财务、客户满意度、学习能力等多方面，有一种方法就是打分制，从多个因素给予不同的权重，这样的方法是值得借鉴的，见表8-21。

表8-21 打分制对核心人才进行数量化衡量

维 度	序 号	因素名称	因素权重	因素含义
价值岗位40%	1	战略影响	10%	岗位所能影响的战略层面和程度
	2	管理责任	10%	岗位在管理和监督方面承担责任大小
	3	工作复杂性	10%	岗位工作中面临问题的复杂性
	4	工作创造性	10%	岗位在解决问题时需要的创造能力
素质能力40%	5	专业知识能力	15%	员工具有专业知识能力的广度和深度
	6	领导管理能力	15%	员工具有的领导管理能力水平
	7	沟通影响能力	10%	员工具有的沟通及影响他人能力水平
历史贡献20%	8	销售业绩贡献	7%	员工以往对销售业绩的贡献大小
	9	技术进步贡献	7%	员工以往对技术进步的贡献大小
	10	管理改进贡献	6%	员工以往对管理改进的贡献大小

股权激励虽然是为未来创造的价值而设定，但也可以回馈老员工，将股权与工龄、年资、忠诚度适当挂钩，表8-22中的工龄系数表供参考。

表 8-22 某公司股权工龄系数

工　龄	股权工龄系数
1 年	1
2 年	1.03
3 年	1.06
4 年	1.09
5 年	1.12
6 年	1.15
7 年	1.18
8 年	1.21
9 年	1.24
10 年及以上	1.27

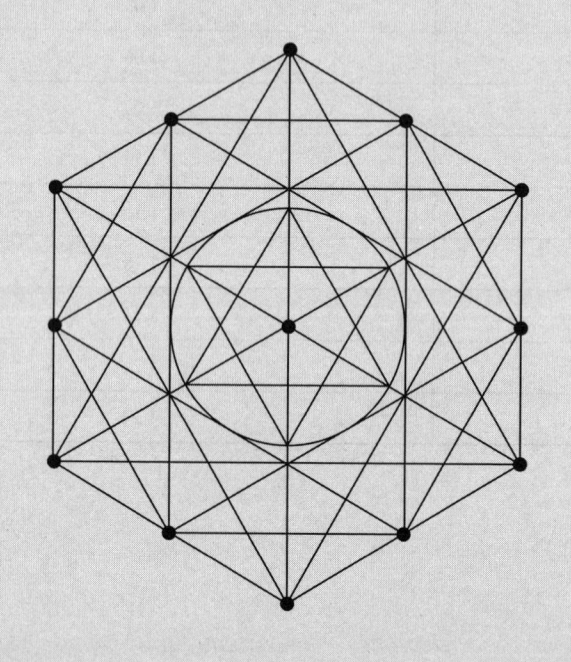

第九章 股权72变之预变：股权协议

50变 投资协议常见条款：击碎错误瓶颈，避开致命陷阱

创业者拿到投资协议代表了一种成功，但别高兴得太早，投资协议当中的陷阱也有很多，买过房的人都知道，开发商拿出印刷好的购房合同，跟你说这是标准的统一模板，不能修改，其实后面还可以加上补充条款。投资协议也是一样，其中的标准模板也是可以跟投资人协商调整的，常见的股权投资协议就有以下这些陷阱，见表9-1。

表9-1 常见的股权投资协议陷阱

类　型	含　义
单项限制条款	一般表现的方式有两种：单项锁定条款和单项禁止条款。比如，在签订正式协议前，投资人会要求创业者先签其他条款，这些条款只是约束创业者的，目的是通过"禁止"条款让创业者失去权益
企业低卖条款	在签订协议前，投资人会觉得企业不错，等真正签署协议时，又会挑企业的毛病。这时创业者很容易为了拿到资金，给企业很低的估值，从而降低了企业的投资价值
优先权条款	一家经营良好的企业未必没有投资风险，为了降低自己的风险，投资人会希望签署优先权条款，以确保自己的利益。比如，优先清算权、优先购买股份权、优先融资权等
"失去控制"条款	创业者用股权融资，企业股权发生变更。当所有权变更时，如果投资人在中间设置了"单项限制"条款，创业者就会失去对企业的控制，被投资人赶出企业

首先我们要了解这些协议条款它本身的含义是什么，哪些条款确实调整的可能性不大，哪些条款对双方都是有利的，哪些条款是有致命陷阱的，一定要高度重视，不能因为想快速拿到钱，而放松了对协议条款的研究。

// 签订对赌协议或对赌条款要注意哪些内容 //

对赌是把双刃剑，既能激励实现目标，又让创业者背上沉重包袱。而有些对赌让投资人成败都有回报。创业者如何规避对赌风险？要有客观评估，对市

场前景和自身运营能力、发展的预期要客观准确，才进行对赌。要有清晰严格的界定，维护企业所有者和原始股东的利益不受侵害。对赌输的状况要做客观评估和研判，确保企业能经受最为糟糕的情况。

举个例子：假如你信誓旦旦跟投资公司说2023年可达到利润1亿元，投资公司给的是8倍的P/E估值，也就是你的项目估值是投后8亿元，投资公司投你8 000万元占10%股权。

投资后，事实上你的利润只有6 000万元，按8倍估值，整体估值就要调整为4.8亿元，投资公司还是10%股权，那就只需投4 800万元，需调整的投资部分是：（8 000-4 800）=3 200万元，这个差价或用新的估值来计算当时投入的资金所占有的股权比例，由你这个实控人来补足，或维持10%比例而退还相应资金。

对赌协议在企业融资中有很大的消极作用：对赌标注设定过高，管理层经营压力大，可能会以结果为导向，对员工管理和风险控制缺乏足够的重视，难以及时发现企业的巨大危机。为了完成投资人设定的业绩目标，管理层的短期行为严重，企业过度开发，严重透支公司的发展潜力，一旦企业完不成业绩目标，就会造成控股权的流失。

签订对赌协议或对赌条款要注意以下五点。

（1）对赌条款应明确目标公司和全体股东的责任。涉及对赌条款的协议应当由目标公司及其全体股东共同签署。比如，完成业绩要求一般设定80%~90%，设定70%则更为宽松。创业者要把大环境可能恶化、政策层面出现不利于企业发展、同行竞争异常激烈等不利因素都考虑进去，要让投资人能赚到钱，并且退得出去。

（2）对赌条款需要明确目标公司回购股权应以减资形式进行。

（3）对赌条款应明确全体股东均负有在目标公司回购股份前配合完成目标公司减资的一切必要程序和不可撤销的义务。

（4）由于投资机构从投资之日到退出之日，目标公司股东可能产生变化，在此时间内新加入的股东，均应以书面形式承认该对赌条款的效力，以保障配合减资义务的法律效力及新加入的股东。

（5）现金补偿条款尽量约定由目标公司股东、实控人作为主要补偿义务方，公司仅在现存利润范围内承担补充义务。

对赌协议该不该签及如何签，先弄清本质及其潜在风险，对赌协议的签署一定回归到企业的基本面，从基本面出发，将慎重摆在第一位。

盲目追求更大规模的投资额及更高要价的企业，在缺乏客观判断的前提下，可能并没有意识到对赌协议的真正风险。因为企业与出资方对风险的评估水平不对称。在法律和利益面前，资本是无情的，企业实际控制人在签对赌协议时要对承诺目标抱有敬畏之心。要合理设定各项对赌指标，审慎确定对赌估值。

要认真分析企业的条件和需求。企业可以优先选择风险较低的借款方式筹集资金，在不得已的情况下才选择对赌协议方式融资。

天使投资无法约定对赌，谈对赌也没有任何实质意义。IPO前，上市时间对赌、股权对赌、业绩对赌、董事会一票否决权、清算优先受偿五类条款都是要解除的。所以上市前，对赌协议也是要处理完的。

// 签订回购权条款要注意哪些事项 //

投资公司跟你签回购权条款，尽量不要用年复利，单利最好。投资人行权时间要约定好，建议你在A轮四年后才要求行使。还有以下三项。

（1）支付期限越长越好，一般来说3~4年是比较合适的。

（2）回购价格可以是年回报率10%或初始购买价格的2倍。

（3）回购权激发的条件，由半数或2/3以上投资人投票同意后生效，越多投资人同意公司回购，对创业者越有利。

// 签订强卖权条款要注意哪些事项 //

强卖权也称强制随售权，是融资协议中的常见条款，主要是指投资人强行要求创始人一起退出公司的权力。如果投资人有意退出公司，根据强制随售权的规定，创始人必须同意投资人的出售意向。

强制随售权的设定是对投资人利益的保护，虽然在一定程度上会使公司创始人和股东的权力有所限制，但是可以通过设定条件对该条款的使用范围做出限制。

创业者可以设定强制随售权生效的门槛，或者对启用时间进行控制。另外，公司还可以为强制随售权设定一个价格标准，比如，即现在估值 1 亿元，等达到 10 亿元以上的估值后，公司才能出售。如果创业者不满意上述条件，认为公司在将来会有更大发展，那就可以将上述条件一并使用，从而在一定程度上稀释投资人的强制随售权，保证自己对公司的控制权。

// 签订反稀释条款要注意哪些事项 //

收藏品投资者希望自己买的东西越来越升值，股权也一样，投资公司签订反稀释条款，就是防止下一轮融资时估值越来越低。如果这样，引入新的投资人，自己所持股比例就降低了，股权价格也降低了。签订反稀释条款时，创业者主要应注意以下两个内容。

（1）优先认购权。该权利是防止投资人股权比例被稀释而设计的。在目标公司引入新的投资人时，该轮的投资人有权利在同等条件下按其在目标公司的持股比例认购相应的新增注册资本。

（2）最低价条款。如果目标公司进行新一轮融资时的价格低于该轮融资的价格，则本轮投资方有权要求控股股东无偿向其转让部分目标公司股权，或要求控股股东向本轮投资方支付现金，以弥补其股权价值被稀释的部分。该条款有可能构成企业登陆资本市场的实质障碍。

51变 股权投资协议的谈判技巧：博弈求双赢，注入新活力

创业者签订投资协议，其实就是双方博弈的过程，如何跟投资人谈判，获得双赢，给企业发展注入新活力呢？

// 怎样跟投资人谈判 //

创业者在与投资人的谈判中，地位还是处于相对弱势的地位，在谈判中没有太多话语权。

但随着企业不断发展，规模不断扩大，特别是进入 PE 阶段之后，在上市之前，投资机构会对一些约束性条款进行调整，或者直接将其废除。作为创业

者，在跟投资人谈判中要注意以下八个方面的内容。

（1）与投资机构进行融资谈判，最直接的目的就是达成交易，其他都是策略。最好选择既懂法务又懂业务的资深律师，以免在谈判过程中因为一些细枝末节的法律问题导致谈判难以进行。

（2）对于涉及自身利益的问题，公司创始人要把握大局，为了尽快达成交易，创始人可能要放弃部分个人利益，如对赌协议牵涉到家庭资产、自己与其他合伙人的薪资待遇、员工股权激励计划等。

（3）对于投资协议中比较模糊和隐晦的条款，最好对其进行细化、量化，如"让投资人满意"这类的霸王条款，如果投资协议中这类条款比较多，会给投资机构留出很多可操作的空间，将融资公司置于非常不利的地位。

（4）达成投资协议后，投资机构一般会向被投资企业分期打款，打款节点根据企业预算、关键经营指标的完成情况、关键事项的确立来确定，但也有投资机构会采取一次性打款。需要注意的是，如果投资机构是项目型基金，一般没有现钱，需要临时募资，如果募资顺利就能按时打款，如果募资不顺利就会跳票。对于这一点，企业要提前制定防范措施。

（5）对于投资机构来说，投资机构的钱款进入被投资公司的账户，投资过程才刚刚开始。在这个阶段，被投资企业需要建立有效的沟通机制，维护好与投资机构的关系。

（6）企业在融资时要有替代性方案，否则遇到投资机构的钱款无法及时到账的情况，可能导致企业预先制订好的计划与项目无法按时落地，进而引发一系列连锁反应。为了避免这种情况发生，融资企业要制订预备方案，一旦投资机构的钱款没能及时到账就立即启动预备方案。另外，融资企业启动股权众筹时，最好选择机构或者天使投资人领投的方式，为后期的投资人管理提供方便。

（7）投资机构进驻公司后，通常会要求公司裁撤大股东的家族成员，更换职业经理人，规范公司管理，提高公司的管理水平。过去，投资机构在尽职调查时不会关注创始人及大股东的家庭情况，但近几年，随着公司上市后家族内斗的情况越来越多，投资机构开始制定专门的条款对其进行约束。同时，在投后管理过程中，投资机构还会关注创始人与大股东的身心健康，甚至有些投资机构会定期安排创始人与大股东接受健康检查，因为这方面的意外事件也不少。

（8）在融资谈判过程中，投融资双方想要达成一致协议都要有所妥协，一张一弛，预留余地。一般情况下，投资机构组织尽职调查小组前，我们要做好情绪控制。例如，在内部宣导时把握分寸，做好保密工作；如果发生重大转折事件要及时进行内部沟通；在投资机构的钱款到账之前不要进行融资宣传等。这些都对创始人的情绪控制能力与定力提出了极大的考验。

总而言之，对于融资谈判来说，成功与否的关键不在谈判桌上。虽然建议创始人要掌握一定的谈判技巧，但交易能否达成，关键取决于创始人的素质与能力及创业项目的好坏。毕竟，投资不是慈善，投资机构看重的是长远的利益与回报。

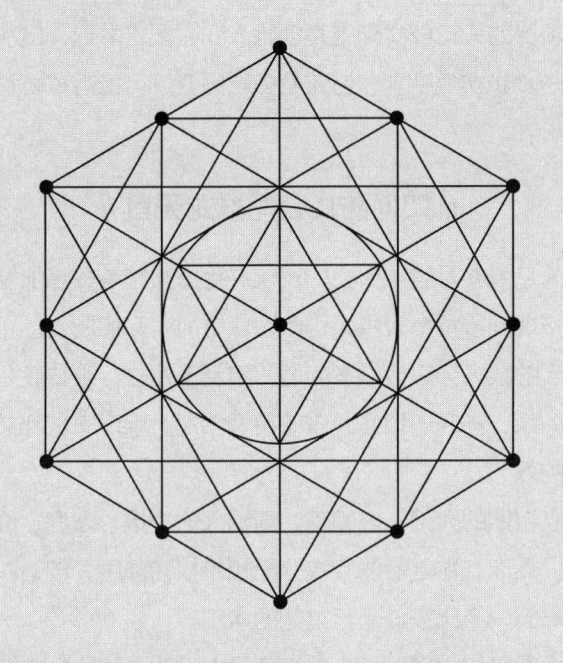

第十章 股权72变之险变：股权陷阱

52变　实控人缺位：老板驾驶舱，手握方向盘

一个创业项目的天花板实际就是创始人，它能走多远，取决于实际控制人能否带领大家一步步实现胜利。但随着多轮融资，可能造成公司最后没有实际控制人的局面。

// 如何防止公司群龙无首 //

实际控制人是能够对股东大会的决议产生重大影响或者能够实际支配公司行为的人，直接或间接持有股权，均可被认定为实际控制人。

实际控制人的缺失会导致很多问题，不利于建立、维持股东和公司之间的稳定而持久的关系，不利于提升股东的投资预期，难以实现利益的最大化，不利于提升决策的效力。

在公司成立初期的大部分时间里，创始人的决策、态度、价值观会发挥非常重要的作用。然而，在之后的股权分配和股权稀释中，创始人的股权会发生变化，会被稀释到一个比较低甚至过低的水平。

如果创始人的股权比例过低，就必须想方设法去防止失去控制权，这需要花费大量的时间和精力，而且也会对融资的进程造成一定影响。例如，华为公司曾经因为股权太分散而无法顺利获得融资；万科集团因外部势力的觊觎，最终使得股权分配出现隐患。

可见，为了更好地管理公司，保证公司正常经营和长远发展，创始人的股权比例不能过低，也不能过高，而是要保持一个合理的水平。在公司的不同发展阶段，股权分配可能会发生变化，但是无论如何，创始人尤其是核心创始人都必须持有一定比例的股权。

（1）实控人缺位表现之一就是均分股权，这样做隐患无穷，刚创办公司可能无法避免均分股权，后面可以通过AB股、投票权委托、一致行动人协议、搭建有限合伙企业持股平台来解决股权均分造成的无实控人的情况。

（2）实控人缺位表现之二就是股权太分散，每个股东持有的股权比例都很

小，股东缺乏对公司管理的热情，会直接放弃管理公司的权利，减少对公司的投入。他们投资的目的大多在于获得收益，所以，以股东追求投资利益最大化为预期，势必导致股权的不断转手。可以利用董事会进行日常公司管理决策。初创企业一般没有董事会，可以设立一名执行董事并由实际控制人来担任。

（3）实控人缺位表现之三就是选择实控人不善。选择不好的实控人会将公司拖入无尽的深渊，不仅损害自身利益，还会给公司员工及其他股东带来难以估量的伤害。所以选择实控人要注意他的品格与能力。在艰难困苦的创业路上，毫无疑问，需要一个天性坚毅、乐观，同时具备强大解决问题能力的领导者来为公司掌舵。要注意实际控制人的权、责、利是否相统一，如果实际控制人所享有的权利、承担的风险与责任、享受的收益不成正比，将影响实际控制人作用的发挥，甚至会对公司和其他股东产生损害。还要注意是否对实际控制人的权力行使有制约机制。实际控制人的缺失会影响公司的发展，同样，实际控制人的监督机制的缺失对公司而言也将形成灾难。

火车跑得快，全靠车头带，希望企业的实际控制人一直带领大家，走向更加辉煌的未来。

53变 合伙人离婚：悲欢离合一幕剧，"土豆条款"事先签

土豆网向纳斯达克申请上市。但是，就在递交申请的第二天，创始人王微的前妻杨蕾，一纸诉状将王微告上法庭，要求分割财产，并冻结了王微名下的全部股权。杨蕾的一纸诉状成为土豆网上市进程中最大的意外事件，IPO进程因此被迫中止。

很多投资机构受此影响，考虑在对被投企业尤其是对IPO上市前的被投企业进行投资时，希望在投资协议中增加要求"被投企业的自然人大股东、实际控制人承诺：结婚、离婚均要征得董事会或者股东大会的同意"之类的约定。这类特别约定也被王微本人所调侃为"土豆条款"。

// 如何防止夫妻离婚给公司带来的风险 //

创始人离婚对公司会产生巨大影响，下面的机制就能有效预防和控制合伙人婚变所带来的影响。

第一，在股东协议中明确离婚时的股权处理原则。

为了避免因合伙人婚变对创业公司产生的影响，可以在股东协议中要求合伙人的配偶做出承诺，即对于合伙人所持有的公司股权，其配偶在同其离婚时不对此股权提出分割要求，由合伙人为其配偶提供同等价值的财产作为补偿。这样的约定能有效地避免合伙人因婚姻关系变动对公司业务、人员结构、股权结构产生的影响。

第二，夫妻之间签署财产协议。

尚未结婚的合伙人，在结婚前可以考虑签订一份婚前财产协议，对婚前财产、婚后财产安排做出详细的约定。可以约定，结婚前一方拥有的股权，婚后仍然为该方的个人财产，不因婚姻关系存续而转化为夫妻双方的共同财产，因此该部分股权在结婚之后的增值部分、红股、期权也不属于夫妻共同财产，或者约定，婚后另一方只能获得相应的财产补偿，不对相关股权提出权属主张。

对于已婚的合伙人，可以在夫妻之间约定，婚姻关系存续期间形成的股权包括企业实行股权激励而获得的股权、红股均属于某一方的个人财产，非夫妻共同财产，约定该方拥有全部表决权；或者约定婚后另一方只能获得相应的财产补偿，不对相关股权提出权属主张。

此外，各方股东签署的夫妻财产协议约定文件应提交一份给公司存档，通知公司其他股东，这样相关人士就了解主要股东持股属于个人财产，而非其夫妻共同财产。如果发生婚变，不会发生需要分割股权的情形。这些方式，在一定程度上能够避免或减少合伙人在婚变时对公司经营的影响。

婚姻出现风险一旦遭遇财产分割，对公司发展都是伤害。及早做好财富传承布局，规避财产被分割的风险，做法一般有三种：一是婚前财产约定；二是继承权约定；三是股权赠与约定。这些约定需要遵循《公司法》《民典法》等法律法规的规定。

（1）婚前财产约定，基本上已经被社会广泛接受，做个协议，公证即可。

（2）继承权约定，一般是通过立遗嘱的方式，遗嘱约定公司股权由自己的子女继承。人活得好好的，一般不会想到或愿意去做这件事，但是如果不希望公司以后遭分割，还是提前做准备比较好。

公司里还有其他股东，就要根据《公司法》去完善公司章程，明确继承人是继承股东资格还是股权财产。毕竟遗嘱继承是身后事，所以并非完美的选择。

（3）将公司股权明确赠与子女所有。目前中国法律对于直系亲属间的股权赠与是不征收个人所得税的，这种方式应该还是一种不错的选择。

不管是股权的继承还是赠与，都需要找专业律师把相关事项做周全，避免不必要的麻烦。

中国创业人数与离婚率几乎是同步攀升，离婚案中处理股权分割的越来越多。太多夫妻熬过了创业的艰辛，却熬不过事业有成后的富贵。比股权更复杂的其实是人性。

夫妻离婚分割股权主要有以下三种方式。

（1）直接转让。召开股东会议，获得过半数股东同意，不同意转让的股东需自购转让的股份。受让方的夫妻一方，须符合公司章程中的条件。转让价格夫妻双方协商一致即可，无须审计。

（2）作价补偿。就是离婚分钱不分股，如果持股一方是婚前出资入股的股权，配偶只能获得婚后收益分红部分和股份增值收益部分。可找中介评估，也可自行协商。

（3）拍卖分割。双方都不想持有股权，先通知公司其他股东作为竞买人参加拍卖会，如果未有股东参加，或参加的股东不买，那么夫妻双方可对拍卖款进行平均分割。

54变　小股东称霸：做好制衡艺术，防止股东"绑架"

创业没有"带头大哥"不行，但有时候公司也会被小股东"绑架"，他的股份不大，一旦对公司发起难来，危害性却极大。

// 如何防止被小股东"绑架" //

大家知道按出钱的多少来划分股权比例是不对的，平分股权更是灾难。一些咖啡厅众筹找来几十个股东，没有绝对的老大，谁也说了不算。但是有时候小股东的作用也非常独特。

举个例子：甲乙两个人各持股51%和49%，找来一个技术合伙人丙，甲和乙分别给了丙2%，这时甲、乙、丙的股权分别变成了49%、47%和4%。

当甲和乙为了公司战略（聘请独立董事、选举董事长、聘请审议机构、聘请会计师事务所、招聘或解聘总经理）发生争执时，最终决定权却落在这个4%的丙身上。

按公司章程规定，以上事项须过半数表决权通过。乙和丙加起来就是51%，达到过半数的条件，他们可以解聘总经理、选举董事长，这样对甲和公司危害就很严重。

可见，这种传统的静态股权分配机制的弊端很明显，公司过早地分配股权，后期很容易出现部分合伙人认为自己的贡献与收益不对等的情况，这些合伙人要么变得消极怠工，要么使公司矛盾激化，陷入僵局。公司内部不能维持平衡，又怎么能有更好的发展呢？

在一家公司里，每个人的能力不一样，贡献也不一样。如果不知道股东未来能为公司发展付出多少，仅根据出资比例确定股权，那么对未来付出多的股东必然是不公平的，所以，本书从头到尾始终提倡的动态股权思维是十分必要的。

55变　按出资入股：人资倒挂，鸡飞蛋打

如今创业是合伙人时代，人们对于资金股、人力股的认知也越来越清晰，就是投资人"投大钱、占小股"，所以要注视人力股的重要性，不要出现"人资倒挂"的现象。

// 按出资入股，是不完善的股权设置 //

按资入股主要是根据出资比例来确定股权，这样的布局虽然比较容易操作，

但存在一定的不合理性。

举个例子：A、B、C三位创始人准备创立一家公司，需要启动资金1000万元。后来，A投入500万元，拥有50%的股权；B投入300万元，拥有30%的股权；C投入200万元，拥有20%的股权。

从表面上看，这样的分配方式非常合理，但没过多久，不合理的情况就开始出现了。A不仅投入500万元，而且负责公司的运营；B和C只是在开始时投入一笔资金，之后便撒手不管，根本不参与公司具体的事务。

不过，B和C还是按照出资比例获得了股权，拿到了分红，久而久之，A的不满情绪越来越强烈。从出资的角度看，三位创始人确实应该按照5∶3∶2的比例分配股权，但从人力的角度看，股权的分配不应该只考虑出资，还应该考虑创业合伙人为公司所做的贡献大小不同。

对公司来说，人力不仅是一种资源，更是促进公司发展的强大动力，所以在分配股权时，我们的视野不能过于狭窄，要结合各方面因素做出一个科学合理的决定。对于资金股和人力股要有一个权重的区别，比如三七分。

（1）股东不参与公司经营时，可以根据投入资金时的股权占比进行分红，但是他不会获得额外的工资。

股东投入资金，获得分红无可厚非，但是对于那些参与公司经营的股东来说，他们夜以继日地为公司工作，为公司的发展立下了汗马功劳，如果对他们也仅仅按照资金投入占比分红，则会有失公允。所以，对参与公司经营的股东，公司还应该给予更多的报酬。例如，给予他们与其工作强度相匹配的年薪等。

（2）股东不参与公司经营时，可以根据投入资金时的股权占比进行分红，但是他不会获得额外的业绩提成。

在对参与经营的股东进行额外补贴时，必须参考其工作业绩，再给予相应的薪酬，这样的方式能够充分调动他们的积极性，促使他们把工作做得更出色，为公司创造更多的财富。

（3）对于不参与经营的股东，公司要逐渐稀释其股权。从短期来讲，稀释不参与经营的股东的股权固然是一种有损其利益的行为，但为了公司的发展，这样的行为是科学的，也是需要长期规划的。

如果不参与经营的股东在公司一直占据主要位置，那么当公司获得盈利时，此股东会获得更多的分红，这对于参与经营的股东是不公平的。

总之，要协调好资金股和人力股之间的权重比例，做到给投钱的多些分红，投钱又投入精力的多分配一些管理权和利益，大家一起把公司做得更好，否则人资倒挂，就会鸡飞蛋打。

56变 单一式布局：小心致命错误，种下难解祸根

有些创业者为了省事，就把股东都注册成个人，有的是自己家人，以为很好掌控一切，其实这样有时反而不利于后续的融资与发展。

// 如何避免股权单一布局带来的危险 //

如果公司就一个股东，会有无限连带责任。股东同属一种类型，问题也会很多。单层股权结构，相当于股东一直在"裸奔"，这些都是公司股权结构布局缺位的结果，一定要改变这种结构。

（1）《公司法》第二十三条规定："只有一个股东的公司，股东不能证明公司财产独立于股东自己财产的，应当对公司债务承担连带责任。"个人独资企业的经营风险要高于一人有限责任公司。关联公司之间人事机构存在混同，就要承担连带责任。所以，建议选择出资人为两人以上的有限责任公司代替一人有限责任公司，并按期足额履行股东的出资义务。当公司解散、清算、注销时，作为清算人务必依法履行清算人的职责。严格公司法人的独立地位和股东的有限责任，做到公司与股东财务独立、业务独立。

（2）股东分为资金型股东、资源型股东、管理型股东、顾问型股东，高效合伙人团队需要合伙人之间的能力或资源具有足够的互补性和不可替代性。如果股东是属同一种类型，问题就会很多。所以，要引进不同类型的股东并发挥各自优势，比如资金型股东就保障其收入回报；资源型股东要根据带入公司的资源的量化程度来匹配股权；管理型股东要在竞业限制上予以约束；顾问型股东要将其获授的股权数量与其为公司提供的服务相挂钩，形成一种阶段式进入、成果式退出的动态机制。

（3）所有股东都是自然人，这种单一股权架构的危害很大。没有设计多层股权架构，股东人数扩张无法解决，难以隔离风险，控股成本过高，股权变动易影响公司的日常经营，股东分散而导致企业决策难。

解决之道是股东层面既要有自然人，又要有法人，可以由实际控制人持有一家作为持股平台的有限合伙企业，同时实际控制人持有部分股权，以二者结合的方式实现对拟上市公司的控制权。

57变 股权七大风险及对策：形势逼人，不得不打通"任督二脉"

股权用得好"神通广大"，用得不好也是有风险的，作为企业操盘手，如何采取对策来规避股权风险？

// 股权七大风险及对策 //

股权设计是股东共同建立的组织架构，是企业运行的核心，它决定了企业内部如何运行。现实中，有七个问题非常容易导致风险爆发，见表10-1。

表10-1 股权七大风险

问题	内容
企业结构形同虚设	没有良好的科学决策、良性的运行机制及有效的执行力； 股东会、董事会、监事会只是章程中的"摆设"
内部机制设计不科学	权责分配不合理，机构重叠、职能交叉或缺失，互相推诿扯皮，运行效率低下； 一件事情哪个部门都可以管，也都可以不管
未能规范有效地召开股东（大）会	未对中小股东的职权采取必要的保护措施，使其无法行使相应的权利； 一人独大、一言堂的事情时有发生
公私不分	企业及控股股东或实际控制人在资产、财务、人员方面未能实现完全独立个人资产、家庭资产、企业资产几乎混同，你中有我、我中有你

续表

问　题	内　容
缺少独立董事	在董事会及其审计委员会中没有适当数量的独立董事，或独立董事未发挥其应有的作用；要么根本就没有独立董事，要么独立董事就是摆设
监事会的运行欠规范	监事会没有发挥监督董事会、经理层履行职责的作用；监事人员无法实际独立
权力约束不足	对经理层的权力缺乏有效的监督与约束；很多时候经理层就是决策权，大事小事一人说了算

想要解决好这几个问题，必须从以下三个方面入手。

1. 内部机构的设置

合理设置内部职能机构，形成各司其职、各负其责、相互制约、相互监督、相互协调的工作机制。

对内部机构进行职能分解，确定岗位的名称、职责和工作要求，明确各个岗位的权限及相互关系。在确定职权和岗位分工的过程中，应当体现不相容职责，以相互制约。

2. 治理结构的设计

可细分为三个方面。

（1）明确董事会、监事会、经理层的职责权限、任职条件、议事规则和工作程序。

（2）根据企业的实际需要设立战略、审计、薪酬及考核等专门委员会，明确各委员会的职责权限、任职资格、议事规则和工作程序。

（3）董事会、监事会和经理层的产生程序应当合法合规，其人员构成、知识架构、能力素质应当满足履行职责的要求。

3. 组织架构的运行

应注意以下三点。

（1）梳理企业现有的治理机构及内部设置，确保符合现代企业的制度要求。重点关注董事会、监事会及经理层的任职、履职情况及运行效果。

（2）及时解决内部设置和运行中存在的职能交叉、缺失和运行低下等问题。

（3）定期对组织架构设计与运行的效率和效果进行全面评估，并不断优化。

58变　破产清算：好聚好散，逆袭转身

股权投资的退出方式有：IPO退出、并购退出、股权回购、清算。其中，清算是最坏的结果。创业如果清算了，也要好聚好散，争取在下次创业时能够继续得到投资人的支持，实现逆袭转身。

// 破产清算如何尽可能地减少损失 //

破产清算是企业结束经营活动，处置资产并进行分配的行为。清算退出，是投资方通过被投资企业清算实现退出，是主要针对投资项目失败的一种退出方式。

清算是一个企业倒闭之前的止损措施，并不是所有投资失败的企业都会进行破产清算，申请破产并进行清算是有成本的。而且，还要经过耗时长、较为复杂的法律程序。如果一个失败的投资项目没有其他的债务，或者虽有少量的其他债务，但是债权人不予追究。那么，一些创业资本家和企业不会申请破产，而是会采用其他的方法来经营，并通过协商等方式决定企业残值的分配。

破产清算退出有两种方式。

（1）解散清算

解散清算是公司因为经营期满，或者因为其他原因使公司不宜或者不能继续经营时，自愿或被迫宣告解散而进行的清算。根据《公司法》的规定，公司应当进行解散清算的情形有以下几种。

①公司章程规定的营业期届满或者公司章程规定的其他解散事由出现。

②股东会决议解散。

③因公司合并或分立需要解散。

④公司依法被吊销营业执照、责令关闭或者被撤销。

⑤公司经营管理发生严重困难，继续存续会使股东权益受到重大的损失，通过其他途径不能解决，持有公司全部股东表决权10%以上的股东，可以请求人民法院解散公司。

（2）破产清算

破产清算是公司不能清偿到期债务，并且资产不足以清偿全部债务或者明显缺乏清偿能力时，公司由法院宣告破产，并由法院组织对公司进行清算。

清算退出的流程分三步走。

第一步：清查公司财产、制定清算方案

①调查和清理公司财产。清算组在催告债权人申报债权的同时，应当调查和清理公司的财产。根据债权人的申请和调查清理的情况编制公司资产负债表、财产清单及债权、债务目录。

②制定清算方案。编制公司财务会计报告之后，清算组应当制定清算方案，提出收取债权和清偿债务的具体安排。

③提交股东大会（股东会）通过或报主管机关确认。

④若公司财产不足清偿债务的，清算组有责任向有管辖权的人民法院申请宣告破产。经人民法院裁定宣告破产后，清算组应当将清算事务移交人民法院。

第二步：了结公司债权、债务

①处理公司未了结的业务。清算期间，公司不得开展新的经营活动。但是，公司清算组为了达到清算的目的，有权处理公司尚未了结的业务。

②收取公司债权。清算组应当及时向公司债务人要求清偿已经到期的公司债权。

③对于未到期的公司债权，应当尽可能要求债务人提前清偿，如果债务人不同意提前清偿的，清算组可以通过转让债权等方法变相清偿。

④清偿公司债务。公司清算组通过清理公司财产、编制资产负债表和财产清单，确认公司现有的财产和债权大于所欠债务，并且足以偿还公司全部债务时，应当按照法定的顺序向债权人清偿债务。

第三步：剩余部分进行分配

公司清偿了全部债务之后，如果公司财产还有剩余，清算组可将公司剩余财产分配给包括股权投资基金在内的股东。股东之间如果依法约定好分配顺序和份额，可以按约定进行分配；如果没有约定，则按股权比例进行分配。

破产清算是不得已而为之的一种方式，优点是尚能收回部分投资；缺点是显而易见的，说明本项目的投资亏损，资金收益率为负数。

吊销营业执照和注销公司有哪些注意事项

企业被吊销营业执照后，应当依法进行清算，只有清算程序结束并办理工商注销登记后，该企业法人才归于消灭。这必须引起企业的重视。关于吊销营业执照后的各方责任问题，企业应当做到以下四点。

第一，公司吊销期间仍可以开展活动，判断公司是否存续，应当以其是否注销完成为标准，只要公司尚未被注销，即使被吊销营业执照，仍具有法人资格，从法律上来说仍具有诉讼的权利能力和行为能力，有权开展诉讼活动，有权以自己的名义进行活动。

第二，债权人负有举证义务，如果债权人要求股东承担责任，则需要用证据来证明公司在清算时还有资产，股东拖延清算，导致公司财产贬值或者灭失，否则债权人的主张法院不予支持。

第三，股东申请免除自己的责任，应当提供财务账册，如果提供不出财务账册，将被认定为清算无法完成，在此情况下，股东负有连带责任。

第四，公司被吊销不影响股权转让，现行法律虽然规定公司被吊销不能从事经营活动，但股权转让并不是经营活动，因此股权转让行为有效。

办理公司注销登记，需要向公司登记机关提交相关资料和证明文件，认定债务消灭的前提是要进行清算，公司清算向债权人履行法定的通知义务，并进行公告，但现实情况是由于通知和公告程序会激怒债权人加速催债，很多公司在清算时，股东往往尽可能绕开债权人。

想要真正完成公司注销这一流程，就必须做好以下五点。

（1）向债权人履行告知义务，公司清算时，应当自清算组成立之日起十日内通知债权人，并于六十日内在报纸上公告。

（2）通知时留好证据，公司的通知义务建议以书面的通知为宜，但如果是以电子邮件或者短信的方式通知，应当就送达程序进行证据保存，公告则要求在省级以上报纸完成。

（3）对于公司债权人来说，其收到通知后，应当在三十日内向清算组申报，以避免损失的进一步扩大。

（4）注销公司是个漫长又复杂的过程，如果想注销母公司，那么子公司或分公司都必须先完成注销，否则母公司肯定是注销不掉的。从流程来说，注销税务登记证、注销营业执照、注销印章每个流程都要登报公告，这注定是个漫长的过程。

（5）关注股东的注销承诺，对债权人来说，还有一个很重要的维权法律文件，公司进入注销程序后，工商登记部门都会要求股东出具一份注销承诺书，该承诺书里明确载明股东对于未清算的债务承担连带偿还责任，这个承诺是帮助债权人维权的有利法律证据。

59变 风险管理：设置风险隔离墙，点开股权"死穴"

股权是企业中最核心的资源之一，在整个企业发展过程中如影随形，各种风险与隐患都随时可能爆发，所以要设置好风险隔离墙。

// 怎样防范股权融资的法律风险 //

股权设计和融资当中有税务风险、合规风险、刑事风险，如非法集资、高利转贷罪、骗取贷款、票据承兑、金融票证罪等。作为企业创始人，在融资前、融资中和融资后都要注意防范各种法律风险。

1. 做好融资前的工作

要想防范企业融资的法律风险，首先就要做好融资前的工作。具体来说，主要包括以下几项。

（1）制订完备的融资计划

企业在融资之前，先要根据自身的实际情况，理性地选择合适的融资方式。如果选择采用民间融资的方式，就要充分考虑融资规模、融资回报率、贷款利率的问题。

首先，要想控制融资规模，就要把融资对象的类型和数量等控制在一个合理的范围内。如果选择民间融资，对象肯定是越精越好。一般来说，企业找到的投资者越少，所面临的风险就越小，发生纠纷的概率也会随之降低，即使发生纠纷，局面也是比较容易控制的。另外，根据相关法律规定，没有对社会公众公开进行融资宣传，只在特定人群中吸收资金的行为，不会被认作是非法集资，或变相非法吸收公众存款的行为。所以，企业可以选择优先向内部员工及亲友进行融资，但不要在社会上大肆公开宣传。

其次，考虑融资回报率和贷款利率时，还是要依据当前经营状况及未来可能达到的还款能力，选择比较合适自身的融资回报率和贷款利率。打肿脸充胖子，向贷款人许诺高额的融资回报，只能给企业套上无形的枷锁，使企业发展举步维艰。

选择银行贷款，贷款前要对各大银行的信贷政策有所了解，选择贷款利率最优惠的作为自己的融资对象。根据企业自身条件，选择合适的抵（质）押物作担保，以贷到计划中的贷款金额。如果企业明知自己没有偿还贷款的能力，或用价值远低于贷款本金的质押标的物，就会被认为有非法占有贷款的动机，从而引发刑事法律风险。

（2）制订完备的风险防控方案

风险无处不在，要防范风险的发生，就要准备好风险防控方案，企业需要从以下两个方面落实。

第一，审查融资所需材料是否符合规定。不管企业采用哪种融资方式，都要安排法务人员或外聘律师对融资所需要的材料，如融资协议等合同，进行法律分析与审核。这样，企业才能尽量避免潜在的法律风险。

第二，企业要预先制定好危机处理方案，先把项目投资失败作为考虑重点，并给出相应的解决方案，以备不时之需。

2. 融资过程中的工作

企业在融资过程中，要做好以下几项工作。

（1）提供真实的信息与证明资料

不管企业采用民间融资，还是向银行申请贷款，在融资过程中都需要提供相关的企业资料，或过往经营情况报告等文件。企业在向投资者进行陈述、提供资料、呈报报表时，绝对不能有任何欺骗、造假行为，要保证资料内容的真实性。如果企业在融资时，实施了上述不良行为，一旦被投资者发现，很有可能会因此引发刑事法律风险。

（2）签订规范的借款协议并办理相关手续

企业若是以借款的方式筹集资金，一定要签订符合规范的借款协议；若要企业提供担保，就要按照相关法律规定，积极办理相关手续，避免出现担保无效等问题。否则企业就会面临被追究法律责任的风险。

3. 融资成功后的工作

概括起来，融资成功后需要做的工作主要有以下几项。

（1）将融资用途限定在企业生产经营方面

在通常情况下，只要企业将筹集来的资金全部用于合法生产和经营中，即使出现亏损和资金周转困难，也不会因为未能及时兑付本息，从而引发法律纠纷，更不会遭遇刑事法律风险。

如果企业的贷款对象是特定人群，如内部员工或其亲友，最多可能发生民间借贷纠纷；即便企业的贷款对象不是特定人群，只要人数不多，后果不严重，没有给社会稳定带来严重影响，就不会按刑事犯罪案件处理。因此，融资企业想要避免遭遇刑事法律风险，最好的做法就是将贷款资金，全部用在合法经营和生产上。

（2）有计划地合理使用贷款资金

虽然企业在协议中明确了贷款的使用范围，但在获得资金后还应该对其如何使用，要有一个明确合理的计划，千万不要肆意挥霍，甚至导致无法按期偿还，从而引发刑事法律风险。

（3）发生纠纷后积极稳妥地处理

企业一旦因经营不善，无法按期偿还贷款，一定要采取积极稳妥的措施，及时予以解决。企业可以向出资人说明情况，协商解决方案，请求给予宽限期等。如果有能力，可以先偿还一部分本息。这样做的目的，就是表明企业在主观上没有想要非法占有资金的动机。反之，采用消极的方式应对，如藏匿资金、逃跑等，不但不利于纠纷的解决，还很有可能被认定为是非法占有资金，导致要承担相应的刑事责任。

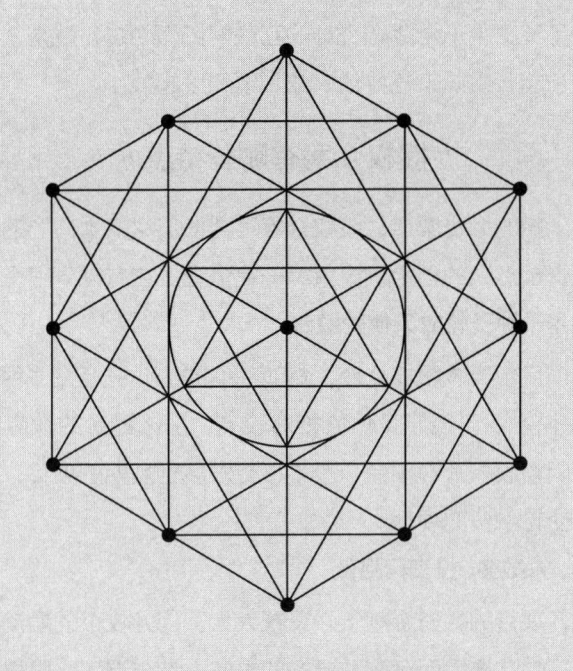

第十一章 股权 72 变之聚变：股权众筹

60变　股权众筹的特点：用股权汇集天下资本

股权众筹是解决中小企业融资难的互联网民间融资，就是众人通过互联网把资金汇聚在一起，由此来支持他人或者组织发起项目。

// 股权众筹有哪些特点 //

作为一种创新的融资渠道，股权众筹符合多层次资本市场的需要，能为一些创意出众但资金短缺的创始人提供第一笔资金。它有以下三个主要特点。

1. 比较适用于种子轮或天使轮融资

一些早期项目想要做股权众筹，然而他们的企业已经完成种子轮和天使轮融资，进入 A 轮融资阶段，且估值相对较高，那么最后的众筹结果往往以失败告终。这是因为股权众筹平台一般不接受发展到后期的项目，只接受需要进行种子轮或天使轮融资的项目。

2. 金额小、人数多、投资门槛低

在开始时，项目的融资金额不必设置太大。因为较小的融资金额可以在较短时间内募集齐，这样反而会刺激更多的投资人参与进来。股权众筹要求项目的融资金额要适中，毕竟股权众筹还不是当前股权投资市场的主要渠道，如果项目的融资金额太大，就会加大股权众筹的风险，不利于企业的后期发展。

通过对众多股权众筹平台进行分析，我们发现股权众筹项目的融资金额为 50 万~500 万元比较合适。如果项目的融资金额过小，则可能会因其运作成本过高而不具有操作性；融资金额为 300 万元以下是比较合理的，融资成功率也更高。

很多股权众筹平台没有最低的投资限额要求或者投资限额很低。有的众筹平台投资门槛甚至低至千元。对普通投资人来说，股权众筹提供了一条低成本参与项目投资的捷径。

3. 面向普通大众筹资

股权众筹的商业计划书主要面向互联网上的普通投资人。所以，股权众筹的商业计划书不能涉及商业机密等信息，更多的是将融资项目公开地向投资人展示。股权众筹商业计划书也可以看作一份招股说明书，在书写时需要参考招股说明书的写作要素、结构和项目的展示范围，这样就可以达到通过商业计划书向公众展示和说明项目融资相关事宜的效果。

股权众筹平台从三个方面对项目进行审核，包括项目的可行性、企业的实际经营情况、项目的合法性。在分析项目的可行性时，股权众筹平台会从项目的基本情况、资金投入、产品定位、项目风险、产品营销策略等方面进行分析。通过这些方面的核查，可以保证项目具备可行性。

股权众筹项目的融资信息涉及的要素有四个：目标融资额、筹款期限、项目包装和回报模式。在股权众筹项目中，目标融资额的设定非常重要。它的设定能够在一定程度上反映项目是否合理、有效。所以，创始人需要根据产品的生产情况来设定股权众筹项目的目标融资额。

股权众筹项目的筹款期限最好设定为一个月。一个月的时间不会太长也不会太短，不仅可以使项目有充分的时间进行融资，而且不会让投资人失去耐心。

61变 股权众筹的模式：开启新商业时代，谋事业大局面

在股权众筹的筹款期限到期后，企业如果获得足额资金，就需要与投资人签订投资协议。股权众筹的投资协议与一般的投资协议内容十分相似，大体包括投资人在项目中所投的资金及所获得的股份。另外，投资协议中还会规定协议双方所享有的权利和义务。

// 股权众筹有几种形式 //

股权众筹有不同的模式，包括凭证式众筹、会籍式众筹、天使式众筹等。不同的众筹模式有不同的运营方式，但要注意股权众筹和非法集资的区别。

1. 凭证式众筹

比如，有些用户在店铺中购买相应金额的会员卡，就可以享受"订阅电子杂志"的服务，同时还能拥有原始股100股。当然不能从事非法集资的行为。不管何种形式的股权众筹，都需要报经证券监管部门注册才可以。

2. 会籍式众筹

会籍式众筹以现今流行的圈子文化为背景，辅以高端的服务质量，打造高端的商务社交场所。这种模式不仅可以为创始人筹集资金，还能吸引圈子中的知名人士，从而锁定一批忠实客户。另外，投资人也能在无须经营的情况下，拥有自己的会所、餐厅、酒吧等，既能获得一定收益，又可以拥有更高的社会地位，可谓一举两得。

3. 天使式众筹

首先，创始人将创业项目发布到平台上，吸引足够数量的小额投资人投资；其次，投资人按各自的出资比例建立有限合伙企业，领投人为普通合伙人，跟投人为有限合伙人；最后，投资人再以该企业法人的身份入股被投企业。在融资成功后，大家投作为中间平台会从中抽取2%的融资顾问费。

天使式众筹模式适合成长性好的高科技创业项目融资，但需要投资人充分理解项目模式。这种模式的投资门槛较高，对创始人来说，依旧需要认真进行项目推荐并寻找一位专业的领投人。而明星创业者或明星创业项目，则不适合该模式。

62变 股权众筹的问题：相爱容易相处难，吸金方法存缺陷

股权众筹虽然相比主流的 VC、PE 融资要容易些，但还是存在很多的问题，这种吸金方法的缺陷值得创业者注意。

// 国内众筹存在哪些问题 //

国内股权众筹存在的问题很多，主要存在以下这些主题问题，需要不断进行改善才能让众筹行业做得更好。

1. 投资者地位均等，难以形成统一的决策制度

例如，众筹的出资人持有相同的股份，在初建、运营、管理上一旦产生分歧，股东之间互不相让，无法形成最终的决策意见，就会导致众筹项目的失败。

2. 盈利模式单一，无可持续资金来源

例如，某咖啡会馆的股权众筹项目，咖啡馆的装修、运营需要耗费大量的资金，但咖啡馆的盈利来源多为销售咖啡的收入，收益无法覆盖成本，投资者的资金被不断消耗，咖啡馆难以为继。

3. 众筹者贡献不同，盈利分配有失公允

在股权众筹项目的发展中，每个投资者的贡献不一，但由于持有的股份是均等的，等额的利润分配就会导致不公平的现象产生。

4. 优质项目少，建立信任难

行业内项目的淘汰率达到95%，优质项目成为各大平台争夺的宝贵资源。投资对象具有陌生性，项目的融资需要建立在一定的信任基础上。

5. 估值定价难，退出周期长

股权投资需要进行深入的行业调研，股权投资估值方式各不相同，目前存在的股权估值方式多达十余种，多种评估方法得出的结论难以达成一致。资金回笼期限不固定，时间长的项目可能需要10年甚至20年。

63变 股权众筹的五步骤：让天下没有难筹的资金

早期项目找风险投资是比较难的，股权众筹相对容易实现融资的目标。股权众筹的五个步骤如下。

// 股权众筹的五个步骤 //

（1）项目申请：项目发起人向众筹平台提交详细的申请材料，一般包括商业计划书、预定融资金额、融资时限、拟出让的股份数量和价格。其中，商业计划书主要披露发起人的基本状况、项目优势和前景、实施计划、资金用途等信息。

（2）项目审核：众筹平台接到项目申请后，根据既定的筛选标准对项目进行必要的审核，通过审核的项目方可在众筹平台上线展示。

（3）项目展示：通过审核的项目在众筹网站上创建项目主页，项目发起人可综合采用文案、图片、视频等形式公开宣传和推介项目。

（4）项目筹资：项目展示过程中，如果投资者愿意出资，则通过众筹平台进行认筹。若融资时限内达到预定融资金额，则项目发起人可获得相应资金；逾期筹资不足，所筹资金将退还投资者。

（5）项目实施：筹资成功后，众筹平台组织投融资双方签订正式投资协议，办理股权登记等事宜。发起人收到融资款后即着手落实项目，建立定期信息披露机制，及时沟通项目情况，并在盈利时分配收益。

其中，正式投资协议是股权众筹过程的核心，主要规定投资方支付投资款的义务及其付款后应获得的股东权利，并进一步规定了筹资企业及创始人的权利义务。

股权众筹的正式投资协议，主要针对交易结构、先决条件、承诺与保证、公司治理、反稀释、估值调整、出售权等主要条款做出约定，让双方遵守，见表11-1。

表 11-1 股权众筹正式投资协议规定条款

条款	具体解释
交易结构	投资方与筹资企业以何种方式达成交易，包括投资方式、投资价格、交割安排等
先决条件	鉴于筹资企业与原股东可能还存在一些未落实的事项，因此在投资协议中需约定对相关方相关事项的控制
承诺与保证	对于投资协议签署之日至投资完成之日期间，可能发生的妨碍交易或有损投资方利益的情形，需在投资协议中约定由筹资企业及其原股东承担，并做出承诺
公司治理	投资方可与筹资企业的原股东就公司治理的原则和措施进行约定，如董事、监事、高管人员的提名权；股东大会、董事会的权限和议事规则、分配红利的方式；保护投资方的知情权；禁止同业竞争，限制关联交易，关键人员竞业限制等
反稀释	通常筹资企业会在日后再次进行多轮融资，为防止投资方持股比例被稀释或大量稀释，要在投资协议中加入约定反稀释条款，包括对持股比例底线的约定和优先认购权的约定等
估值调整	也称"对赌条款"，筹资企业控股股东向投资方做出承诺：①未实现约定的经营指标；②未实现上市、挂牌或被并购目标；③其他影响估值的情形，对约定的投资价格进行调整或者提前退出
出售权	当筹资企业基本丧失投资价值时，投资方可出售股权，提前退出

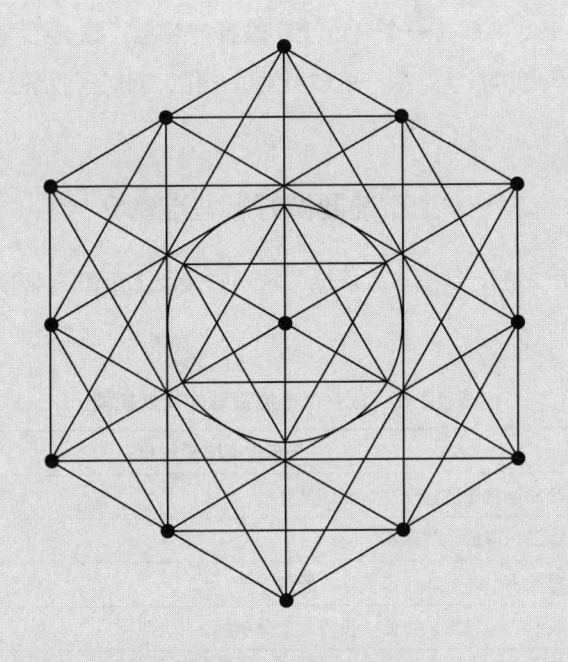

第十二章 股权72变之裂变：股权上市

64变　上市前的准备：放眼资本未来，圆梦上市之路

每个企业家心中都有一个 IPO 上市敲钟的梦想，戴上红围巾，看到证券交易所大屏上大红的数字，跟一群成员站成一排，回忆创业路上一起走过的峥嵘岁月。

// 上市前要做好哪些准备 //

企业在上市之前，创始人应该提前规划好企业上市值管理的规划模型，见表 12-1。

表 12-1　企业上市值管理的规划模型

一个目标	三年价值增长 N 倍
两个团队	产品运营团队、资本运营团队
三大核心	赚钱、值钱、"印钱"
四大变量	总股本、净利润、市盈率、股价
六大关系	政府、监管层、媒体、投资人、分析师、市场
九大模块	战略定位升级、顶层架构设计、商业模式创新、收购兼并重组、运营管理优化、财务税务建模、股权激励实施、融资系统设计、价值管理维护
总结	（1）用户：产品价值 （2）建模、复制、上市、退出 （3）资本价值：投资人

企业上市也不是随便说说的，要提前几年就做好上市筹划，上市前至少要弄清楚以下五个问题。

（1）何时上市？外部因素是指资本市场是否活跃，是否有条件、有政策的支持，内部因素是指企业的高利润率、市场空间大、有增长潜力。

（2）何地上市？国内上市相对难，门槛高，融资成本低。国外上市门槛低，但融资成本高。

（3）以什么身份上市？考虑上市难易度、融资难易度、股民和投资机构会

认为哪些行业容易上市。

（4）为什么要上市？上市能提升品牌知名度、市场竞争力、扩大企业规模，让管理更加规范。

（5）怎样上市融资？只要项目市场份额占领大，利润率高，在资本市场是很容易融到资的。

作为上市的主体上市发行人要做到五独立：涵盖"资产独立、人员独立、财务独立、机构独立、业务独立"。

第一，合法拥有与生产经营有关的主要土地、厂房、机器设备及商标、专利、非专利技术的所有权或者使用权，具有独立的原料采购和产品销售系统。

第二，高级管理人员不在控股股东、实际控制人及其控制的其他企业中担任除董事、监事以外的其他职务、领取薪水，财务人员不能兼职。

第三，建立独立的财务核算体系，发行人未与控股股东、实际控制人及其控制的其他企业共用银行账户等。

第四，建立健全内部经营管理机构、独立行使经营管理职权，与控股股东和实际控制人及其控制的其他企业间不存在机构混同的情形。

第五，发行人的业务独立于控股股东实际控制人及其控制的其他企业，与控股股东、实际控制人及其控制的其他企业间不存在同业竞争或者关联交易。

另外，企业上市是需要费用成本的，基本的费用情况见表12-2。

表12-2 企业上市费用的相关情况

项　　目	费用名称	收费标准	支付时间
改制、辅导	财务顾问费	双方协商确定，一般在50万元左右	改制阶段支付
发行、上市	保荐费用	参照行业标准双方协商确定，一般在200万~400万元	申报前支付
	承销费用	参照行业标准双方协商确定	上市后从募集资金里扣除
	会计师费用	参照行业标准双方协商确定	按项目进展分阶段支付，大部分在上市后支付
	律师费用	参照行业标准双方协商确定	按项目进展分阶段支付，大部分在上市后支付
	评估费用	一般在50万~100万元	项目实施后支付
	其他发行费用	根据实际情况而定	实际发生时支付

// 境内各个板块上市的要求有哪些 //

随着全面注册制的实施，对于主板（中小板）、创业板和科创板，上市的要求指标，具体可见表12-3。

表12-3 境内发行人在各板块上市条件

上市实质条件	主板	科创板	创业板
持续经营三年以上	发行人是依法设立且持续经营三年以上的股份有限公司，具备健全且运行良好的组织机构，相关机构和人员能够依法履行职责。 有限责任公司按原账面净资产值折股整体变更为股份有限公司的，持续经营时间可以从有限责任公司成立之日起计算		
会计基础工作规范、内控制度健全且被有效执行	发行人会计基础工作规范，财务报表的编制和披露符合企业会计准则和相关信息披露规则的规定，在所有重大方面公允地反映了发行人的财务状况、经营成果和现金流量，最近三年财务会计报告由注册会计师出具无保留意见的审计报告。 发行人内部控制制度健全且被有效执行，能够合理保证公司运行效率、合法合规和财务报告的可靠性，并由注册会计师出具无保留结论的内部控制鉴证报告		
具有持续经营能力	（1）资产完整，业务及人员、财务、机构独立，与控股股东、实际控制人及其控制的其他企业间不存在对发行人构成重大不利影响的同业竞争，不存在严重影响独立性或者显失公平的关联交易 （2）主营业务、控制权和管理团队稳定，发行人的股份权属清晰，不存在导致控制权可能变更的重大权属纠纷。 在主营业务、控制权和管理团队稳定方面，主板与科创板、创业板的差异化要求如下： ①主板： 最近三年内主营业务和董事、高级管理人员均没有发生重大不利变化。 最近三年实际控制人没有发生变更。 ②科创板： 最近两年内主营业务和董事、高级管理人员均没有发生重大不利变化。 最近两年实际控制人没有发生变更。 核心技术人员应当稳定且最近两年内没有发生重大不利变化。 ③创业板： 最近两年内主营业务和董事、高级管理人员均没有发生重大不利变化。 最近两年实际控制人没有发生变更 （3）不存在涉及主要资产、核心技术、商标等的重大权属纠纷，重大偿债风险，重大担保、诉讼、仲裁等或有事项，经营环境已经或者将要发生重大变化等对持续经营有重大不利影响的事项		

第十二章　股权72变之裂变：股权上市

续表

上市实质条件	主　板	科创板	创业板
合法合规	发行人：生产经营符合法律、行政法规的规定，符合国家产业政策。 发行人及其控股股东、实际控制人：最近三年内，不存在贪污、贿赂、侵占财产、挪用财产或者破坏社会主义市场经济秩序的刑事犯罪，不存在欺诈发行、重大信息披露违法或者其他涉及国家安全、公共安全、生态安全、生产安全、公众健康安全等领域的重大违法行为。 董事、监事和高级管理人员：不存在最近三年内受到中国证监会行政处罚，或者因涉嫌犯罪正在被司法机关立案侦查或者涉嫌违法违规正在被中国证监会立案调查且尚未有明确结论意见等情形		
发行后股本总额	发行后的股本总额不低于5 000万元	发行后股本总额不低于人民币3 000万元	
公开发行股份比例	公开发行的股份达到公司股份总数的25%以上。 公司股本总额超过4亿元的，公开发行股份的比例为10%以上		
境内发行人市值及财务指标标准	标准一："持续盈利＋现金流或收入" √最近三年净利润均为正 √最近三年净利润累计不低于2亿元 √最近一年净利润不低于人民币1亿元 √最近三年经营活动产生的现金流量净额累计不低于2亿元或营业收入累计不低于15亿元	标准一（A）："市值＋持续盈利" √累计市值不低于人民币10亿元 √最近两年净利润均为正 √累计净利润不低于人民币5 000万元	标准一："持续盈利" √最近两年净利润均为正 √最近一年净利润不低于6 000万元 √累计净利润不低于人民币1亿元
		标准一（B）："市值＋盈利＋收入" √累计市值不低于人民币10亿元 √最近一年净利润均为正 √最近一年营业收入不低于人民币1亿元	标准二："市值＋盈利＋收入" √预计市值不低于人民币15亿元 √最近一年净利润为正 √最近一年营业收入不低于人民币4亿元
	—	标准二："市值＋盈利＋研发投入" √预计市值不低于人民币15亿元 √最近一年营业收入不低于人民币2亿元 √最近三年累计研发投入占最近三年累计营业收入的比例不低于15%	—

续表

上市实质条件	主 板	科 创 板	创 业 板
境内发行人市值及财务指标标准	标准二："市值＋盈利＋收入＋现金流" √预计市值不低于人民币50亿元 √最近一年净利润为正 √最近一年营业收入不低于人民币6亿元 √最近三年经营活动产生的现金流量净额累计不低于2.5亿元	标准三："市值＋收入＋现金流" √预计市值不低于人民币20亿元 √最近一年营业收入不低于人民币3亿元 √最近三年经营活动产生的现金流量净额累计不低于1亿元	—
	标准三："市值＋盈利＋收入" √预计市值不低于人民币100亿元 √最近一年净利润为正 √最近一年营业收入不低于10亿元	标准四："市值＋收入" √预计市值不低于人民币30亿元 √最近一年营业收入不低于3亿元	标准三："市值＋收入" √预计市值不低于人民币50亿元 √最近一年营业收入不低于3亿元
	—	标准五："市值＋核心产品" √预计市值不低于人民币40亿元 √主要业务或产品需经国家有关部门批准，市场空间大，目前已经取得阶段性成果 √医药行业企业需至少有一项核心产品获准开展二期临床试验，其他符合科创定位的企业需具备明显的技术优势并满足相应条件	—
是否允许未盈利境内发行人上市	否	是	是

// 美国资本市场的上市条件与优劣势 //

目前，美国资本市场的规模及成熟度在世界排名第一。纽约是公认的世界金融中心，汇聚了世界上绝大多数游资与风险基金，股票总市值占全世界的1/2，季度成交额在全球季度总成交额中的占比超过60%。

美国证券市场表现出立体多层次的特点，不仅有两个大型的证券交易所——纽约证券交易所（NYSE）和美国证券交易所（AMEX），还有世界上最大的电子交易市场纳斯达克自动报价与交易系统（NASDAQ），以及很多柜台交易市场，如柜台电子公告榜（OTCBB）等。不同的市场可以为不同类型的企业服务，只要企业满足某一个市场的上市条件（见表12-4），就能向美国证监会提交上市申请。基于这一特点，美国证券市场可以满足多种多样的融资需求。

表 12-4 美国不同证券交易市场的上市条件

上市条件	证券交易所			
	纽约证券交易所	美国证券交易所	纳斯达克全国板股市	纳斯达克小板股市
净资产	4 000万美元	400万美元	600万美元	500万美元
市值（总股本乘以股票价格）	1亿美元	3 000万美元		3 000万美元
最低净收入				75万美元
税前收入	1亿美元（最近2年每年不少于2 500万美元）	75万美元	100万美元	
股本		400万美元		
最少公众流通股数	250万	100万或50万	110万	100万
流通股市值	1亿美元	300万美元	800万美元	500万美元
申请时最低股票价格	N/A	3美元	5美元	4美元
公众持股人数每人100股以上	5 000人	400人	400人	300人
经营年限	连续3年盈利	2年		1年或市值5 000万美元

美国的证券交易市场为企业提供了两种上市方式：一种是 IPO；另一种是反向收购，也就是买壳上市，企业可以根据自己的实际情况自由选择。一般来说，净资产超过 5 000 万元，或者年营业额超过 2 亿元，或者净利润超过 1 500 万元的中大型企业，可以考虑在纳斯达克上市进行 IPO，规模更大的企业可以考虑纽约证券交易所进行 IPO。

中小企业可以选择买壳上市，因为相较于 IPO 来说，买壳上市的时间成本与金钱成本都要低很多。据计算，IPO 的前期费用为 100 万~150 万美元，时间约为 1 年；买壳上市的前期费用为 45 万~75 万美元，时间为 4~6 个月。

1. 美国上市的优势

（1）美国证券市场可以满足多元化的融资需求。如果企业想要在美国场外交易市场柜台挂牌交易，只要获得三个券商的支持即可。除此之外不需要满足任何条件。这里的支持即指券商愿意为企业的股票做市。如果企业获得了券商的支持，就可以先在美国场外交易市场买壳交易，获得第一笔资金，等满足了纳斯达克的上市条件后就可以申请到纳斯达克上市。

（2）美国证券市场的规模位居全球第一，企业在美国上市可以募集到的资金要比在其他市场上市所能募集到的资金多很多。

（3）美国股市的市盈率、换手率较高，汇聚了大量的游资和风险资金，很多股民喜欢冒险投资，这些特点吸引了众多投资者和投资机构。

2. 美国上市的劣势

（1）中美在地域、文化和法律方面存在较大差异，会给企业上市带来很多阻碍，这一点限制了很多中国企业赴美上市的步伐。对于很多中国企业来说，华尔街是个充满诱惑但又极为危险的地方，没有十足的把握不会轻易踏足。

（2）企业在美国上市能够获得的认知度有限。中国企业在美国上市之后所能获得的认知度比较有限，较难获得资本的热烈追捧。

（3）上市费用相对较高。中国企业在美国 IPO 上市的费用为 1 000 万~2 000 万元人民币，甚至更高。如果选择买壳上市费用会少一些。

3. 适合在美国上市的企业

美国多层次、立体化的资本市场可以为不同类型的企业提供上市服务。因此无论中小型企业还是大型企业都可以选择赴美上市。

// 中国香港特别行政区资本市场的上市条件与优劣势 //

中国香港特别行政区是国际金融中心之一，金融界都将纽约、伦敦、香港划为全球金融中心的第一阵营。中国香港在亚洲金融市场乃至全球金融市场上的地位无可取代，其证券市场也是世界十大证券市场之一。现在国内有很多企业都到香港上市，很多生物医药企业选择到香港上市，表12-5内是中国香港资本市场主板和创业板上市对企业的要求。

表12-5 中国香港资本市场主板和创业板上市对企业的要求

要求	不同板块	
	主板	创业板
盈利要求	企业要具备三年的营业记录，过去的年盈利之和达到5 000万港元（最近一年要达到2 000万港元，之前两年合计要达到3 000万港元），在三年业绩期内管理层保持不变	无盈利要求，但一般要展示有24个月的活跃业务和活跃的主营业务，在活跃业务期，企业管理层和持股人要保持不变
市值要求	新申请人上市时的预计市值不得少于1亿港元，其中由公众人士持有的证券的预计市值不得少于5 000万港元	上市时的最低市值没有具体规定，但实际上市时不能少于4 600万港元；期权、权证或类似权利，上市时的市值要达到600万港元
股东要求（新上市）	在上市时最少有100名股东，而每100万港元的发行额由不少于三名股东持有	上市时公众股东至少有100名，如果公司只能符合12个月"活跃业务记录"的要求，上市时公众股东至少有300名

205

续表

要求	不同板块	
	主 板	创业板
公众持股要求	最低公众持股数量为5 000万港元或已发行股本的25%（以较高者为准）；如果发行人的市值超过40亿港元，可以降低到10%	市值小于40亿港元的公司的最低公众持股量要占25%，涉及的金额最少为3 000万港元；市值等于或超过40亿港元的公司，最低公众持股量要达到10亿港元或已发行股本的25%（以较高者为准）
禁售规则	上市后六个月控制性股东不能减持股票，上市后六个月内控制性股东不得丧失控股股东地位（股权不得低于30%）	上市时管理层股东及高持股量股东共持有不少于公司已发行股本的35%；管理层股东和持股比例少于1%的管理层股东的股票禁售期分别为12个月和6个月
主要业务要求	无	必须有主营业务
公司治理要求	主板公司须委任至少两名独立非执行董事，联交所亦鼓励主板公司成立审核委员会（但非强制要求）	须委任独立非执行董事、符合资格要求的会计师和监察主任及设立审核委员会
保荐人制度	有关聘用保荐人的要求于公司上市后即宣告终止（H股发行人除外；H股发行人至少聘用保荐人至上市后满一年）	必须在上市后最少两个财政年度持续聘用保荐人担当顾问
管理层稳定性要求	申请人业务在三年业绩记录期间大致由同一批人管理	申请人业务在申请上市前24个月（或减免至12个月）大致由同一批人管理及拥有

注：香港证监会和港交所修改了特专科技公司IPO的市值门槛，将上市时的初始市值从60亿港元（商业化公司）和100亿港元（未商业化公司）分别减至40亿港元和80亿港元。从2024年9月1日起实施，为期三年。

1. 在香港上市的优势

（1）地理位置优势。香港与深圳只有一线之隔，交通十分便利，为内地企业赴港上市提供了便利。

（2）香港与内地的文化一脉相承，两地居民的生活习惯、社交礼仪等没有太大差异。随着普通话在香港普及，两地交流的语言问题也随之解决。因此，从心理层面看，内地企业很容易将香港作为上市的第一选择。

（3）企业在香港成功上市后可以获得多元化的融资渠道。内地企业在香港成功上市之后，除了首次公开募股发行之外，还可以通过反向收购获得资金。

2. 在香港上市的劣势

（1）资本规模方面。相较来说，香港证券市场的规模比较小。香港证券市场股市的总市值离纽约证券交易所股市总市值和纳斯达克的总市值，还有相当大的差距，股票年成交额也远远落后于纽约证券交易所和纳斯达克。

（2）市盈率方面。香港证券市场的市盈率约为 13，而纽约证券交易所的市盈率在 30 以上，纳斯达克的市盈率也在 20 以上。这表示在同等条件下，内地企业赴港股上市能够募集到的资金要比赴美上市能够募集到的资金少很多。

（3）股票换手率方面。香港证券市场的换手率约为 55%，相较于纽约证券交易所 70% 以上的换手率及纳斯达克 300% 的换手率要低很多。这说明企业在香港的资本市场上市后，股份退出比较困难。

// 北交所 IPO 的上市条件和流程 //

北交所即北京证券交易所，是在新三板精选层的基础上成立的，其目的是进一步深化新三板改革，提高为中小企业服务的能力，为创新型中小企业服务。

1. 北交所 IPO 上市条件

（1）发行人市值在 2 亿元及以上的，最近两年的净利润在 1 500 万元及以上，并且加权平均净资产收益率的均值在 8% 及以上，或者最近一年的净利润在 2 500 万元及以上，并且加权平均净资产收益率在 8% 及以上。

（2）发行人市值在 4 亿元及以上的，最近两年的营业收入均值要超过 1 亿元，并且最近一年营业收入的增长率要超过 30%，经营活动产生的现金流量净额为正值。

（3）发行人市值在 8 亿元及以上的，最近一年的营业收入要超过 2 亿元，最近两年研发投入总和在最近两年营业收入总和中的占比超过 8%。

（4）发行人市值在 15 亿元及以上的，最近两年的研发投入总和要超过 5 000 万元。

2. 北交所 IPO 流程

企业在北交所 IPO 上市的过程与要遵守的规范和在 A 股 IPO 上市基本相同，具体来看要经过以下四个阶段。

第一阶段：财务顾问阶段。企业提交上市申请之后，中介机构会按照 IPO 要求规范企业的财务。在财务整改过程中，企业可能会遇到以下问题：收入确认不准确、进销存账实不符、料工费分摊不准确、工程行业成本计量不准确、坏账计提不充分、资产未入账、资金占用、银行卡流水异常等。如果企业存在这些问题需要尽早解决。

第二阶段：辅导阶段。企业需要在中介机构的辅助下到当地证监局辅导备案，辅导时间为 3~6 个月。

第三阶段：保荐阶段。中介机构走访，制作底稿，准备申报材料，进行申报反馈。

第四阶段：承销上市。在实际过程中，前期整改准备阶段往往会消耗大量时间，如果出现比较严重的问题，整个年度的准备都会作废。为了避免这种情况发生，企业最好尽早开始进行整改准备。一般来说，在报告期的第一年，企业就应该聘请中介机构进场指导整改，以达到 IPO 申报要求。

企业要提前半年准备上市申报材料。因为北交所 IPO 在会审核时间为 2 个月，比其他板的审核时间少 1 个月。再加上北交所 IPO 实行注册制，也就是企业要在北交所接受审核，然后在证监会注册。北交所审核需要 2 个月的时间，证监会注册需要 20 个工作日，中介机构回复反馈也需要一段时间。也就是说，企业想要在北交所 IPO 上市，从提交上市申请到完成上市需要 6~8

个月的时间。

- 北交所上市的两条路径。

一是在新三板"创新层"直接挂牌，满 12 个月后申请在北交所上市；二是先在新三板"基础层"挂牌，再升至"创新层"，在两层合计挂牌时间满 12 个月后可以申请在北交所上市。

- 北交所与科创板及创业板的互联互通。

公司在北交所上市一年后（含在精选层挂牌时间）可以转板至科创板或者创业板上市，无须证监会核准，由交易所自行审核决定。

// 中国内地资本市场的最新趋势 //

首先了解中国内地上市五大板块的定位，见表 12-6。

表 12-6　中国内地五大板块的定位对比

内　容	上交所主板/深交所主板	科创板	创业板	北交所
目标公司	稳定增长	硬科技	创新型	创新型中小企业
发展阶段	成熟期	成长期	成长期	成长期
行业定位	成熟行业	新兴产业	"三创""四新"	重点支持先进制造业和现代服务业等领域
门槛	较高	中高	中	中低

全面注册制的推行，上市公司不再拥有无限信用，未来持续的、阳光的市值管理方法论会被系统升级。没有科技创新能力的企业，寻求资本化道路可能非常漫长。

// 企业如何选择在境内还是境外上市 //

我们看到不少到境外上市的企业，也常常有在境内上市的，到底哪个好？

要根据企业的实际情况来确定。一般而言，考虑选择境内上市还是境外上市，主要考虑以下几个方面因素。

1. 发行规模

境外的证券交易所发展的时间长，投资者以投资机构为主，其在市场中的资金规模大，如果企业上市后融资规模特别大，可选择境外上市，不会有发行规模的限制。企业规模不是非常大的，股票的发行上市对证券市场的影响很小，建议优先考虑境内上市，企业不会存在法律、文化等方面的障碍，可以避免不必要的成本支出。

2. 国际化程度

如果企业的产品或服务对象全部或主要面向国内，一般来讲，除非有特殊的战略考虑，建议优先选择在境内上市，这样可以最大化利用资本市场的力量扩大影响力，提高竞争能力。如果企业的业务或服务对象主要面向国际市场，选择境外证券市场上市更有助于企业在国际市场扩大知名度。

3. 证券交易所对主营业务的偏好

境外的证券交易所对主营业务所属行业存在不同的偏好，如美国纳斯达克证券交易所对互联网等网络公司的接纳度较高，加拿大多伦多证券交易所对矿产企业的接纳度较高等，这些偏好也决定了发行上市时投资者对企业的估值，如美国证券市场对网络公司的估值就高于其他证券市场。

随着全面注册制的施行，已经不再把企业的盈利规模作为上市的主要条件，一些具有创新能力的科技型企业只要能够吸引投资者，发行上市时的市值达到要求，即使亏损的企业，也一样可以考虑向证券交易所申请发行上市，证券交易所对行业的偏好不再是企业上市地选择的主要考虑因素。

4. 文化的差异

境外证券交易所大多以英语为官方语言，因此发行上市出具的招股说明书等文件均要用英语等非中文语言进行撰写，文书中存在语言上的巨大差异。企业到境外上市就要适应不同的文化。随着《公司法》的修订，境内上市与境外上市的差异在不断缩小。曾有一家到美国上市的国内企业因为信息披露或规范运作方面的不规范，导致涉诉并赔偿大量的资金。

5. 对发行上市的审核

境外大多数的证券交易所对发行上市实行注册制。企业按照证券交易所的规定进行信息披露，由投资者对企业的价值进行判断，证券的发行上市采取市场化方式，企业发行上市的难度较小，上市时间可预期。境内上市在整体上时间会更长一点。但随着我国全面注册制的推行，上市审核周期也越来越短，境内外的差异在不断缩小。

6. 市盈率的高低

市盈率的倒数就是投资回报率，即每 1 元的投资可以获得多少回报。主板的平均市盈率为 23 倍，创业板为 34 倍，科创板为 54 倍，北交所为 22.2 倍。境内证券交易所的流动性好，市盈率一般会高于境外市场。我国香港联合交易所由于市场活跃，股票市盈率较高，也是可以优先考虑的。

除上述因素外，上市的紧迫程度、证券市场的交易活跃程度等都是企业在上市前需要重点了解的事宜，企业可结合自身的情况选择合适的证券交易所，避免上市后因证券交易所选择不当而后悔，到那时所面临的不单是简单的退市等问题，还有巨大的利益损失和机会成本的损失。

65 变　上市流程：上下同心，携手共赢

// 全面注册制后各板块上市的审核程序 //

全面实行注册制后，交易所全面负责各拟上市主体发行上市和信息披露要求的审核，中国证监会基于交易所审核意见依法履行注册程序。首发上市新规建立了中国证监会对交易所发行上市审核工作的监督机制及交易所对中国证监会的重大事项报告机制。

需要特别关注的是，针对发行人是否符合各板块定位的问题，根据 2023 年 2 月 17 日中国证券监督管理委员会 2023 年第 2 次委务会议审议通过的《首次公开发行股票注册管理办法》规定，中国证监会在证券交易所收到注册申请文件之日起，就会同步关注发行人是否符合国家产业政策和板块定位。

全面注册制后各板块上市的审核程序，如图 12-1 所示。

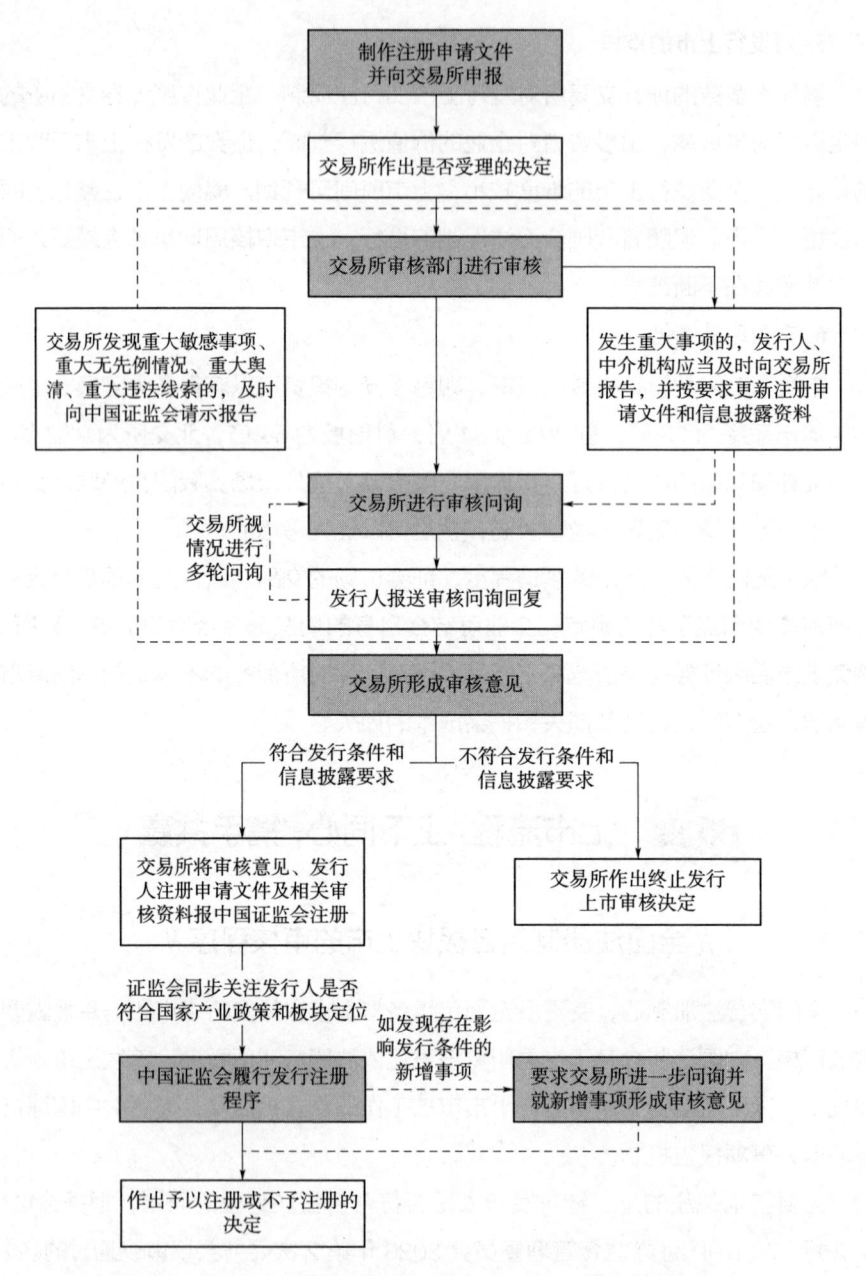

股权72变——从动态股权思维到IPO上市

```
                    ┌──────────────────┐
                    │ 制作注册申请文件 │
                    │ 并向交易所申报   │
                    └────────┬─────────┘
                             │
                    ┌────────▼─────────┐
                    │交易所作出是否受理的决定│
                    └────────┬─────────┘
                             │
                    ┌────────▼─────────┐
          ┌─────────│交易所审核部门进行审核│─────────┐
          │         └────────┬─────────┘         │
          │                  │                    │
┌─────────▼────────┐         │         ┌─────────▼────────┐
│交易所发现重大敏感事项、│    │         │发生重大事项的，发行人、│
│重大无先例情况、重大舆 │    │         │中介机构应当及时向交易所│
│情、重大违法线索的，及时│    │         │报告，并按要求更新注册申│
│向中国证监会请示报告  │    │         │请文件和信息披露资料  │
└──────────────────┘         │         └──────────────────┘
                             │
                    ┌────────▼─────────┐
          ┌─────────│交易所进行审核问询 │◄────────┐
          │         └────────┬─────────┘         │
┌─────────▼────────┐         │                    │
│交易所视情况进行   │         │                    │
│多轮问询          │ ┌───────▼────────┐           │
└──────────────────┘ │发行人报送审核问询回复│─────┘
                     └───────┬────────┘
                             │
                    ┌────────▼─────────┐
                    │ 交易所形成审核意见│
                    └────┬────────┬────┘
           符合发行条件和 │        │ 不符合发行条件和
           信息披露要求   │        │ 信息披露要求
                         │        │
        ┌────────────────▼──┐  ┌──▼──────────────┐
        │交易所将审核意见、发行│  │交易所作出终止发行│
        │人注册申请文件及相关审│  │上市审核决定      │
        │核资料报中国证监会注册│  └─────────────────┘
        └──────────┬─────────┘
          证监会同步关注发行人是否
          符合国家产业政策和板块定位
                   │            如发现存在影
        ┌──────────▼────────┐   响发行条件的  ┌─────────────────┐
        │中国证监会履行发行注册│   新增事项     │要求交易所进一步问询并│
        │程序                │──────────────►│就新增事项形成审核意见│
        └──────────┬─────────┘               └─────────────────┘
                   │
        ┌──────────▼─────────┐
        │作出予以注册或不予注册的│
        │决定                  │
        └────────────────────┘
```

图12-1　全面注册制后各板块上市的审核程序

第十二章 股权72变之裂变：股权上市

66变　上市风险：注册制时代要防微杜渐

上市了并不意味着公司就业绩长虹，也需要市场和股民认可，真正创造价值，否则就会有沽空的危险。

// 上市公司沽空考量有哪些指标 //

上市公司遭沽空后，业绩和股价一蹶不振，沽空准确率近60%。沽空机构的沽空考量指标到底有哪些呢？主要有以下12个。

（1）持续远高于同行的产品、服务销售价格和利润率：一般持续三年或以上。

（2）持续远低于同行的原材料成本和加工成本。一般持续三年或以上。

（3）每年资本开支巨大，而ROIC（资本投资回报）不断下降。

（4）远高于行业的持续高增长。

（5）关联方交易频繁。

（6）固定资产获取成本远远低于同行，管理层涉嫌贿赂。

（7）净利润高增长，企业却不断从资本市场再融资作为运营资本。

（8）净利润高增长，企业没有现金分红，且实际控制人持股比例超过51%。

（9）经营性现金流持续远低于净利润（小于50%），应收账款超过收入的50%。

（10）年度利息收入远远低于期末与期初账面上现金应得利息收入。

（11）持续高额派息，但不用高额库存现金，而是持续贷款来派息。

（12）创新型非盈利企业，持续高于盈利行业龙头的研发投入，且不断再融资，加上创始团队不断套现。

了解到上市公司沽空考量的指标，就要应对沽空采取以下七步法则，详见表12-7。

表 12-7 上市公司应对沽空的七步法则

步骤	措施	向市场传递的信息与目的
一	申请停牌	暂时规避股价进一步下跌，便于准备并发布澄清
二	出具澄清公告	澄清公告需简明扼要，针对核心质疑尽量用数据说话 回应速度和公告质量决定是否可以有效缓解二级市场的抛售
三	复牌并启动股票回购	公司回购，大股东、高管，甚至战略股东进场买入，给市场注入信心，但需要持续回购才有效力
四	借力反驳，体现投资者关系管理之功力	通过有影响力的卖方分析师，财经媒体（含自媒体）甚至行业知名人士对沽空事件及企业出具"反驳"评价报告与文章。前提是这些内容出具者必须长期跟踪报道覆盖企业，对企业有深入的了解，才有公信力。可以立即启动以上意见领袖们的"反驳"，体现了投资者关系管理的功力
五	聘请独立调查机构，出具独立调查报告	出具澄清公告后，宣布聘请独立调查机构，独立调查沽空报告中的质疑点并出具单独报告，体现了公司治理的优质（但不是每家遭沽空的企业都适用）
六	用业绩和股东回报说话	沽空报告后的第一个经审计的业绩公告体现了企业的内功，特别是经营性现金流，派息率及 DPS，将成为扭转市场情绪，修补市值的关键；如果距离下一个业绩披露的时间较远，可以考虑披露业务进展公告
七	对沽空机构提出法律诉讼	如果证据确凿，可以对沽空机构提出诉讼，是对沽空机构肆意沽空企业的一种威慑（并非每家遭沽空的企业都适用）

67 变 IPO 的红线和被否原因：关键核心问题上，容不得半点马虎

虽然现在全面注册制，让上市相对变得更加容易，但是每年 IPO 被否的案例也不少，它们都踩了 IPO 的红线。为了防微杜渐，就要提前做好一些预防措施。

第十二章　股权 72 变之裂变：股权上市

// 上市的这些红线你千万别踩 //

首张科创板"红牌"发给恒安嘉新，虽然有红杉、苏宁、中兴等知名投资机构加持，但这家企业处理不当，信息披露疏漏，企业有粉饰业绩行为，四笔重大合同居然发票都没开。若不确认这四笔收入，净利润只有 906 万元，申请上市时有粉饰业绩的迹象，不难推断企业的实际控制人、高管和董事会对企业经营及财务处理存有"急功近利"的嫌疑。最后 IPO 被终止。

企业如果没有市场独立持续经营的能力，发行人没有会计基础的规范性和内控制度的有效性，关联交易的公允性也没有，企业就存在硬伤，注册制下审核过程是公开透明的，无法过关。

IPO 被否常见有五大原因，这些红线有哪些？

（1）粉饰财务报表，财务指标异常。比如通过调节营业外收入骗取虚假补贴、调节公允价值、虚增应收账款。即使首发审核侥幸通过，后面进行财务打假时也会暴露。

（2）信息披露不充分、有瑕疵。信息披露不准确、不完整、存在诱导性，夸大募投项目前景，比如收买调查机构制造假研报、虚报产品定价、虚报市场地位和市场需求。

（3）独立性存在质疑。拟上市公司应与控股股东、实际控制人及其控制的其他公司保持资产、人员、财务、机构和业务的独立。这就是"五分开"。但出现的问题主要包括关联交易非关联化、隐蔽的非关联方利益输送、明显的关联方利益输送、公司对独立股东的依赖、产生资金占有、产生关联交易和同业竞争、对其他公司商标、市场等方面的依赖。总结就是故意设置关联交易迷宫。

（4）提供财务报表是虚假的，瞒报内控事故，其实内部控制混乱、管理有问题。比如，一家拟上市公司无法向证监会证实自身对加盟店的管控能力，上市也会被否。

（5）隐藏实际控制人。通过复杂的股权转让操作、分散的股权设置和极度分散的董事会，达到让外界看不懂实际控制人的目的。比如历史出资问题，主营业务发生变化、实控人和管理层发生重大变化。

明白了这些上市的红线,那就在上市前千万要规范经营,不要轻易踩这些红线。

68变 并购重组:让资本插上腾飞的翅膀

通过上市直达资本市场当然是理想中的途径,但是并购重组的比例相对上市来说,更加高些,而且实现的可能性更加容易一些。

// 如何做好公司的并购重组 //

并购其实包括兼并和收购,兼并指对方法人资格不存在,收购只是掌握决策权和所有权被收购仍然具有法人资格,为什么有那么多并购行为发生呢?它有哪些目的或好处呢?

(1)扫除竞争对手。中国的小护士品牌、羽西品牌现在没有了吧?是被欧莱雅收购了。

(2)获得核心竞争力。分众传媒收购框架、聚众等,分众有了动态和静态显示屏,达到了一个全新的高度。

(3)取得协同效应。大众点评和美团合并,双方市场规模达到前所未有的垄断地位,美团是最大的赢家。

(4)提高议价能力。滴滴和快的"厮杀"时,客户可以免费坐出租车,现在没有这样的好事了,不涨价就不错了。

兼并和收购之间既有相同之处,也有不同之处,见表12-8。

表12-8 兼并与收购的异同点

异同点		兼 并	收 购
相同	本质	公司所有权或产权的有偿转让	
	经营理念	通过外部扩张型战略谋求自身的发展	
	目的	加强公司竞争能力,扩充经济实力,形成规模经济,实现资产一体化和经营一体化	

第十二章　股权 72 变之裂变：股权上市

续表

异同点		兼　并	收　购
不同	A. 被兼并公司的法人实体是否存在	被兼并公司作为经济实体已不存在，被兼并方放弃法人资格并转让产权，兼并公司接受产权、义务和责任	被收购公司作为经济实体仍然存在，被收购方仍具有法人资格，收购方只是通过控股掌握了该公司的部分所有权和经营决策权
	B. 价格支付方式	以现金、债务转移为主要交易条件	以所占有公司股份份额达到控股为依据来实现对被收购公司产权的占有
	C. 范围	范围较广，任何公司都可以自愿进入兼并交易市场	一般只发生在股票市场中，被收购的公司一般是上市公司
	D. 行为发生后是否需要重组策略	资产一般需要重新组合、调整	以股票市场为中介的，收购后公司变动比较平和

重组上市有以下几点优势：

（1）减少审核等待的时间。有些板块，如房地产，直接上市需要等待比较久的时间，重大资产重组一家已经上市的公司，就成了无奈之选。

（2）对标的公司的财务指标相对宽松。有些产业并不能达到上市的标准，而某一个业务板块，自身的盈利能力特别强。将其单独拿出来，通过重组上市。

（3）重组上市具有抵御风险的能力。通过重组上市，不必立刻融资，可以更加灵活地选择资本市场融资时机，规避 IPO 融资的风险。

公司之间有六种常见的并购方式，分别是协议并购、要约并购、竞价并购、股权重组、托管重组和债务重组。它们各自的特点如下。

- 协议并购的风险与成本较低。如当时思科收购机顶盒 SA 公司就是协议并购。
- 要约并购的收购对象主要是上市公司依法发行的所有股权。
- 竞价并购一般以现金支付，收购方需要准备足够的现金。
- 股权重组包括股权转让和增资扩股两种形式。
- 托管重组是资产所有权与经营权分离，包括公司产权、国有资产、国有公司的托管重组三种模式。

- 债务重组遵循平等、自愿原则，就是通过某种方式改变债权人与债务人之间的原有合同关系。

// 公司并购重组有哪些步骤 //

公司要解决资金短缺、帮助公司突破限制并得到进一步发展，可以出售。并购方可获得更强的市场控制力，快速获得人力资本、知识产权等资源，还能提高公司的管理效率，完善公司产业链，达到多元化经营与协同发展的目的。

并购重组主要有以下六个步骤：

（1）确定并购战略，对并购需求进行分析，找出并购目标的特征，选择并购方向。

（2）通过定性、定量选择市场上合适的并购目标。

（3）预测和明确并购的时机。

（4）对并购目标进行审查，包括资产、债务、诉讼、税收、担保等，会计师和律师会全程参与。

（5）实施过程中，完成产权、财务、管理权的交接，变更登记并发布并购公告。

（6）最终进行资源整合，包括企业文化、人才、制度的磨合。

上市公司要并购你的公司，你要求买方提供拟参与尽调工作的成员名单。至少提前一周提供问题清单，特别需要小心一些身份不明的参与者。

在买方团队进场之初，可以召开尽调启动会。主要决定以下内容。

- 准备一个专门的办公室进行文件审阅和尽调报告的撰写。为减少对正常经营秩序的打扰，办公室应相对远离公司其他职能部门。

- 提醒买方团队一些注意事项，尤其是未经允许不要开展的活动。例如在办公区域随意走动，未经许可随意与你公司的员工接触，无人陪同的情况下进入你的实验室或生产车间等。

- 出现分歧或困难时，你的财务顾问应主要负责协调疏通的工作。

- 紧凑的尽调安排 3~4 周即可完成，特殊情况下可酌情延长。没有明确期限或是不断延期的尽职调查，通常对你不利。

第十二章 股权72变之裂变：股权上市

// 并购服务有哪些规则要注意 //

第三方聘请的并购顾问服务的收费有成功费、工作费、杂费和分手费等，成功费可考虑采用阶梯式计酬，或者称为增量式奖励。

以下是一组阶梯式计酬的示例，仅供参考。

- 当成交企业价值小于或等于5亿元时，按企业价值的3%计算成功费。
- 当企业估值大于5亿元时，对小于或等于5亿元的部分，按3%计算。
- 对大于5亿元并且小于或等于6亿元的部分，按5%计算。
- 对大于6亿元并且小于或等于7亿元的部分，按7%计算。
- 对大于7亿元的部分，按9%计算。

常见的工作费支付方式有三种。

方式一：签约之后全额支付。

方式二：按月支付直到触及某个约定的最高金额。

方式三：按照交易进程分阶段支付。比如，签约之时支付10%，出具卖方尽调报告后支付20%，完成全部推介材料后再支付50%，获得初步买方意向后再支付20%。

国内券商很少为了卖方而放弃买方上市公司，原因有以下两个方面。因为无论是眼前利益还是中长期利益，找上市公司价值更高。

（1）从眼前利益来看，金额较大的交易一旦触发重大资产重组，买方上市公司按照法律法规要求就必须聘请一家持牌券商担任独立财务顾问。并且这种交易通常会伴随着上市公司发行新股作为支付工具或者开展配套融资。券商可获得财务顾问费加新股发行的承销费两笔收入。

（2）从中长期利益来看，卖方客户和财务顾问是一次性关系，而上市公司每年都有可能增发股票、发行债券、并购或大股东股票质押融资等业务。

很多券商甚至会担心代表卖方从而得罪买方，导致本来不错的上市公司客户被别的竞争者挖了墙脚，因此对于从事卖方财务顾问的业务心存疑惑。

国内并购市场，有人既代表买家，又代表卖家的，这样利益就会冲突。还有人称能代表管理者做主，其实是外行指导内行，根本不专业。

律师、会计师、税务师现在也提供跨界服务，进行一些信息的匹配，但是要注意边界感，在自己擅长的专业领域精耕细作才是"王道"。

有的企业家卖企业跟卖房子一样，把企业在很多中介机构那里都挂了信息，A股上市公司5 000多家，每家中介都去找买家，结果买家会以"看过了""已经有人介绍了"为由拒绝，有的甚至项目信息只有半张A4纸。

开展财务顾问的国际投行有一半是代表卖方，而国内投行99%只代表上市公司买方。

中国的并购市场现实是，卖方企业家亲自上阵，以为像做生意那样披荆斩棘。而对面上市公司玩的套路截然不同。人家是一支"正规军"，包含投行、律师、会计师、评估师轮番上阵跟你打。"语言不通"的问题很快就会暴露出来。

卖方企业家发现投行跟你谈"股份现金的比例"，会计师找你要资料做"穿行测试"，律师反复检查你的"权属完整"，评估师拼命质疑你的"业绩假设"。卖方企业家可能误会对方是故意找茬，所以拒绝配合。对方中介机构由于无法开展工作，加上和你可能发生一些言语冲突，于是打道回府，禀报买方管理层说"这个项目不靠谱"。卖方企业家其实中间只差一个财务顾问来服务。

企业出售应是类比艺术品，而不是房地产，房子很好比价，而每个企业应该是一个孤品，很难锚定一个恰到好处的出价。

华尔街搅弄风云的并购专家们，他们行事低调、独来独往、口风极紧，但操盘的经常是几十亿美元甚至上百亿美元的大交易。改变行业格局的交易在没有任何预兆的情况下突然宣布，令业界错愕。其实根本不是人家谈得快，很可能谈判过程已经持续了多年，只是各方专业性极高，保密性极好，导致外界毫无觉察。

// 并购中如何变被动为主动 //

我国并购市场还处于初级发展阶段。企业出售的信息在微信群中被随意转发，个别机构动不动就敢拉出来一个"在手项目清单"，更有自称"颠覆者"搞出来互联网化的"项目撮合平台"，以为可以提高交易效率。

凡是认为并购项目可以通过微信中的寥寥数语进行概括介绍的，凡是认为标的企业可以进行一些标签分类从而实现标准化的，凡是像房产中介一样忙于

第十二章 股权72变之裂变：股权上市

带客看企业的，都是不专业的行为。

在国内，相当多的上市公司只看不买，点名"请你们老板出来聊聊"。然后便没有下文了。

各位企业家：你的企业大门为何那么好进？你的时间为何那么好约？你有没有问过要见你的人是谁？他为什么对你的企业感兴趣？他表达的兴趣有逻辑吗？符合行业现状吗？他们具备足够的实力收购你的企业吗？市场上有他们的负面消息吗？要见你的这个人他能决策吗？

我们要建立一套完善的筛选方法，通过有目的性的沟通来增进对潜在买方的了解，同时将不合适的对象拒之门外。每项工作都要围绕成交这个中心目标，要积极掌控局面而不是一味顺从与配合买方的要求。

不管多么优秀的卖方企业家，一旦开始出售，就很容易被买方牵着鼻子走。而上市公司作为买方却是畅通无阻的。即使自身危机重重，想见哪个标的老板却基本上不会被拒绝。优秀的卖方没有挺直腰杆，不靠谱的买方却能游刃有余。

比如，你有高新技术企业要出售，还是新材料、物联网、大数据标签的，但是买家并不感兴趣，原因是你没有差异化，没看出何并购价值，买家要的是价值，不是产品，真正的需求是具体的，在并购交易中通常代表可量化的价值。

（1）你的企业之所以通过高新资质的评审，是因为它拥有几项核心专利？你标榜的技术突破得到了哪些业界权威的认可？（你的技术优势分析）

（2）领衔技术开发的是内部专家还是外聘团队？专利持有人是企业还是个人？你们是否签署过排他性协议导致他们无法被你的竞争对手挖走？（你的人才优势分析）

（3）这些专利如果你即将推出换代产品，你预计与现有产品的重叠期会有多长？在竞争对手追上你之前，你预计能享受多长时间的红利期？期间的毛利润率能达到多少？（你的财务影响分析）

（4）你的竞争对手是谁？你的产业上下游有谁？假设他不收购你，而是自主研发，需要花费多少时间、多少成本？研发成本加上错过的市场红利一共价值多少钱？（潜在买方的思维方式模拟）

如果你不经过深度思考，不把你的差异化定位充分展示出来，就难免沦为买方眼里的"其中之一"，所以一定要变被动为主动。

69变　市值管理：成就千亿市值的方法

市值管理可以说是上市公司的必修课，也是上市公司老板和管理团队一定要重视的战略性工作。

// 怎样开展进取型的市值管理 //

上市公司的市值管理可以委托第三方投关机构展开上市公司独立研究，制定有说服力的资本市场投资故事，开展有针对性的传播，主动信息披露、引导造势。

第一步：展开上市公司独立研究

- 展开行业，上市同行及公司个股研究，证实上市公司的价值被"低估"；
- 收集资本市场反馈，与上市同行对比，过往口碑调查，特别是"担忧"，判断可行后再继续；
- 与上市公司高管访谈，进一步掌握企业竞争优势、发展规划及行业趋势；
- 根据公司商业模式成长动力，未来发展规划，搭建财务预测与估值模型。

第二步：制定有说服力的资本市场投资故事

- 根据收集的资本市场反馈及上市公司成长动力，制定有说服力的资本市场投资故事（含投资定位和财务预测与估值模型）；
- 与上市公司高管确定资本市场投资故事；
- 根据投资故事，更新公司IR（投资者关系管理）资料：投资者PPT、新闻稿公司介绍、网站IR频道、微信微博公众号等的相关描述。

第三步：开展有针对性的传播

- 通过资本市场人际关系及过往成功案例参与者，筛选确定第一批传播沟通对象；
- 第一批传播对象需要包括：可以是独立研究报告的卖方分析师，也可以是快速决策建仓上市公司股票的买方机构；
- 第一批有针对性的传播应该在定期业绩公告窗口期之前，通过一对一路演及小型调研的形式展开。财务预测与估值模型只展示，不发放，强调的是投资者关系机构独立搭建的，分享原理和假设参数，便于买卖方参考，搭建自己的模型。

第四步：主动信息披露，引导造势
- 在业绩公告发出后的第一时间再次针对第一批传播对象进行跟进沟通；
- 之后根据上市公司投资故事，策划安排上市公司自愿信息披露，再次针对第一批传播对象和新加入的传播对象进行引导式传播；
- 自愿信息披露可以增加覆盖上市公司的研究报告频次，提升上市公司的关注度；
- 通过新闻通稿，提升媒体覆盖，适当启动媒体采访报道，起到"造势"作用。

通过以上四步，每步都要有具体的产出，包括四个方面的产出内容。

（1）影响资本市场估值的干货反馈及上市公司财务预测估值模型。
（2）有说服力的资本市场投资故事和投资者关系推介资料。
（3）传播对象的/买卖方将上市公司纳入观察视线。
（4）卖方分析师首次覆盖，买方机构开始建仓。

// 媒体最关注上市公司的十个方面 //

上市公司如果基本面低于预期，行业景气度差，利空信息披露不当。媒体就会爆料企业有硬伤，公开的信息负多正少，此时企业就要采取措施，提升美誉度。

首先，说明白：未来三年打算怎么做，用数据、法律等方式传递企业核心价值与事件实质。

其次，常引导：包括基本面、行业新规与趋势、企业文化与创新、核心竞争力、领导人形象呵护、无形资产等。

再次，勤梳妆：平时发现负面舆情及潜在危机，每日监测、每周周报。实时关注，一旦发现严重诋毁报道，及时处理。

最后，广交友：推荐专业、正直、有话语权的财经媒体和自媒体中高层、资深记者，结交认可上市公司的管理团队，看好上市公司的卖方分析师和买方机构，定期安排沙龙活动，出面发声，拨乱反正。

注册制下，媒体关注拟上科创板的企业尤其关注，特别是科技含量。一般预披露到过会后一周，占负面报道总量的3/4，上市敏感报道占1/4。以下是媒体最关注上市公司的十个方面。

（1）持续经营能力：客户集中度、毛利率、现金流、应收账款等问题。

（2）科技属性：研发费用占比、专利数量与类型、商业模式。

（3）劳资关系：员工薪酬，是否存在法律纠纷。

（4）过往有没有受到环保处罚。

（5）业绩增长合理性：指标与上市同行，行业的匹配度。

（6）是否存在关联交易。

（7）业务独立性：是否存在同业竞争。

（8）股权是否变更频繁。

（9）大股东有无占用资金。

（10）高管背景，是否频繁变动。

// 投关工作有哪些重点内容 //

机构投资者是资本市场的大咖，分为公募基金、私募基金、社保、中央汇金。投关的工作如何运作技巧，吸引目标机构投资者呢？主要有以下三个技巧。

（1）确保上市公司行业分类反映业务及成长的变化。实时把握自己企业在资本市场上的行业分类，是动态可调整的，划分的行业能体现上市公司的收入、利润与成长性。

（2）力争转化上市同行优质机构股东成为自身企业股东，他们赚到了投资收益，容易说服他们做全部或部分投资组合的切换。

（3）充分掌握指数动态及界定，保护上市公司指数成分股地位。

上市公司价值传播的核心是资本市场投资故事与定位。自媒体时代，要善用争议与质疑，达到传播效果，识别恶意负面与噱头。投资者关系的工作重点在于以下几个方面。

第一，分辨媒体"恶意负面"和"噱头负面"，前者需要及时处理，出具澄清公告，引导传播，后者应该采用"无为即有为"。

第二，提前做好媒体关系管理，广交朋友打造"核心支持者群"，借"友"发声。

第三，除了做好日常媒体监测工作外，上市公司需提早构建危机公关系统，定期"演习"，才能在危机真正爆发时，将负面对上市公司的影响降到最低。

投资者关系管理的基础工作就是维护上市公司的资本市场形象。建立其品牌美誉度。官网（包括微信、微博）、投资者互动易、股吧、股票咨询交易平台、百度搜索等对外的所有展示讨论上市公司的信息，行业分类等需要及时更新，保证准确性。

有关上市公司的舆论应该客观，避免误导资本市场各类参与者。投资者关系的基础工作的核心是搭建资本市场关系，建立并维护资本市场买卖方、财经媒体、关键意见领袖中的核心支持者群。

总之，上市公司资本市场品牌美誉度是最有效的危机公关与市值修复法宝！

// 上市公司如何做好危机管理 //

2018年8月腾讯一周市值蒸发3 500亿元，当时投资者关系只是做了事后信息披露，但是没有预期管理的意识。上市公司对投资者关系的总体要求是"推高股价，提升市值"。

没有做好预期管理，甚至完全不做预期管理，只宣传好的业绩和好消息，不好的业绩和坏消息就"缄默无声"甚至加以"掩盖"，对股价和市值的杀伤力远远大于像腾讯这样的超级上市公司。

因为当上市公司再次需要资本市场关注时，你之前"得罪"的资本市场支持者（买卖方）都会对上市公司敬而远之，因上市公司可信度口碑不佳；要想再次得到资本市场的认可，可谓难上加难。

投资者关系需要时时收集、掌握、分析资本市场对上市公司的业绩预期，包括卖方最新一期的分析报告中的业绩预测和买方分析师的业绩预测；结合上市公司当期业绩的实际情况，才能在业绩公告及投资者关系传播资料中，做到有的放矢，给予市场有效的沟通传播。

如果发现市场的预期与上市公司的实际业绩偏差较大，应该通过长期跟踪研究上市公司的卖方分析师及时加以疏导。

公开化就是最好在披露当期业绩的同时，披露对下一期业绩的预测指导，避免私下与买卖方机构勾兑。

下一期业绩的预测指标应该根据上市公司所处的行业及发展周期等特点，结合资本市场专业买卖方机构的实际业绩预测需求，最好但不一定必须给出收入和利润的预测范围，也可以只给出在手订单、网点开拓、产能、新增注册用户等核心业务指标的预测。

上市公司面临各种突发的，对股价、估值有负面影响的事件，高管离职、业绩变脸、各种举报与诉讼、股票质押面临爆仓。

比如，出现董秘被出席年度股东大会的小股东指控怠慢、实际控制人被要求协助政府调查等。无论是什么样的危机，对上市公司的股价和估值都会造成不良影响。

危机公关要解决的就是将这种不良影响尽可能地降到最低！董秘、投关首先需要有危机公关的意识，将危机防范管理流程和相关工作做在前头见表12-9。

处理危机的5S原则：承担责任、速度第一、权威证实、系统运行、态度真诚。

表12-9 上市公司危机管理流程

阶　段	主要目的	主要内容
（一）预警	危机前 风险预估与监测	• 媒体舆情 7×24 小时监测 • 内外部危机预警的收集、评估和提报 • 业务线日常自查
（二）预判	危机初现 确定危机分类和分级	• 根据分类，确定具体业务线对接人 • 根据分级，组建对应级别应对小组
（三）处置	危机发生 及时核查、处理	• 业务和PR联动 • 收集内外部信息 • 策略、口径制定 • 执行、评估、修正
（四）修复	危机后 评估与小结	• 危机评估工作会议 • 危机管理体系改进 • 声誉恢复或关系重建

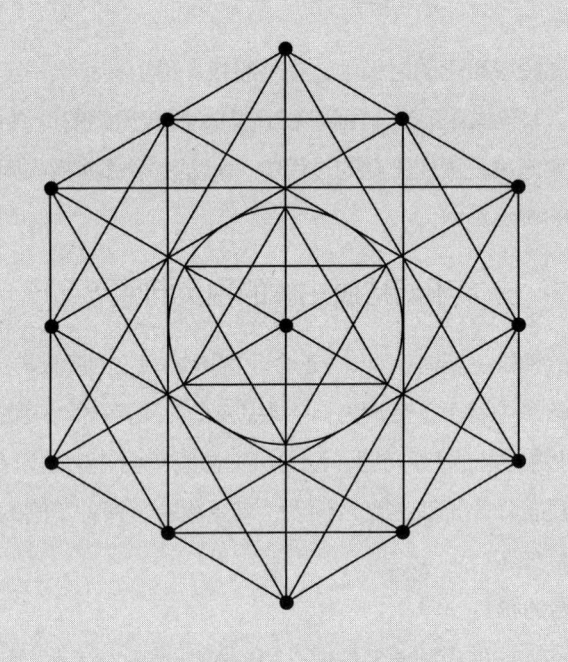

第十三章 股权 72 变之赋变：股权税负

70变 不同主体股权投资收入的税收政策：规划推演纳税的艺术

企业在实施股权激励的过程中，在将股权（份）转移给员工时，无疑会涉及纳税的问题，如果操作不当，导致税负增加，股权激励的价值必会大打折扣。那么，企业在实施员工股权激励的过程中，需要注意哪些税收问题？应当如何合理避免过高的税负？

// 不同持股主体的税负问题 //

员工持股的模式主要有两种：一是企业直接将相应的股权转让给员工个人，并在工商登记信息中将员工登记为自然人股东；二是考虑有限责任公司股东人数限制、公司控制权稀释等问题，设立员工持股平台（通常为有限合伙企业）集中持股，由员工作为持股平台合伙人，享受收益。两种不同的模式所涉税负不同，具体分析如下。

1. 持股平台的税负

由于我国个人所得税制度实行综合与分类相结合的方式，对于综合所得和经营所得以外的其他所得，仍需按照各项所得税率分类征税。如果员工不直接持有股份，而代之以合伙企业形式的持股平台持股，则合伙企业的收入（通过持有被投资企业股权获得的分红除外），按照税务机关现阶段的认定，均视为"经营所得"，适用5%~35%的累进税率征税。

持股平台收入一般计收个人所得税。

根据《财政部　国家税务总局关于印发〈关于个人独资企业和合伙企业投资者征收个人所得税的规定〉的通知》（财税〔2000〕91号，以下简称91号文）第四条第一款之规定："个人独资企业和合伙企业（以下简称企业）每一纳税年度的收入总额减除成本、费用以及损失后的余额，作为投资者个人的生产经营所得，比照个人所得税法的'个体工商户的生产经营所得'应税项目，适用5%~35%的五级超额累进税率，计算征收个人所得税。" 2018年，新修订的《个人所得税法实施条例》第六条第一款第（五）项第一目也将合伙企业的所得归为"经营所得"税目。

同时，根据《国家税务总局关于〈关于个人独资企业和合伙企业投资者征收个人所得税的规定〉执行口径的通知》（国税函〔2001〕84号）第二条之规定"个人独资企业和合伙企业对外投资分回的利息或者股息、红利，不并入企业的收入，而应单独作为投资者个人取得的利息、股息、红利所得，按'利息、股息、红利所得'应税项目计算缴纳个人所得税。"

2. 员工个人的税负

国家为了支持创业创新事业，对员工个人持股给予了极大的优惠措施。

第一，对符合条件的非上市公司股票期权、股权期权、限制性股票和股权奖励实行递延纳税政策。

第二，对于不符合递延纳税条件的，个人从任职受雇企业以低于公平市场价格取得股票（权）的，应在获得股票（权）时，对实际出资额低于公平市场价格的差额，按照"工资、薪金所得"项目，缴纳个人所得税。

递延纳税是在非上市公司授予员工符合特定条件的股权时，员工不需要为增加的这部分股权缴纳个人所得税，仅需在其所持该等股权转让时按照股权转让收入减除股权取得成本以及合理税费后的差额，适用"财产转让所得"项目，按照20%的税率计算缴纳个人所得税。

而根据财政部　国家税务总局发布的《关于完善股权激励和技术入股有关所得税政策的通知》（财税〔2016〕101号）第一条第（二）项的规定，能够享受递延纳税政策的非上市公司股权奖励需同时满足下列条件。

（1）属于境内居民企业的股权激励计划。

（2）股权激励计划经公司董事会、股东（大）会审议通过。未设股东（大）会的国有单位，经上级主管部门审核批准。股权激励计划应列明激励目的、对象、标的、有效期、各类价格的确定方法、激励对象获取权益的条件程序等。

（3）激励标的应为境内居民企业的本公司股权。股权奖励的标的可以是技术成果投资入股到其他境内居民企业所取得的股权。激励标的股票（权）包括股票（权）。通过增发、大股东直接让渡及法律法规允许的其他合理方式授予激励对象的。

（4）激励对象应为公司董事会或股东（大）会决定的技术骨干和高级管理人员，激励对象人数累计不得超过本公司最近 6 个月在职工平均人数的 30%。

（5）股票（权）期权自授予日起应持有满 3 年，且自行权日起持有满 1 年；限制性股票自授予日起应持有满 3 年，且解禁后持有满 1 年；股权激励自获得奖励之日起应持有满 3 年。上述时间条件须在股权激励计划中列明。

（6）股票（权）期权自授予日至行权日的时间不得超过 10 年。

（7）实施股权奖励的公司及其奖励股权标的公司所属行业均不属于股权奖励税收优惠政策限制性行业目录范围。公司所属行业照公司上一纳税年度主营业务收入占比最高的行业确定。

综合来看，采取有限合伙持股平台的形式实施股权激励，当期就将使持股平台产生多种所得税负担，而这种负担实际上是由员工来承担的，且后期股权处置也要适用 35% 的税率，股权激励的税负显然较重。而在实践中，一些企业在确定股权激励方案时并未考虑到税法的规定，在股权授予当期未申报员工的个人所得税，这也给企业带来"未依法代扣代缴"个人所得税的违法风险。

按照《税收征收管理法》第六十九条规定"扣缴义务人应扣未扣、应收而不收税款的，由税务机关向纳税人追缴税款，对扣缴义务人处应扣未扣、应收未收税款百分之五十以上三倍以下的罚款"。企业作为扣缴义务人，未依法代扣代缴个人所得税税款的，将面临大额罚款，还有被认定为偷税和逃税的法律风险。而员工也有被税务机关追缴大额个人所得税和滞纳金的风险。这显然与企业股权激励的初衷相去甚远。如果持股平台采取有限责任公司的形式，也一样存在类似的即期个人所得税代扣代缴问题。

71 变　各种股权应用的税负：正确走好每一步，科学是抓手

所有合伙企业的经营均与税务有关，如果税务问题处理不当，就会为企业带来严重的涉税风险。在合伙企业的经营过程中，创业团队要注意股权分红、股权激励、股权对赌、股权转让当中的涉税问题。

// 股权分红的税负问题 //

员工股权激励获得股权，按照"工资薪金所得"缴纳个人所得税。税率为3%~45%；满足特定条件时可以享受"递延纳税"。

"递延纳税"就是递延至股权转让时缴纳，且适用20%的均一税率的优惠政策。递延纳税可以暂时缓解激励对象的纳税压力，毕竟激励对象获得股权时还未通过持股获得其他任何收益；适用20%的税率，对于原先适用税率超过20%的激励对象而言优惠幅度很大，对于部分原本适用税率低于20%的激励对象而言则加重了负担。

分红时比较简单，按照"股息、红利所得"缴纳个人所得税，适用税率20%；转让股权时，按照"财产转让所得"缴纳个人所得税，适用税率20%，按照万分之五缴纳印花税。

直接持股可以享受递延纳税的优惠政策，且按20%的优惠税率缴税；另外，直接持股在未来卖出公司股票时不缴纳增值税，通过有限合伙则避免不了，因为有限合伙的"税收透明体"性质并不针对增值税。

// 股权激励的税负问题 //

股权激励能够激励员工努力工作，有利于企业的长期发展。但是在进行股权激励时，创业团队也要注意相关的涉税问题。股权激励中税务上缴详情见表13-1。

表13-1 合伙企业中股权激励下的员工税负处理方案

	形式	授予时点	行权时点：取得股权/股权行权/限制性股票解禁/取得股权奖励时	转让时点
满足条件	股票（权）期权、股权奖励、限制性股票	无	递延纳税：税率20%	经向主管税务机关备案，可实行递延纳税政策，即员工在取得股权激励时可暂不纳税，递延至转让该股权时纳税	按财产转让所得税：税率20%，转让境内上市公司股票，免个税；转让境外上市公司股票，税率20%

续表

形　式	授予时点	行权时点：取得股权/股权行权/限制性股票解禁/取得股权奖励时	转让时点
不满足条件	以低于公平市场价格去的股票（权）	无	按公司薪金征税：累进税率：3%~45%	应纳税所得额=（公平市场价格−实际市场购买价格）×行权数量 应纳税额=（应纳税所得额÷规定月份数×适用税率−速算扣除数）×规定月份数 公平市场价格，依次按照净资产法、类比法和其他合理方法确定。前提：需要向税务机关备案	按财产转让所得税：税率20%，转让境内上市公司股票，免个税；转让境外上市公司股票，税率20%

从表 13-1 中可知，在股权激励中，员工的持股主要由三部分构成：股票期权、股权奖励和限制性股票。

国家在制定相关税法时，充分考虑到初创合伙企业在经营中存在的不确定性，因此，将股权激励对象的纳税时间点顺延到转让股权时，又将原有的税率进行了调整，由原来 3%~45% 超额累进税率，调整为 20% 的股权转让税率。这样就更便于初创合伙制企业利用股权激励的方法，激励员工，从而促进公司的发展。

创业团队若按照国家规定，上缴员工股权激励的税款，就能够避免许多不必要的麻烦，减少一系列的税务风险。

// 股权对赌的税负问题 //

对赌协议是投资领域中的一种估值调整机制。对赌协议条款的设计能够有效地保护投资者的利益。

例如，李大明和张寻合伙开了一家企业。由于急需资金，他们便寻求投资人贷款。此时，投资者就可能和他们签订一个对赌协议，如果公司年利润增长达到 18%，那么投资人投入的资产可以作价变为公司相应的股权，如果没有达到这一目标，那么李大明和张寻就要连本带息将其所投资金返还给投资人。

在这里,我们需要深入了解对赌协议的内涵。由于"对赌协议"存在不确定性,因此,它一般不会在投资协议的主合同中出现,而是会以附属协议的形式存在。此外,"对赌协议"只是影响双方最终的利益分配,并不影响主合同的价格约定与相关的条款执行。

在税务处理上,即使企业存在对赌协议,但企业所得税的上缴仍要遵循实质重于形式的原则和权责发生制的原则。即便税法尊重发展与创新,但税务机关仍会依法行使职权,致力于为纳税人提供公平、和谐的纳税环境。

例如,A公司与B投资机构制定了一个对赌协议。B投资机构认为,A公司在股权转让交易完成后的三年内完成对赌协议的目标,才算完成合同,之后,A公司才能够缴纳相应的税款。

但是在具体的执行过程中,创业团队也要谨遵协议内容,在对赌协议目标完成的同时,要立即上缴其涉及的各项税款,避免偷税漏税,这样才能够减少不必要的税务问题,树立良好的企业形象。

// 股权转让的税负问题 //

股权在转让过程中也存在涉税问题,其中,最主要的就是股东转让股权后所产生的营业税问题和企业所得税问题。

国家颁布的财税〔2002〕191号文件,对股权转让的征税办法重新作出了规定。其明确指出,国家对股权转让不征收营业税。因此,合伙企业的股东在进行股权转让时,不需要上缴营业税。

我国《企业所得税法》对股权转让时的企业所得税征收也有明确的说明,具体的条款内容如下。

(1)企业股权投资转让所得应并入企业的应纳税所得,依法缴纳企业所得税。

(2)投资企业取得股息性质的投资收益,凡投资企业适用的所得税税率高于被投资企业适用的所得税税率的,除国家税收法规规定的定期减税、免税优惠以外,其取得的投资所得应按规定还原为税前收益后,并计入投资企业的应纳税所得额,依法补缴企业所得税。

(3)股权转让人应分享的被投资方累计未分配利润或累计盈余公积,应确认为股权转让所得，不得确认为股息性质的所得。

（4）企业已提取减值、跌价或坏账准备的资产，如果有关准备在申报纳税时已调增应纳税所得，转让处置有关资产而冲销的相关准备应允许作相反的纳税调整。

总之，企业合伙人在转让股权时，一定要严格遵守相关法律法规。做到知法守法，依法纳税，既要保护自己的合法利益，又要履行相应的义务。

72变 股权节税：合理筹划节税，不多交，不少交

// 股东分红的四种节税方式 //

股东分红，都想拿到手更多的钱，有没有能够合理节税的方式呢？以下四种方法是可以降低股东分红实际税负率的。

1. 不分红

没有买卖就没有伤害，不分红就不用缴分红个税。相当于直接用原来打算分红的一部分钱给股东买东西，这是一种途径。

当然，也不是什么东西都能买，买车、买手机、买电脑，跟公司经营有一定关联的东西是可以买的。但是，买包、买表、买教辅培训服务，基本属于个人消费的就不太合适了。

如果跟公司经营相关，买的东西还可以在公司名下抵扣增值税和企业所得税等。但是这个方面也有一个缺点，那就是如果公司亏损这些资产就可能被拿去抵债。

2. 从企业类型入手

个人独资企业是免缴企业所得税的，个人所得税再依法走核定征收，征收率非常低。该类操作本来有两类路径。

一是直接用个独去承接业务，但缺点是规模不能太大，超过小规模纳税人规模就享受不了核定征收了，何况核定征收本身也在收紧；

二是用个人独资企业给公司开票，公司把分红打给独立个人。

实际上在财政部税务总局发布的《关于权益性投资经营所得个人所得税征收管理的公告》一文中已经堵死了涉及股权投资的核定征收路径。

3. 发工资、奖金、福利等

发工资、奖金、福利是可以在企业所得税前扣除的，可以降低总体税负。

年终奖可以利用目前还在的单独计税方式。工资虽然是七级超额累进，但是其有一个5 000元的"起征点"，还有七项附加扣除，每多一项基本能多1 000元的抵扣空间。这个方法的缺点是可操作的金额比较小，并且还涉及社保以及个税的汇算清缴问题。

4. 利用股权结构

用企业做股东来设立公司，之前提及居民企业之间的税后利润分红是免企业所得税的。将公司的分红打到自己所控股的"财务公司"中，就可以更灵活地进行操作。

举个例子，肖总和朋友一同经营一家有限责任公司。

假设两人占比均为50%，本年度准备分红100万元，那么，肖总作为自然人，其分得的50万元则需要缴20%，也就是10万元的分红个税。

而如果肖总不是自己持股而是通过其控股的"财务公司"（为居民企业），这时由于居民企业之间的税后利润分红是免企业所得税的，原先作为个人要缴的20%的分红个税就可以留在"财务公司"这一主体中。50万元分红全部留在该主体中后，随后的再投资等操作也会更加灵活了。

但这个方法有个问题，那就是其更适合用于进行再投资，如果不进行再投资，这么一步操作的意义也就没那么灵活了。

以上节税的四种方法，第三种方法最安全，第四种方法适合大额。当然在实务中，当然是各种方式组合运用才能起到最满意的效果。

// 股权转让的节税方式 //

股权转让如何合规地进行节税税收筹划，作为企业家一定要慎重。要在合规合法的框架下进行合理的税务筹划。

不管法人企业的股权转让还是个人的股权转让，都是将自己的股东权益有偿转让给他人，使其他企业或者个人合法获得自己的权益，并承担相应的义务和责任。企业的股东可以是公司，也可以是个人，所以股权转让也可以是公司转让股权或者个人转让股权。对于公司的股权转让，转让行为是公司经营行为的重要组成部分。转让股权的收益是指在整个公司存续经营期间、公司的股权有一定幅度的增值，如果公司有更大的成本费用支出，转让股权也不一定要交税。

个人转让股权，又分为自然人转让股权和其他个人转让股权，如合伙企业、个人独资企业等。自然人股权转让是按次数和笔数来进行征收的，相对来讲，个人股权转让的税收筹划空间要比公司转让股权的操作空间小。但不论是企业还是个人，在股权转让过程中，都可以通过合规的税收筹划来节税、避税。

那么企业或者个人有哪些合规的税收筹划方法呢？

（1）以符合税法规定的正当理由低价转让股权。

什么是"符合税法规定的正当理由"？国家税务总局公布了2014年第67号中提出的两种情况。

①有真实充分资料证明转让价格合理、企业职员持有的对外不可转让的股份的内部转让。

②直系亲属三代之内转让股权的，其股权转让价格可以明显低于市场价格。但是有一个需要注意的地方是，股权的低价转让本质上是使交易的价值更加现实，上面说到的两种情况适合特定的情况，同时提交的资料必须是真实情况的反映。

（2）适当使用"核定征收"的方法来合规筹划。

第67号文件第17条规定："个人转让股份未提供完整准确的股权成本值凭证，不能正确计算股权成本值的，由主管税务机关确定其股权成本值。"但是，对于"核定征收"的方法与税率没有具体规定，实际上各地税务机关有相应的核定征收权限。因此，究竟能否使用核定征收来征收股转税，要根据当地税务机关的要求和规定。

（3）在有产业扶持政策的税优地区，成立持股平台，股权转让时、缴税时享受高额的奖励扶持，来节税筹划。

一些经济落后的地区为了吸引投资、发展地区经济，出台了一系列产业扶持税优政策，将持股平台设立在这些有产业扶持的税优地区。可以享受申请当地的高额产业扶持奖励。

企业从初创、合伙人进入、股权激励、企业融资、IPO 到上市后的管理，都要注意财、税、法三个方面的规范管理，见表 13-2，只有这样才能行稳致远。

表 13-2 企业各阶段财、税、法规范示意

类 别	企业初创	合伙的进入与退出	员工股权激励	企业融资	IPO	上 市 后
财务	"业财融合"是初创阶段验证商业模式的有力武器	财务规范才能好聚、好散	财务开放、成本清晰现金流稳定	靠财务测算需求、证明价值	上市规矩多，财务打头阵	财务违规责任大
税务	企业、股东税收早筹划	持股方的性质决定了税赋成本	节税要选好持股方式	增资方式一般不涉税	依法纳税，不留麻烦	税务规范多且细
法律	降低法律风险必须会说丑话	定股东资格，搭治理结构	法律核心条款一个都不能少	融资协议暗雷多	股权结构清晰稳定是关键	实控人法律限制多

参考文献

[1] 杨军. 企业融资：投资人没告诉你的那些事 [M]. 北京：中华工商联合出版社，2021.

[2] 杨军，郑和华. 股权合伙控制终极解答 [M]. 北京：中国铁道出版社有限公司，2023.

[3] 全联军. 股权一本通：股权分配 + 激励 + 融资 + 转让实操 [M]. 北京：清华大学出版社，2018.

[4] 臧其超. 股权合伙：做好避坑设计，创新组织模式 [M]. 北京：中国经济出版社，2021.

[5] 郑指梁. 合伙人制度：中小企业股权设计与资本规划 [M]. 北京：清华大学出版社，2022.

[6] 蔡聪. 创业公司的动态股权分配机制 [M]. 北京：人民邮电出版社，2020.

[7] 李曙光，陈柔兵. 股权实操36课 [M]. 北京：北京联合出版公司，2022.

[8] 章诚爽，赵立新. 成就千亿市值：市值管理与投关指南 [M]. 北京：中国广播影视出版社，2021.

[9] 陈辉，文婧. 卓越合伙人股权设计与激励 [M]. 北京：法律出版社，2021.

[10] 杨维维. 避免败局：股权设计七步通 [M]. 北京：电子工业出版社，2021.

[11] 曹海涛. 合伙创业：合作机制＋股份分配＋风险规避 [M]. 北京：清华大学出版社，2018.

[12] 刘育良，易倩. 分股控权：股权分配后如何保持公司控制权 [M]. 北京：中国商业出版社，2022.

[13] 金博，罗周敏. 股权合伙人 [M]. 北京：中华工商联合出版社，2022.

[14] 史林东，王天才. 融资战略：股权设计＋并购策略＋上市管理 [M]. 北京：中国财富出版社，2022.

[15] 常亮，王一萍. 动态股权：创业合伙人权益分配的新策略 [M]. 北京：人民邮电出版社，2021.

[16] 孙格，重构新合伙人机制 [M]. 北京：中国铁道出版社有限公司，2022.

[17] 陈雪涛，栗霄霄. 企业融资：股权融资×债权融资×IPO上市×并购融资 [M]. 北京：中国经济出版社，2022.

[18] 张影. 股权博弈：股权争夺中的博弈策略思维 [M]. 北京：中国商业出版社，2021.

[19] 段文琦. 股权战略：企业高效融资管理全案 [M]. 北京：中国商业出版社，2022.

后 记

这是在中国铁道出版社有限公司出版的第二本股权书了，第一本《股权合伙控制终极解答》受到了读者的喜爱，感谢吕艾编辑的悉心指导和高效推进。

在进行企业融资服务的过程中，发现创始人总是想把股权从一开始就固化成一个具体的比例一直保持不变，好像这样就能保持稳定。要知道创业过程是有很多不确定性的，就像唐僧师徒去西天取经要经历九九八十一难，怎样才能最终 IPO 上市、取得创业的真经呢？其中有一个秘密武器，金箍棒就是——动态股权思维。

孙悟空有 72 变，所以本书采用"股权 72 变"的名称，希望通过从思维、顶层设计到股权合伙控制权的规划，到股权融资、股权激励及股权众筹等讲解，最终到 IPO 上市及税负等问题，让创业的企业家感受到动态股权思维始终贯穿其中，心中有这个核心思维，就一定能取得 IPO 上市的真经！

感谢所有参考文献作者，感谢所有投资人前辈和企业家撰写的推荐词，感谢郑长春先生！感谢全国各地读友们一如既往对我们的支持与厚爱！